FGTS

Cálculo, Recolhimento, Parcelamento e Fiscalização

JAIR TEIXEIRA DOS REIS

Auditor Fiscal do Trabalho e Professor Universitário. Conclui o Curso de Doutoramento em Direito pela Universidade Lusíada de Lisboa. Especialista em Direito Tributário. Membro da Associação Luso-Brasileira de Juristas do Trabalho.

FGTS

Cálculo, Recolhimento, Parcelamento e Fiscalização

LTr®

EDITORA LTDA.

Rua Jaguaribe, 571
CEP 01224-001
São Paulo, SP — Brasil
Fone (11) 2167-1101
www.ltr.com.br

Produção Gráfica e Editoração Eletrônica: RLUX
Projeto de capa: RAUL CABRERA BRAVO
Impressão: PIMENTA GRÁFICA E EDITORA

LTr 4845.6
Agosto, 2013

Dados Internacionais de Catalogação na Publicação (CIP)
(Câmara Brasileira do Livro, SP, Brasil)

Reis, Jair Teixeira dos
FGTS : cálculo, recolhimento, parcelamento e fiscalização / Jair Teixeira dos Reis. — 1. ed. — São Paulo : LTr, 2013.

Bibliografia.
ISBN 978-85-361-2660-9

1. Fundo de Garantia do Tempo de Serviço — Brasil 2. Fundo de Garantia do Tempo de Serviço — Leis e legislação — Brasil I. Título.

13-07850 CDU-34:331.13(81)(094)

Índices para catálogo sistemático:

1. Brasil : Leis : Fundo de Garantia do Tempo de Serviço : Direito do trabalho 34:331.13(81)(094)
2. Leis : Fundo de Garantia do Tempo de Serviço : Brasil : Direito do trabalho 34:331.13(81)(094)

Dedicatórias

Dedico esta obra a minha querida esposa Wilke, *e aos meus filhos,* Arthur e Maria Teresa, *os maiores responsáveis pelo meu crescimento acadêmico.*

Aos alunos da Faculdade São Geraldo — FSG pela inspiração na caminhada literária.

Agradecimentos

À Elaine Enoque, do Departamento de Vendas da Editora LTr, pela sugestão do tema desta obra.

À Editora LTr, pela oportunidade a mim concedida em divulgar mais uma obra na área de Direito do Trabalho.

Ao Dr. Edmar Menezes Bastos, pela dedicação constante aos estudos relacionados à temática do FGTS.

SUMÁRIO

SIGLAS E ABREVIATURAS

ADCT — Ato das Disposições Constitucionais Transitórias
AFT — Auditor Fiscal do Trabalho
CAGED — Cadastro Geral de Empregados e Desempregados
CCFGTS — Conselho Curador do Fundo de Garantia do Tempo de Serviço
CCJ — Comissão de Constituição, Justiça e Cidadania
CCJC — Comissão de Constituição e Justiça e de Cidadania
CEI — Cadastro Específico do INSS
CEF — Caixa Econômica Federal
CF — Constituição Federal
CGTB — Central Geral dos Trabalhadores do Brasil
CIPA — Comissão Interna de Prevenção de Acidentes
CLT — Consolidação das Leis do Trabalho
CNC — Confederação Nacional do Comércio de Bens, Serviços e Turismo
CNI — Confederação Nacional da Indústria
CNPJ — Cadastro Nacional da Pessoa Jurídica
CNPS — Conselho Nacional de Previdência Social
CNS — Confederação Nacional de Serviços
CNT — Confederação Nacional do Transporte
CONSIF — Confederação Nacional do Sistema Financeiro
CS — Contribuição Social
CSM — Contribuição Social Mensal
CSR — Contribuição Social Rescisória
CTB — Central dos Trabalhadores e Trabalhadoras do Brasil
CTPS — Carteira de Trabalho e Previdência Social
CUT — Central Única dos Trabalhadores
DARF — Documento de Arrecadação de Receitas Federais
DCN — Documento de Cadastramento do NIS
FGTS — Fundo de Garantia do Tempo de Serviço

FI-FGTS — Fundo de Investimento do Fundo de Garantia do Tempo de Serviço
GFIP — Guia de Recolhimento do FGTS e Informações à Previdência Social
GRF — Guia de Recolhimento do FGTS
IAPAS — Instituto de Administração Financeira e Assistência Social
INSS — Instituto Nacional do Seguro Social
LOPS — Lei Orgânica da Previdência Social
MTE — Ministério do Trabalho e Emprego
NCST — Nova Central Sindical de Trabalhadores
NDFC — Notificação de Débito do Fundo de Garantia e da Contribuição Social
NIS — Número de Inscrição Social
NIT — Número de Inscrição do Trabalhador
OGMO — Órgão Gestor de Mão de Obra Portuária
OIT — Organização Internacional do Trabalho
OJ — Orientação Jursiprudencial
PASEP — Programa de Assistência ao Servidor Público
PEC — Proposta de Emenda Constitucional
PGFN — Procuradoria Geral da Fazenda Nacional
PIS — Programa de Integração Social
RAIS — Relação Anual de Informações Sociais
RE — Recurso Extraordinário
RFB — Receita Federal do Brasil
RSR — Repasso Semanal Remunerado
SEFIP — Sistema Empresa de Recolhimento do FGTS e Informações à Previdência Social
SFH — Sistema Financeiro da Habitação
SFIT — Sistema Federal de Inspeção do Trabalho
SMR — Setor de Multas e Recursos
SRTEs — Superintendências Regionais do Trabalho e Emprego
STF — Supremo Tribunal Federal
STJ — Superior Tribunal de Justiça
TST — Tribunal Superior do Trabalho
TR — Taxa Referencial
UGT — União Geral dos Trabalhadores
URV — Unidade Real de Valor

PREFÁCIO

O ano de 1966 foi politicamente identificado como o ponto de partida para o mais duro e conturbado período em que vigeu o regime ditatorial militar brasileiro. Duas prorrogações de mandato do então presidente Castelo Branco e atos de fechamento do Congresso Nacional acentuavam a tensão nas cenas políticas já desgastadas pelas crescentes inflação e déficit do setor público. Para deter esses males, o governo visava ao aumento da arrecadação, à redução de suas próprias despesas e à atração de mais investimentos, ainda que, para tanto, fossem flexibilizados alguns dos mais significativos direitos trabalhistas.

Em 13 de setembro de 1966 publicava-se a Lei n. 5.107, que instituía o Fundo de Garantia do Tempo de Serviço, e com ela se estremecia um dos pilares do Direito do Trabalho: *o princípio da indisponibilidade dos direitos trabalhistas*. A referida norma despertou imensas polêmicas ao permitir, à época, que o empregado estável, se assim desejasse, cambiasse, em declaração homologada perante a Justiça do Trabalho, a sua estabilidade decenal por depósitos no referido Fundo, observados valores não inferiores a 60% (sessenta por cento) do que resultasse da multiplicação dos anos de serviço contados em dobro, pelo maior salário mensal recebido na empresa.

O principal idealizador da norma, Roberto Campos, na exposição de motivos da Lei criadora do FGTS, assegurava que a norma constitucional vigente naquele instante (a Constituição de 1946) permitia que a "estabilidade" (art. 157, XII) se amoldasse aos "casos" e às "condições" que viessem a ser estatuídas por nova lei, pouco se importando com a retrocessão que ela pudesse gerar. Levou-se ao extremo, assim, a posição doutrinária liberal, dando-se à autonomia da vontade um especial destaque. O governo partia do pressuposto de que apenas 15% dos empregados brasileiros conseguiam alcançar a estabilidade, o que o levava a concluir que a referida proteção jurídica – "longe de corresponder a uma vantagem efetiva [...] voltou-se contra eles [...] para transformar-se em um obstáculo à sua própria segurança no emprego".

Pois bem. Apesar dos sofismas governistas e empresariais, das reações sindicais e dos protestos dos partidos políticos de ideologia trabalhista, sabe-se que o FUNDO DE GARANTIA DO TEMPO DE SERVIÇO conseguiu triunfar e que, paulatinamente, substituiu a estabilidade decenal a ponto de torná-la extinta com vantagem legal depois da promulgação da Constituição de 1988. Não há dúvidas que a abreviatura "FGTS" passou a ser uma das mais utilizadas no vocabulário das relações de trabalho, não havendo quem — sendo empregado ou empregador — não a conheça, nem quem jamais dela tenha ao menos ouvido falar.

O tema, portanto, revela uma importância indubitável para as letras jurídico-trabalhistas, sendo, por isso, merecedor dos estudos teóricos e práticos, que ora recebem um *especial reforço*: a excelente obra do destacado e experiente professor, auditor fiscal do trabalho e prolífico doutrinador Jair Teixeira dos Reis, nacionalmente conhecido por outras tantas e relevantes pesquisas em diferentes áreas do saber jurídico, entre as quais se destacam o "Manual de Rescisão de Contrato de Trabalho", o "Relações de Trabalho: Estágio de Estudantes", o "Manual Prático de Direito do Trabalho", o "Direito Ambiental e Urbanístico", o "Processo Administrativo do Trabalho", o "Direitos do Segurado", o "Direitos Humanos Sistematizados", o "Resumo de Direito Internacional e Comunitário", o "Ministério Público", "Manual de Direito Empresarial", o "Manual Jurídico do Empresário", o "Direito Coletivo do Trabalho" e o "Direito Previdenciário".

Por meio da presente obra — *FGTS — Cálculo, Recolhimento Parcelamento e Fiscalização* —, além da evolução histórica do instituto e de pertinentes paralelos com as muitas formas residuais de estabilidade, são analisadas, com o cuidado que caracteriza as obras do autor, múltiplas questões de relevo como, por exemplo, aquelas que dizem respeito à natureza jurídica do FGTS, à sua base de cálculo, às suas hipóteses de incidência, à sua gestão, às penas relacionadas ao recolhimento fora do prazo e à sua movimentação.

A obra não deixa de tratar de algumas situações especiais, como as que envolvem o recolhimento do FGTS diante de contratos nulos, a impenhorabilidade das contas e os prazos de prescrição aplicáveis ao tema. Cuida ainda o autor, com o desejo de exaurir as questões com o didatismo que lhe é peculiar, das contribuições trazidas pela Lei Complementar n. 110/2001, da sistemática do FGTS no universo jurídico dos empregados domésticos, do processo administrativo fiscal, inclusive da expedição de auto de infração, dos efeitos da mora contumaz no ato de recolhimento e das particularidades atinentes ao pagamento direto dos montantes que deveriam ter sido depositados em conta vinculada.

Muitos outros assuntos relevantes pululam durante o transcurso da agradável leitura e ganham soluções eficientes e bem fundamentadas. Não tenho dúvidas, portanto, que a obra que ora prefacio mediante essas breves palavras será um sucesso editorial, digno de múltiplas reedições decorrentes da excelente receptividade que certamente provocará no universo dos críticos trabalhistas. Por tantas qualidades, ela galgará, em pouco tempo, o posto de importante referencial teórico e prático.

Luciano Martinez

Juiz Titular de Vara do Trabalho (TRT da 5ª Região)
Mestre e Doutor em Direito do Trabalho pela USP
Professor Adjunto de Direito do Trabalho e da Seguridade Social da UFBA
Membro da Academia Nacional de Direito do Trabalho

I
INTRODUÇÃO

O Fundo de Garantia do Tempo de Serviço — FGTS foi criado na década de 60 como um sistema opcional à estabilidade decenal, pela Lei n. 5.107, de 13 de setembro de 1966.

O empregado regido pela norma consolidada podia, naquela ocasião, optar pelo regime fundiário, em substituição à indenização por tempo de serviço, prevista nos arts. 477, 478, e 496 a 498 daquele diploma legal. Todavia, na prática esta opção era hipotética, pois, já no ato da sua admissão ou sob a ameaça de despedida, os trabalhadores eram coagidos a ingressaram no Fundo de Garantia.

A principal finalidade do FGTS era obrigar o empregador a depositar todo mês uma parcela incidente sobre a remuneração paga ou devida, cuja objetivo era evitar, em caso de dispensa sem justa causa, não possuir o empregador recursos suficientes para pagamento da indenização.

Para Luciano Martinez[(1)] (2012), a sistemática alternativa recebeu o nome de **Fundo de Garantia do Tempo de Serviço**, sendo oferecida como opção ao trabalhador. Era ele (o trabalhador) quem optava pela inserção no regime do FGTS ou pela permanência no sistema orginário. Se optasse pelo FGTS, o empregado estaria abdicando de todas as vantagens que a estabilidade decenal lhe poderia oferecer. Em lugar dela o operário perceberia, mês a mês, o recolhimento de oito por cento sobre sua remuneração, o que, matematicamente, significaria 104% da mencionada remuneração por ano de serviço (observa-se que no cálculo foi considerado o já existente décimo terceiro[(2)] salário: 8% X 13 meses = 104%[(3)]), incluído o primeiro ano, que também estaria protegido contra a dispensa arbitrária ou sem justa causa. Sobre o montante depositado no FGTS, se a cessação ocorresse

---

(1) MARTINEZ, Luciano. *Curso de direito do trabalho*. 3. ed. São Paulo: Saraiva, 2012.

(2) Regulado pela Lei n. 4.090, de 13 de julho de 1962.

(3) **Súmula n. 98 do TST** — RA 57/1980, DJ 6.6.1980 — **Incorporada** a Orientação Jurisprudencial n. 299 da SBDI-1 — Res. 129/2005, DJ 20, 22 e 25.4.2005

Equivalência — Fundo de Garantia do Tempo de Serviço — Estabilidade

I — A equivalência entre os regimes do Fundo de Garantia do Tempo de Serviço e da estabilidade prevista na CLT é meramente jurídica e não econômica, sendo indevidos valores a título de reposição de diferenças.

II — A estabilidade contratual ou a derivada de regulamento de empresa são compatíveis com o regime do FGTS. Diversamente ocorre com a estabilidade legal (decenal, art. 492 da CLT), que é renunciada com a opção pelo FGTS. (ex-OJ n. 299 da SBDI-1 — DJ 11.8.2003)

por iniciativa patronal, incidiria, ainda, uma indenização compensatória, fixada, à epóca, na base de dez por cento[4] sobre a totalidade dos depósitos.

Com o fundo, o trabalhador tem a chance de formar um patrimônio, bem como adquirir sua casa própria, com os recursos da conta vinculada. Além de favorecer os trabalhadores, o FGTS financia programas de habitação popular, saneamento básico e infraestrutura urbana, que beneficiam a sociedade, em geral, principalmente a de menor renda.

A fiscalização do recolhimento ao FGTS[5] é um dos mecanismos mais importantes de proteção ao patrimônio do trabalhadar, já que ele terá acesso a esses recursos por ocasião da rescisão contratual, aposentadoria etc. Em regra, a ação consiste, na sua **modalidade direta**, na visita de um Auditor Fiscal do Trabalho — AFT em empregadores urbanos, rurais e tomados de trabalhadores avulsos que contratam trabalhadores em regime de emprego, para examinar *in loco* o recolhimento à conta específica do trabalhador do valor correspondente a 8% ou 2% da remuneração. Já, na **modalidade indireta** de fiscalização, a empresa ou equiparados são notificados a se apresentar às unidades do Ministério do Trabalho e Emprego — MTE com documentos que comprovem o regular recolhimento ao Fundo. Em ambos os casos, o Auditor apura eventuais débitos através da Notificação de Débito do Fundo de Garantia e da Contribuição Social — NDFC, bem como aplica multas no caso de inadimplência ou fraude na arrecadação, em conformidade com as Leis n. 8.036, de 11.05.1990, n. 8.844, de 20.01.1994 e Lei Complementar n. 110, de 29 de junho de 2001.

Por fim, observa-se que trabalhadores temporários, avulsos, safristas, menores aprendizes e atletas profissionais também têm direito ao FGTS e, consequentemente, a fiscalização alcança os empregadores que contratam esses trabalhadores.

---

(4) Vale registrar que o texto constitucional de 1988 aumentou a indenização oferecida com base no FGTS para hipóteses de resilição patronal de 10% para 40% em conformidade com o art. 10, I, do ADCT — Ato das Disposições Constitucionais Transitórias.

Art. 10 — Até que seja promulgada a lei complementar a que se refere o art. 7º, I, da Constituição:

I — fica limitada a proteção nele referida ao aumento, para quatro vezes, da porcentagem prevista no art. 6º, *caput* e § 1º, da **Lei n. 5.107**, de 13 de setembro de 1966; (...)

(5) **Art. 1º da Lei n. 8.844/94** — Compete ao Ministério do Trabalho a fiscalização e a apuração das contribuições ao Fundo de Garantia do Tempo de Serviço (FGTS), bem assim a aplicação das multas e demais encargos devidos.

2 EVOLUÇÃO HISTÓRICA

Pesquisa realizada pelo Ministério do Trabalho[6] de 1966 indicava que apenas 15% dos trabalhadores contratados pelo regime da CLT alcançaram a estabilidade no emprego, prevista para quem ultrapassasse os dez anos de serviço. Naquela ocasião, se fossem consideradas as empresas mais novas, com até 15 anos de existência, o percentual de estáveis cairia para cerca de 1%.

Este foi um dos argumentos usados pelo Ministro do Trabalho à época, Peracchi Barcelos, para defender o FGTS, cuja lei de criação entrou em vigor. O ministro explicou que a estabilidade, em vez de proteger o empregado, prejudicava, pois as empresas preferem demiti-lo, justamente para evitar mantê-lo obrigatoriamente até a aposentadoria.

Leciona Sergio Pinto Martins[7] (2012) que os constituintes de 1934 já previam a adoção de um fundo de reserva do trabalho, que visava assegurar o ordenado ou o salário de um ano, se por algum motivo a empresa desaparecesse (Projeto de Constituição enviado pelo Governo Provisório à Assembleia Constituinte, art. 124, § 5º). Diz ainda, que criou-se, então um fundo de indenizações trabalhistas pelo art. 46 da Lei n. 3.470/58. Passou de uma faculdade a uma obrigação para as empresas, pessoas jurídicas contribuintes do imposto de renda.

Com este enfoque inicial, podemos dizer que o FGTS surgiu de forma opcional através da Lei n. 5.107, de 13 de setembro de 1966, alterada pelo Decreto-Lei n. 20/66, em razão da crítica dos juristas e da luta dos trabalhadores, estabelecendo direito de o trabalhador poder se retratar, isto é, voltar a ser regido pelo instituto da estabilidade e da indenização previstos na CLT.

Conforme o art. 1º da Lei n. 5.107/66, para garantia do tempo de serviço ficam mantidos os Capítulos V e VII do Título IV da Consolidação das Leis do Trabalho, assegurado, porém, aos empregados o direito de **optarem** pelo regime instituído na presente Lei. O novo sistema instituído era compatível com a estabilidade decenal, todavia, o que ocorreu na prática foi que nenhum empregador admitia trabalhador em contrato de emprego se não fosse optante pelo FGTS,

---

(6) Disponível em: <http://downloads.caixa.gov.br/_arquivos/fgts/relatoriosacoes/Livro40Anos_F.pdf>. Acesso em: 29 de novembro de 2012.

(7) MARTINS, Sérgio Pinto. *Direito do trabalho*. 28. ed. São Paulo: Atlas, 2012.

objetivando assim, a que o empregado não adquirisse a estabilidade. Em outras palavras, o **Termo de Opção já vinha assinalado com o indicativo de adesão**.

Com a Constituição Federal de 1967, passou a ser considerado um direito constitucional, a qual previa a estabilidade, com indenização ao trabalhador demitido ou fundo de garantia equivalente.

Art 158 — A Constituição assegura aos trabalhadores os seguintes direitos, além de outros que, nos termos da lei, visem à melhoria, de sua condição social:

(...)

XIII — estabilidade, com indenização ao trabalhador despedido, ou fundo de garantia equivalente; (...)

A Emenda Constitucional n. 01/1969, de 17 de outubro, manteve a mesma previsão no art. 165, inciso XIII.

Art. 165. A Constituição assegura aos trabalhadores os seguintes direitos, além de outros que, nos termos da lei, visem à melhoria de sua condição social:

(...)

XIII — estabilidade, com indenização ao trabalhador despedido ou fundo de garantia equivalente; (...)

A Lei n. 5.958/73 determinou aos atuais empregados, que não tenham optado pelo regime instituído pela Lei n. 5.107, de 13 de setembro de 1966, ser assegurado o direito de fazê-lo com efeitos retroativos a 1º de janeiro de 1967 ou à data da admissão ao emprego se posterior àquela, desde que haja concordância por parte do empregador.

Posteriormente, a Lei n. 6.858/80, tratou do pagamento do FGTS aos dependentes ou sucessores, cuja regulamentação ocorreu através do Decreto n. 85.845, de 26 de março de 1981.

A Lei n. 6.919, de 2 de junho de 1981, facultou às empresas estenderem a seus diretores não empregados o regime do FGTS.

Art. 1º — As empresas sujeitas ao regime da legislação trabalhista poderão estender a seus Diretores não empregados o regime do Fundo de Garantia por Tempo de Serviço — FGTS.

A Carta Política de 1988 estabeleceu o direito ao FGTS no inciso III do art. 7º, assegurando um direito do trabalhador. Por outro lado, desapareceu o sistema alternativo que vigorava até 5.10.1988: **de estabilidade ou FGTS**.

Podemos dizer que para o FGTS o legislador infraconstitucional brasileiro foi célere. Pois, já em 12 de outubro de 1989, foi publicada a Lei n. 7.839, que revogou a Lei n. 5.107/66.

Hoje, o FGTS está previsto na Lei n. 8.036, de 11 de maio de 1990, devidamente regulamentada pelo Decreto n. 99.684, de 8 de novembro 1990.

A Instrução Normativa RFB n. 880, de 16.10.2008 e a Circular CAIXA n. 451, de 13.10.2008 altera e divulga o Manual da Guia de Recolhimento do Fundo de Garantia do Tempo de Serviço e Informações à Previdência Social (GFIP) e do Sistema Empresa de Recolhimento do FGTS e Informações à Previdência Social (SEFIP) para usuários do SEFIP 8, bem como aprova a versão 8.4 do SEFIP e dá outras providências.

A Lei n. 12.023, de 27 de agosto de 2009 que dispôs sobre as atividade de movimentação de mercadorias em geral, garantiu em seu art. 4º, III b, o FGTS ao trabalhador avulso.

A Instrução Normativa do MTE n. 99, de 23 de agosto de 2012 *dispõe sobre a fiscalização do Fundo de Garantia do Tempo de Serviço — FGTS e das Contribuições Sociais instituídas pela Lei Complementar n. 110, de 29 de junho de 2001.*

2.1. FGTS e a Convenção n. 158 da OIT

O art. 7º Inciso I[(8)] da Carta Política de 1988 assegura aos trabalhadores despedidos arbitrariamente ou sem justa causa uma indenização compensatória, nos termos da lei complementar. Também, tornou obrigatória a participação de empregados no Fundo de Garantia do Tempo de Serviço — FGTS (conforme Inciso III do art. 7º, CF/88), cujos depósitos são levantados pelo trabalhador na hipótese de despedida arbitrária, a qual compreende, obviamente, a que não se fundar em justa causa.

Todavia, enquanto não for regulado o Inciso I, do art. 7º, com a expedição da lei complementar, a indenização compensatória fica limitada a proteção nele referida ao aumento, para quatro vezes, da porcentagem prevista no art. 6º, *caput* e § 1º, da Lei n. 5.107, de 13 de setembro de 1966. Corresponderá assim, a 40% do total dos depósitos devidos no curso do respectivo contrato de trabalho[(9)].

Entende o saudoso Arnaldo Sussekind[(10)] (2004) que esse sistema sintoniza-se com as normas da Convenção n. 158, da OIT. Porquanto, o art. 10 da Convenção preceitua que, se o organismo competente para julgar o litígio não estiver autorizado a ordenar a readmissão do trabalhador ou não considerá-la conveniente *in casu*, e se concluir que a despedida não se justifica, deverá "determinar o pagamento de uma indenização adequada ou outra reparação que considere apropriada". A prática de falta grave exclui o direito à indenização (art. 12, § 3º, da Convenção). Também nos casos de despedidas decorrentes de causas econômicas, tecnológicas, estruturais ou análogas o trabalhador deverá ter o direito, seja uma indenização calculada em razão "do tempo de serviço e do montante do

(8) Art. 7º São direitos dos trabalhadores urbanos e rurais, além de outros que visem à melhoria de sua condição social:

I — relação de emprego protegida contra despedida arbitrária ou sem justa causa, nos termos de lei complementar, que preverá indenização compensatória, dentre outros direitos;

(9) Art. 10, I, do Ato das Disposições Constitucionais Transitórias — ADCT.

(10) SUSSEKIND, Arnaldo. *Curso de direito do trabalho*. 2. ed. Rio de Janeiro: Renovar, 2004.

salário", paga "diretamente pelo empregador ou **por um fundo constituído mediante cotizações dos empregadores**", seja ao seguro-desemprego, seja uma combinação das mencionadas prestações (art. 12, § 1º).

Como se infere, embora esse tratado multilateral da OIT prefira a reintegração do empregado imotivadamente despedido, admitiu — para que fosse ratificado por muitos países — que a reparação consistisse numa indenização ou em outra modalidade de prestação. No caso brasileiro, no levantamento do FGTS, acrescido de uma indenização compensatória (SÜSSEKIND, Arnaldo, 2004).

A Convenção 158 da OIT foi denunciada pelo Estado brasileiro em 20.11.1996.

2.2. *Competência para julgamento de ações do FGTS*

Revela Fabiano Jantalia[11] (2008) que o instituto do FGTS tem natureza tridimensional, encerrando um complexo de relações jurídicas e obrigações distintas:

> → O **vínculo entre as partes da relação de emprego**, que, com fundamento no art. 15 da Lei n. 8.036/90, cria para o empregador, dentre outros, o dever de efetuar o recolhimento do depósito mensal em conta vinculada aberta em nome do empregado e, por conseguinte, confere a este a prerrogativa de cobrar do contratante o cumprimento dessa obrigação;

Nesta hipótese, caberá à **Justiça do Trabalho** julgar as ações movidas pelo trabalhador em face do empregador, logo, por se tratar de dissídio fundado em relação de trabalho do qual é espécie a relação de emprego, com base no disposto no art. 114, inciso I, da Carta Política de 1988. O meio adequado a veicular tal pretensão é a **Reclamação Trabalhista**, a ser proposta perante uma **Vara do Trabalho**, cuja competência territorial e determinada segundo o disposto no art. 651[12]

---

(11) JANTALIA, Fabiano. *Fundo de Garantia do Tempo de Serviço*. São Paulo: LTr, 2008.

(12) **Art. 651 da CLT**. A competência das Juntas de Conciliação e Julgamento é determinada pela localidade onde o empregado, reclamante ou reclamado, prestar serviços ao empregador, ainda que tenha sido contratado noutro local ou no estrangeiro.

§ 1º Quando for parte no dissídio agente ou viajante comercial, a competência será da Junta da localidade em que a empresa tenha agência ou filial e a esta o empregado esteja subordinado e, na falta, será competente a Junta da localização em que o empregado tenha domicílio ou a localidade mais próxima.

§ 2º A competência das Juntas de Conciliação e Julgamento, estabelecida neste artigo, estende-se aos dissídios ocorridos em agência ou filial no estrangeiro, desde que o empregado seja brasileiro e não haja convenção internacional disposto em contrário.

§ 3º Em se tratado de empregador que promove realização de atividades fora do lugar do controle de trabalho, é assegurado ao empregado apresentar reclamação no foro da celebração do contrato ou no da prestação dos respectivos serviços.

da CLT. A Lei n. 8.036/90 ratifica esse posicionamento no art. 26[13], ao afirmar a competência do juízo laboral para julgar os dissídios entre os trabalhadores e os empregadores decorrentes da aplicação da lei.

→ O **vínculo entre o Estado e o empregador**, do qual decorre o poder estatal de fiscalizar o cumprimento das obrigações legalmente impostas, aplicando as sanções cabíveis em caso de sua inobservância (prerrogativas exercidas pelo Ministério do Trabalho e Emprego), bem como arrecadar os depósitos mensais e promover a cobrança judicial de eventuais débitos (através da Caixa Econômica Federal);

Podemos dizer que, via de regra, compete à **Justiça Federal** o julgamento das ações que veiculem pretensões relacionadas com o FGTS, excluídas as lides de natureza trabalhista.

Tal competência foi fixada no juízo federal nos termos do art. 109[14], Inciso I, da Constituição da República de 1988. O STJ editou a Súmula n. 82, segundo a qual "*Compete à Justiça Federal, excluídas as reclamações trabalhistas, **processar e julgar os feitos relativos a movimentação do FGTS***".

São também processadas e julgadas no foro federal as execuções fiscais do FGTS, promovidas pela CEF para cobrança dos débitos com o Fundo, inscritos em dívida ativa.

→ O **vínculo entre o Estado e o empregado**, decorrente da condição de agente operador confiada à CEF, que mantém, controla e remunera as contas vinculadas, além de efetuar o pagamento dos respectivos valores ao trabalhador, quando caracterizada uma das hipóteses legais de saque.

Nesta situação, devem ser processadas e julgadas pela Justiça Federal as ações ajuizadas pelos trabalhadores (empregados) que pretendam o reconhecimento de direitos ou o pagamento de indenizações pelo agente operador do FGTS (CEF), figurando como exemplo as ações que visam o direito ao saque, eventualmente recusado pelo agente operador, ou aquelas em que se pretende indenização em razão de erros na gestão do agente operador sobre as contas vinculadas, como remuneração a menor, saques irregulares etc.

---

(13) **Art. 26 da Lei n. 8.036/90** — É competente a Justiça do Trabalho para julgar os dissídios entre os trabalhadores e os empregadores decorrentes da aplicação desta lei, mesmo quando a Caixa Econômica Federal e o Ministério do Trabalho e da Previdência Social figurarem como litisconsortes.
Parágrafo único. Nas reclamatórias trabalhistas que objetivam o ressarcimento de parcelas relativas ao FGTS, ou que, direta ou indiretamente, impliquem essa obrigação de fazer, o juiz determinará que a empresa sucumbente proceda ao recolhimento imediato das importâncias devidas a tal título.
(14) **Art. 109 da CF**. Aos juízes federais compete processar e julgar:
I — as causas em que a União, entidade autárquica ou empresa pública federal forem interessadas na condição de autoras, rés, assistentes ou oponentes, exceto as de falência, as de acidentes de trabalho e as sujeitas à Justiça Eleitoral e à Justiça do Trabalho;

Por derradeiro, prescreve o art. 15, inciso I, da Lei n. 5.010/66 (Organiza a Justiça Federal de primeira instância, e dá outras providências), que a **Justiça Estadual** possui competência delegada para processar e julgar os executivos fiscais da União e de suas autarquias, ajuizadas contra devedores domiciliados nas respectivas Comarcas do interior, desde que nelas não funcione Vara da Justiça Federal.

No mesmo sentido, afirma Sergio Pinto Martins (2012) que a Justiça do Trabalho é competente para dirimir os litígios entre os trabalhadores e os empregadores, decorrentes da aplicação da Lei n. 8.036/90. No entanto, não é competente quando figurar no pólo passivo a Caixa Econômica Federal ou o Ministério do Trabalho e Emprego como litisconsortes, pois estes últimos não são empregadores. A Súmula n. 179(15) do TST já dizia que era inconstitucional o art. 22 da Lei n. 5.107/66 pelos motivos citados, como o é a parte final do art. 26 da Lei n. 8.036/90, pois repete aquele dispositivo. Intervindo aquelas pessoas, a competência será da Justiça Federal (art. 109, I, da Constituição). A Súmula n. 82(16) do STJ esclarece que "compete à Justiça Federal, excluídas as reclamações trabalhistas, processar e julgar os feitos relativos à movimentação do FGTS".

2.2.1. Preferência sobre Crédito na Falência

No entender de Eduardo Gabriel Saad(17) (1995) o FGTS não é favorecido pela preferência sobre outro crédito na falência. Por outro lado, diz o § 3° do art. 2° da Lei n. 8.844/94 que ***os créditos relativos ao FGTS gozam dos mesmos privilégios atribuídos aos créditos trabalhistas***.

O crédito trabalhista é privilegiado no art. 83, I, da Lei n. 11.101/2005, todavia, limitado a 150 salários mínimos por credor. O que exceder esse crédito é considerado quirografário(18), ou seja, não tem qualquer privilégio.

> *Art. 83. A classificação dos créditos na falência obedece à seguinte ordem:*
>
> *I — os créditos derivados da legislação do trabalho, limitados a 150 (cento e cinquenta) salários-mínimos por credor, e os decorrentes de acidentes de trabalho;*
>
> *(...)*

---

(15) Súmula **n. 179 do TST** — RA 102/1982, DJ 11.10.1982 e DJ 15.10.1982 — Ex-Prejulgado n. 60 — **Cancelada** — Res. 121/2003, DJ 21.11.2003
Inconstitucionalidade
É inconstitucional o art. 22 da Lei n. 5.107, de 13 de setembro de 1966, na sua parte final, em que dá competência à Justiça do Trabalho para julgar dissídios "quando o BNH e a Previdência Social figurarem no feito como litisconsortes".

(16) **Súmula n. 82 do STJ** — 18.6.1993 — DJ 2.7.1993
Competência — Feitos Relativos a Movimentação do FGTS — Processo e Julgamento
Compete à Justiça Federal, excluídas as reclamações trabalhistas, processar e julgar os feitos relativos a movimentação do FGTS.

(17) SAAD, Eduardo Gabriel. *Comentários à Lei do FGTS*. São Paulo: LTr, 1995.

(18) **Quirografário** é um credor de uma empresa falida que não possui qualquer tipo de garantia para receber seus créditos.

Conforme Sérgio Pinto Martins (2010) se o FGTS vem substituir a indenização prevista no arts. 477 e seguintes da CLT, também deve o crédito do empregado gozar de privilégio na forma da lei de falências. Leciona, ainda, que a indenização de 20 ou 40% também será considerada crédito privilegiado na falência, pois se trata de uma espécie de indenização pelo término do contrato de trabalho, que substituiu o sistema da indenização dos arts. 477 e SS. Da norma consolidada.

2.3. Precedentes administrativos relativos ao FGTS

Os Precedentes Administrativos expressam o entendimento do Departamento de Fiscalização do Trabalho sobre as matérias objeto de fiscalização e eventual autuação por parte dos Auditores Fiscais do Trabalho, ou seja, no momento da fiscalização nas empresas os Auditores Fiscais do Trabalho orientam-se pelos precedentes no exercício de suas atribuições.

O Ministro de Estado do Trabalho e Emprego no uso das atribuições que lhe confere o art. 4º do Decreto n. 5.063, de 3 de maio de 2004, ao aprovar os Regimentos Internos dos órgãos deste Ministério, através da Portaria n. 483, de 15 de setembro de 2004, determina que compete à Coordenadoria-Geral de Recursos (art. 9º do Regimento Interno da Secretaria de Inspeção do Trabalho):

I — decidir, em última instância, os recursos interpostos contra as decisões dos Delegados Regionais do Trabalho nos processos de:

a) multas administrativas;

b) notificações de débito;

c) interdições de estabelecimento, setor de serviço, máquina ou equipamento;

d) embargos de obras; e

e) autorização para o saque do FGTS de contas vinculadas, em nome de empregadores, individualizadas por empregados na condição de não optantes;

II — decidir os processos de mora e mora contumaz salarial e do FGTS;

III — planejar, coordenar, organizar e supervisionar os procedimentos relacionados com os processos a que se referem os incisos I e II deste artigo;

IV — promover a orientação e a uniformização de procedimentos relacionados com os processos a que se referem os incisos I e II deste artigo e supervisionar essas atividades nas unidades descentralizadas;

V — elaborar e propor normas para o aperfeiçoamento dos procedimentos de tramitação dos processos a que se referem os incisos I e II deste artigo;

VI — especificar, documentar, homologar, avaliar e manter sistema de informação para o controle da tramitação dos processos a que se referem os incisos I e II deste artigo;

VII — coordenar a verificação anual dos processos administrativos a que se referem os incisos I e II;

VIII — propor precedentes administrativos, a serem baixados pelo Secretário de Inspeção do Trabalho, e coordenar seu processo de revisão; (negritamos)

IX — adotar as medidas necessárias à tramitação e instrução dos processos a que se refere o inciso I deste artigo, em fase recursal, e dos processos a que se refere o inciso II deste artigo, em fase decisória;

X — determinar a análise dos recursos relativos aos processos a que se refere o inciso I deste artigo;

XI — determinar a análise dos processos a que se refere o inciso II deste artigo; e

XII — fornecer, na área de sua competência, subsídios para a elaboração do relatório anual quanto ao cumprimento das convenções da OIT ratificadas pelo Brasil.

Portanto, a interpretação da legislação trabalhista, para fins administrativos, está expressa nos precedentes. Registramos que os precedentes são meras orientações administrativas que não possuem qualquer cunho obrigacional. A adoção destes precedentes deve ser encarada sob dois ângulos. A uniformização de procedimentos administrativos é bem vinda, contudo deve ficar restrita às matérias pacíficas. Não se pode admitir, de outra parte, que Ministério do Trabalho e Emprego, ao orientar os agentes de fiscalização, acabe por firmar posição sobre temas polêmicos cuja solução final é de competência privativa do Poder Judiciário.

O Ato Declaratório n. 01, de 20 de outubro de 2000. Aprova precedentes administrativos de n. 01 a 11.

O Ato Declaratório n. 02, de 19 de janeiro de 2001. Aprova precedentes administrativos de n. 12 a 20.

O Ato Declaratório n. 3, de 29.5.01, DOU de 30.5.01, da Secretaria de Inspeção do Trabalho, aprovou precedentes administrativos de n. 21 a 30.

O Ato Declaratório n. 04, de 21 de fevereiro de 2002, aprova, revisa e consolida precedentes administrativos.

O Ato Declaratório n. 05, de 27 de junho de 2002 (Publicado no DOU n. 123, sexta-feira, 28.6.02, Seção I, p. 151) Revoga precedente administrativo.

O Ato Declaratório, n. 06, de 16 de dezembro de 2002, aprova e revoga precedentes administrativos.

Já o Ato Declaratório n. 7, de 12 de junho de 2003, revoga o item II do Precedente Administrativo n. 45.

O Ato Declaratório n. 9, de 25 de maio de 2005, altera o precedente administrativo n. 45 e aprova os precedentes administrativos de n. 61 a n. 70.

O Ato Declaratório n. 10, de 03 de agosto de 2009, a*prova os precedentes administrativos de n. 71 a n. 100 e cancela os precedentes administrativos n. 5, 16, 20, 26, 32, 46, 47, 48, 60, 67.*

O Ato Declaratório n. 11, de 25 de novembro de 2009, *cancela o precedente administrativo n. 96.*

Por fim, o Ato Declaratório n. 12, de 10 de agosto de 2011, **altera os precedentes administrativos n. 42, n. 45 e n. 74 e aprova o precedente administrativo n. 101**.

Destacamos abaixo os Precedentes Administrativos relativos ao Fundo de Garantia do Tempo de Serviço:

PRECEDENTE ADMINISTRATIVO N. 1

FGTS. PARCELAMENTO. FALTA DE RECOLHIMENTO DO PERCENTUAL DE 8% SOBRE PARTE DA REMUNERAÇÃO DEVIDA. A comprovação do recolhimento das competências notificadas ou da concessão de parcelamento de débito efetivados antes da lavratura da notificação acarreta sua declaração de insubsistência. Já o simples pedido de parcelamento do débito junto à Caixa Econômica Federal — CEF, sem a formalização de sua concessão, não impede o ato fiscalizador, tampouco a lavratura da notificação de débito.

REFERÊNCIA NORMATIVA : Art. 31, § 1º da Portaria MTb n. 148, de 25 de janeiro de 1996.

PRECEDENTE ADMINISTRATIVO N. 3

FGTS. VALE-TRANSPORTE. FALTA DE RECOLHIMENTO DO PERCENTUAL DE 8% SOBRE PARTE DA REMUNERAÇÃO DEVIDA. O vale-transporte não terá natureza salarial, não se incorporará à remuneração para quaisquer efeitos e tampouco constituirá base de incidência do FGTS, desde que fornecido de acordo com o disposto no art. 2º, II da Lei n. 7.418/85. O vale-transporte pago em dinheiro tem natureza salarial e repercussão no FGTS.

REFERÊNCIA NORMATIVA : art. 2º e alíneas, da Lei n. 7.418, de 16 de dezembro de 1985 e arts. 5º e 6º Decreto n. 95.247, de 17 de novembro de 1987.

PRECEDENTE ADMINISTRATIVO N. 4

FGTS. DEPÓSITO APÓS LAVRATURA DA NOTIFICAÇÃO PARA DEPÓSITO DO FGTS — NDFG. A defesa a auto de infração lavrado por deixar o empregador de efetuar os depósitos fundiários, com os acréscimos legais, após notificado pela fiscalização, deve limitar-se à comprovação de parcelamento ou pagamento correspondente. A discussão acerca do mérito sobre a existência ou acerto do débito apurado encerra-se com o processo de Notificação para Depósito do FGTS — NDFG(19) que lhe deu origem.

REFERÊNCIA NORMATIVA: Art. 23, § 1º, inciso V da Lei n. 8.036, de 11 de maio de 1990.

PRECEDENTE ADMINISTRATIVO N. 6

FGTS. GRATIFICAÇÃO. FALTA DE RECOLHIMENTO DO PERCENTUAL DE 8% SOBRE PARTE DA REMUNERAÇÃO DEVIDA. A gratificação, bem como comissões, percentagens ou abonos pagos pelo empregador, integram o salário. Consequentemente, são base de cálculo para o FGTS.

REFERÊNCIA NORMATIVA: art. 457 e 458 da CLT; Lei n. 8.036/90, art. 15.

PRECEDENTE ADMINISTRATIVO N. 18

FGTS. NOTIFICAÇÃO PARA DEPÓSITO DO FGTS. NOTIFICAÇÃO PARA DEPÓSITO DO FGTS — NDFG. PAGAMENTOS POSTERIORES AO LEVANTAMENTO. A quitação de valores relativos a

(19) Atualmente NDFC — Notificação de Débito do Fundo de Garantia e da Contribuição Social

competências levantadas em Notificação para Depósito do FGTS — NDFG não acarreta sua improcedência. Cabe ao Agente Operador do Fundo, Caixa Econômica Federal — CEF deduzir os valores pagos *a posteriori*, quando da verificação de quitação do débito.

PRECEDENTE ADMINISTRATIVO N. 19

FGTS. NOTIFICAÇÃO PARA DEPÓSITO DO FGTS — NDFG. PARCELAMENTO NÃO FORMALIZADO. Não obsta a lavratura da Notificação para Depósito do FGTS-NDFG processo de parcelamento em andamento junto ao Agente Operador do Fundo, Caixa Econômica Federal CEF, ainda sem a devida formalização.

REFERÊNCIA NORMATIVA: Art. 20, § 4º da IN/SIT/MTE n. 17, de 31 de julho de 2000.

PRECEDENTE ADMINISTRATIVO N. 20

(Cancelado pelo Ato Declaratório n. 10, de 03 de agosto de 2009)

FGTS. NOTIFICAÇÃO PARA DEPÓSITO DO FGTS — NDFG. ÔNUS DA PROVA. Os documentos com os quais pretende o notificado fazer prova de suas alegações ou de quitação de débitos devem acompanhar a defesa. Descabe à Administração diligenciar em favor do notificado.

REFERÊNCIA NORMATIVA: Art. 24 da Portaria/MTE n. 148, de 25 de janeiro de 1996.

PRECEDENTE ADMINISTRATIVO N. 34

FGTS. CESTA BÁSICA. FALTA DE RECOLHIMENO DO PERCENTUAL DE 8% SOBRE PARTE DA REMUNERAÇÃO DEVIDA. O valor pago pelo empregador ao empregado a título de cesta básica ou outro fornecimento de alimentação realizado à margem do Programa de Alimentação do Trabalhador — PAT deve compor a base de cálculo do FGTS, pois se trata de salário *in natura*.

REFERÊNCIA NORMATIVA: Art. 458 da Consolidação das Leis do Trabalho — CLT e Lei n. 6.321, de 14 de abril de 1976.

PRECEDENTE ADMINISTRATIVO N. 54

FGTS. DEIXAR DE RECOLHER FGTS APÓS NOTIFICADO PELA FISCALIZAÇÃO. Caracteriza-se a infração prevista no art. 23, § 1º, inciso V da Lei n. 8.036, de 11 de maio de 1990, a partir do momento em que se tornou definitiva decisão administrativa proferida em notificação de débito, sem que o notificado tenha recolhido o valor devido.

REFERÊNCIA NORMATIVA: art. 23, § 1º , inciso V da Lei n. 8.036, de 11 de maio de 1990.

PRECEDENTE ADMINISTRATIVO N. 58

FGTS. LEVANTAMENTO DE DÉBITO. CONTRATO COM A ADMINISTRAÇÃO PÚBLICA DECLARADO NULO. Procedente débito levantado referente a FGTS devido a trabalhador cujo contrato foi declarado nulo, com manutenção do direito ao salário, após 27.8.2001, data de introdução do art. 19-A na Lei n. 8.036, de 11 de maio de 1990, pela Medida Provisória n. 2. 164-41, de 24 de agosto de 2001.

REFERÊNCIA NORMATIVA: Art. 19-A da Lei n. 8.036, de maio de 1990; art. 37, § 2º a Constituição Federal.

PRECEDENTE ADMINISTRATIVO N. 72

PROCESSUAL. NFGC/NRFC. COMPROVAÇÃO DE PAGAMENTO ANTERIOR. **REVISÃO DO PRECEDENTE ADMINISTRATIVO N. 20**.

É ônus do empregador apresentar as provas que demonstrem a inexistência do débito. Aquelas que comprovem recolhimentos de FGTS em datas anteriores à notificação devem ser consideradas para abatimento do valor levantado caso sejam apresentadas no prazo de defesa, no prazo de recurso ou mesmo após encerrado o trâmite processual, afim de dar certeza e liquidez ao débito a ser cobrado.

Referência normativa: art. 23 e art. 33 da Portaria 148/96 e art. 53 da IN 25/2001.

PRECEDENTE ADMINISTRATIVO N. 89

FGTS. ASSISTÊNCIA MÉDICA. NÃO INCIDÊNCIA.

Não incide FGTS sobre parcela relativa a "assistência médica".

Referência normativa: art. 458 da CLT.

PRECEDENTE ADMINISTRATIVO N. 101

FGTS. LEVANTAMENTO DE DÉBITO. ACORDOS JUDICIAIS. NÃO EXCLUSÃO DO DÉBITO. APLICAÇÃO DA IN 84/2010. NOTIFICAÇÕES DE DÉBITO LAVRADAS NA VIGÊNCIA DA IN N. 25/2001.

1 — Os débitos de FGTS acordados judicialmente em ação na qual a União e a CAIXA não foram chamadas para se manifestarem, não devem ser excluídos das NFGC/NFRC lavradas pelos Auditores-Fiscais do Trabalho, pois seus atos não são alcançados pelos limites da coisa julgada feita pela sentença que homologou o acordo.

2 — As notificações de débito de FGTS lavradas durante a vigência da IN n. 25/2001 em que foram excluídos valores acordados judicialmente, devem ser analisadas conforme os procedimentos nela previstos, pois constituem atos administrativos praticados consoantes interpretação e normatização sobre o tema à época de sua lavratura.

REFERÊNCIA NORMATIVA: Art. 472 do CPC; art. 15, 25 e 26 da Lei n. 8.036, de maio de 1990. Art. 2º, parágrafo único, XIII, da Lei n. 9.784, de janeiro de 1.999 e art. 34 da IN n. 25, de dezembro de 2001.

3
O FGTS NO ORDENAMENTO JURÍDICO BRASILEIRO

3.0. Conceito e Denominação

No entendimento de Gustavo Filipe Barbosa Garcia[20] (2012), pode-se conceituar o Fundo de Garantia do Tempo de Serviço como **direito trabalhista**, de empregados urbanos e rurais, com a finalidade de estabelecer um **fundo de depósito em pecúnia**, com valores destinados a garantir a indenização do tempo de serviço prestado ao empregador.

Leciona Ricardo Resende[21] (2012) que o FGTS é um fundo formado por recolhimentos mensais incidentes sobre a remuneração do empregado, efetuados em conta vinculada aberta na Caixa Econômica Federal — CEF em nome do trabalhador, que visa principalmente à subsistência do trabalhador durante o período de desemprego, em substituição à antiga indenização celetista prevista no art. 478 da CLT.

Conforme Sérgio Pinto Martins (2012), o FGTS é um depósito bancário destinado a formar uma poupança para o trabalhador, que poderá ser sacada nas hipóteses previstas na lei, principalmente quando é dispensado sem justa causa. Servem os depósitos como forma de financiamento para aquisição de moradia pelo Sistema Financeiro da Habitação.

A Lei n. 5.107/66 que introduziu o FGTS no ordenamento jurídico brasileiro o definiu em seu art. 11. Vejamos:

> *Art. 11. Fica criado o "Fundo de Garantia do Tempo de Serviço" (FGTS), constituído pelo* ***conjunto das contas vinculadas a que se refere esta Lei, cujos recursos serão aplicados com correção monetária e juros, de modo a assegurar cobertura de suas obrigações****, cabendo sua gestão ao Banco Nacional de Habitação.*

A Lei n. 7.839/89 estabeleceu em seu art. 2º que ***o FGTS é constituído pelos saldos das contas vinculadas a que se refere esta Lei e outros recursos***

(20) GARCIA, Gustavo Filipe Barbosa. *Manual de direito do trabalho*. 5. ed. Rio de Janeiro: Forense; São Paulo: Método, 2012.

(21) RESENDE, Ricardo. *Direito do trabalho esquematizado*. 2. ed. Rio de Janeiro: Forense; São Paulo: Método, 2012.

a ele incorporados, devendo ser aplicados com a atualização monetária e juros, de modo a assegurar a cobertura de suas obrigações.

Para Fabiano Jantalia[(22)] (2008) pode-se definir o FGTS como um fundo de natureza financeira, composto pelo saldo das contas individuais dos trabalhadores e outros recursos a ele incorporados por força de lei, destinado ao custeio do regime da indenização por tempo de serviço.

De forma apropriada Maurício Godinho Delgado[(23)] (2012) diz que o Fundo de Garantia do Tempo de Serviço consiste em recolhimentos pecuniários mensais, em conta bancária vinculada em nome do trabalhador, conforme parâmetro de cálculo estipulado legalmente, podendo ser sacado pelo obreiro em situações tipificadas pela ordem jurídica, sem prejuízo de acréscimo percentual condicionado ao tipo de rescisão de seu contrato laborativo, formando, porém, o conjunto global e indiferenciado de depósitos um fundo social de destinação legalmente especificada.

O Fundo de Garantia do Tempo de Serviço — FGTS é uma poupança bancária vinculada a depósitos mensais efetuados pelo empregador ou a ele equiparado em um fundo social que o trabalhador pode utilizar nas situações tipificadas em lei. Consistindo assim, em uma reserva em favor do empregado em substituição à estabilidade no emprego, para que se possa efetuar o saque no momento de sua dispensa, ou diante de outras situações elencadas na Lei n. 8.036/90.

Para Sérgio Pinto Martins[(24)] (2010), analisar o Fundo de Garantia do Tempo de Serviço pelo prisma da **denominação** é importante, mesmo que não será o nome que caracterizará o instituto, mas seus elementos essenciais. Para ele, o nome apropriado ajuda a compreendê-lo.

A partir dos instrumentos legais: Lei n. 5.107/66 em diversos artigos; Art. 158, XIII da Carta Política de 1967; Inciso XIII do art. 165 da Emenda Constitucional n. 1, de 1969; Inciso III do art. 7º da Lei Maior de 1988; Art. 1º da Lei n. 7.839/89; art. 1º da Lei n. 8.036/90; Inciso III do art. 6º da Lei n. 12.023/09 pode ser chegar à conclusão que o instituto se denomina **Fundo de Garantia do Tempo de Serviço**, ou simplesmente, abreviadamente **FGTS**.

Revela Martins (2010) que, na verdade, o FGTS não garante o tempo de serviço, como determina seu nome, apenas representa uma poupança para o trabalhador, sem ter relação exata com seu tempo de serviço, ao contrário do que ocorria com a indenização[(25)], que dependia do número de anos de serviços prestados ao empregador.

---

(22) JANTALIA, Fabiano. *Fundo de Garantia do Tempo de Serviço*. São Paulo: LTr, 2008.

(23) DELGADO, Maurício Godinho. *Curso de direito do trabalho*. 11. ed. São Paulo: LTr, 2012.

(24) MARTINS, Sérgio Pinto. *Manual do FGTS*. 4. ed. São Paulo: Atlas, 2010.

(25) **Art. 478 da CLT**. A indenização devida pela rescisão do contrato por prazo indeterminado será de um mês de remuneração por ano de serviço efetivo, ou por ano e fração igual ou superior a 6(seis) meses.

3.1. Natureza Jurídica do FGTS

A natureza da contribuição devida ao FGTS foi definida, inicialmente, pelo STF no RE 100.249 — RTJ 136/981. Nesse julgamento foi ressaltado seu **fim estritamente social de proteção ao trabalhador**, aplicando-se-lhe, quanto à prescrição, o prazo trintenário resultante do art. 144[(26)] da LOPS (STF, RE 117.986-4 SP, Ilmar Galvão, Ac. 1ª T.)[(27)]:

> *"Fundo de Garantia por Tempo de Serviço. Sua natureza jurídica. Constituição, art. 165, XIII. Lei n. 5.107, de 13.9.1966.* ***As contribuições para o FGTS não se caracterizam como crédito tributário ou contribuições a tributo equiparáveis****. Sua sede está no art. 165, XIII, da Constituição. Assegura-se ao trabalhador estabilidade, ou fundo de garantia equivalente. Dessa garantia, de índole social, promana, assim, a exigibilidade pelo trabalhador do pagamento do FGTS, quando despedido, na forma prevista em lei.* ***Cuida-se de um direito do trabalhador****. Dá-lhe o Estado garantia desse pagamento. A contribuição pelo empregador, no caso, deflui do fato de ser ele o sujeito passivo da obrigação, de* ***natureza trabalhista e social****, que encontra, na regra constitucional aludida, sua fonte. A atuação do Estado, ou de órgão da Administração Pública, em prol do recolhimento da contribuição do FGTS, não implica torná-lo titular do direito á contribuição, mas, apenas, decorre do cumprimento, pelo Público, de obrigação de fiscalizar e tutelar a garantia assegurada ao empregado optante pelo FGTS. Não exige o Estado, quando aciona o empregador, valores a serem recolhidos ao Erário, como receita pública.* ***Não há, aí, contribuição de natureza fiscal ou parafiscal.*** *Os depósitos do FGTS pressupõe vínculo jurídico, com disciplina no Direito do Trabalho. Não se aplica às contribuições do FGTS o disposto nos arts. 173 e 174, do CTN. Recurso extraordinário conhecido, por ofensa ao art. 165, XIII, da Constituição, e provido, para afastar a prescrição quinquenal da ação" (RE 100.249-2, Rel. p/ acórdão Min. Néri da Silveira, DJU de 1º.7.88).*

Revela Amauri Mascaro Nascimento[(28)] (2010) que não há uniformidade na doutrina acerca da natureza jurídica, sendo, portanto, conhecida as seguintes orientações:

a) ***Teoria do Tributo***. Os depósitos do Fundo de Garantia têm natureza tributária, mais precisamente, um tributo paralelo ao arrecadado pelo Estado como receita orçamentária, em face dos seus fins sociais, tendo como fato gerador o pagamento do salário ao empregado. Os especialistas em direito tributário sustentam a natureza parafiscal do Fundo de Garantia.

b) ***Teoria da Contribuição Previdenciária***. É a tese sustentada por Gabriel Saad, para quem "o depósito bancário a que estão obrigadas as empresas é uma contribuição de caráter previdenciário do que indenização". Houve, realmente, um propósito inicial do legislador, não inteiramente solidificado, no sentido de revestir o Fundo de Garantia de caráter previdenciário, tanto assim que confiou a fiscalização do seu cumprimento ao INSS.

---

(26) **Art. 144 da Lei n. 3.807/60 —** O direito de receber ou cobrar as importâncias que lhes sejam devidas, prescreverá, para as instituições de previdência social, em trinta anos.

(27) Disponível em: <http://www.fiscosoft.com.br/a/4od0/fgts-um-inegavel-tributo-a-despeito-da-sumula-353-do-stj-dalton-luiz-dallazem#ixzz2Ha0ppWu3>. Acesso em: 10 de janeiro de 2013.

(28) NASCIMENTO, Amauri Mascaro. *Curso de direito do trabalho*. 25. ed. São Paulo: Saraiva, 2010.

c) ***Teoria da Indenização***. O Fundo de Garantia, como substituto das indenizações de antiguidade do empregado, conservaria esse mesmo caráter e natureza jurídica.

d) ***Teoria do Salário Diferido***. É salário depositado para utilização futura. Os defensores desta teoria entendem que o FGTS representa um valor a ser recebido pelo empregado posteriormente, mas como decorrência do serviço prestado AM empregador ao longo do tempo.

e) ***Teoria da Obrigação Dualista***. As contribuições têm natureza fiscal e os depósitos levantados têm a natureza de salário social.

Conforme Gustavo Filipe Barbosa Garcia[(29)] (2012) existe, também, a teoria do **salário social** que trata o FGTS como um fundo social, devido pela sociedade, em favor do empregado.

Entende Maurício Godinho Delgado (2012) que o Fundo de Garantia **é um instituto jurídico complexo, de caráter multidimensional**. Uma de suas mais importantes dimensões — senão a principal — é, sem dúvida, a trabalhista, que é, inclusive, expressamente reconhecida pela Constituição (art. 7º, III, CF/88). Porém, grande parte de suas mais significativas características são de natureza trabalhista, sem dúvida. Contudo, nem todas elas têm essa estrita natureza: **é que o FGTS tornou-se, no país, um dos mais importantes fundos sociais de destinação variada, com notável impacto público**. (destacamos).

Afirma Sérgio Pinto Martins (2012) que para o empregador o FGTS vem a ser uma **contribuição social**, espécie do **gênero tributo**. Afinal, tributo é o gênero, do qual são espécies o imposto, a taxa, a contribuição de melhoria, as contribuições, ou até mesmo o empréstimo compulsório.

No entendimento de Eduardo Gabriel Saad[(30)] (1995), o FGTS pode ser visto da seguinte maneira:

> 1. ***"É salário diferido vez que não integra o salário para cálculo de verbas (HE, 13°, férias, r.s.r.); é salário social, pois seu objetivo maior não é garantir a sobrevivência do empregado; é salário atual, ou seja, não pode exigir de imediato e nem é pago diretamente pelo empregador e é, ainda, crédito-compensação porque o empregado pode recuperar o valor, além de ser Fundo contábil ou um depósito bancário".***
>
> 2. ***"O FGTS não é multa, pois não é oriundo de ato ilícito; não é salário convencional uma vez que independe do acordo das***

(29) GARCIA, Gustavo Filipe Barbosa. *Curso de direito do trabalho*. 6. ed. Rio de Janeiro: Forense, 2012.

(30) SAAD, Eduardo Gabriel. *Comentários à Lei do Fundo de Garantia por Tempo de Serviço*. 3. ed. São Paulo: LTr, 1995.

partes, é compulsório; não tem característica de Indenização porque não tem por objetivo a recomposição de determinado valor patrimonial e não é Crédito previdenciário porquanto as contribuições previdenciárias são financiadas pelos entes públicos e o FGTS pelo empregador".

No entanto, para Renato Saraiva[31] (2011), apesar de o tema ser controvertido, tem prevalecido o entendimento de que a natureza jurídica do FGTS é de **indenização** ao obreiro dispensado, uma vez que o regime fundiário veio substituir a indenização fixada nos arts. 477[32] e 478[33] consolidados.

*"**ALIMENTOS. FGTS. NATUREZA NÃO SALARIAL. ACORDO QUE NÃO PREVÊ A INCIDÊNCIA**.*

*I — Já decidiu esta Corte que o FGTS não se insere no conceito de salário, **tratando-se de verba indenizatória**.*

II — Não constando do acordo firmado entre as partes a possibilidade de incidência de pensão alimentícia sobre os depósitos do FGTS, não se justifica o seu bloqueio e, menos ainda, o levantamento por parte do alimentando, no momento da aposentadoria do alimentante, tanto mais quando não há registro nos autos de que tenha havido interrupção no pagamento da pensão mensal.

Recurso especial provido." (Resp 214.941/CE, Rel. Min. CASTRO FILHO, DJU, 18.02.2002)

*"**Alimentos. FGTS. Precedentes da Corte**.*

*1. Fixados os alimentos em percentual sobre o salário, **sendo o FGTS verba indenizatória**, sobre tal parcela não incidem aqueles.*

2. Diante de circunstâncias concretas pode o Magistrado, para garantir o pagamento dos alimentos, bloquear a conta relativa ao FGTS.

3. Recurso especial conhecido e provido, em parte." (Resp 334.090/SP, Rel. Min. CARLOS ALBERTO MENEZES DIREITO, DJU, 2.9.2002)

Ainda, conforme Saraiva (2011), a tese acima, materializou-se com a Súmula 98 do Colendo TST, ao afirmar que:

Súmula n. 98 do TST

FGTS. *INDENIZAÇÃO*. EQUIVALÊNCIA. COMPATIBILIDADE (incorporada a Orientação Jurisprudencial n. 299 da SBDI-1) — Res. 129/2005, DJ 20, 22 e 25.4.2005

I — A equivalência entre os regimes do Fundo de Garantia do Tempo de Serviço e da estabilidade prevista na CLT é meramente jurídica e não econômica, sendo indevidos valores a título de reposição de diferenças. (ex-Súmula n. 98 — RA 57/1980, DJ 6.6.1980)

---

(31) SARAIVA, Renato. *Direito do trabalho*: versão universitária. 4. ed. Rio de Janeiro: Forense; São Paulo: Método, 2011.

(32) **Art. 477**. É assegurado a todo empregado, não existindo prazo estipulado para a terminação do respectivo contrato, e quando não haja ele dado motivo para cessação das relações de trabalho, o direito de haver do empregador uma indenização, paga na base da maior remuneração que tenha percebido na mesma empresa.

(33) **Art. 478**. A indenização devida pela rescisão do contrato por prazo indeterminado será de um mês de remuneração por ano de serviço efetivo, ou por ano e fração igual ou superior a 6(seis) meses.

II — A estabilidade contratual ou a derivada de regulamento de empresa são compatíveis com o regime do FGTS. Diversamente ocorre com a estabilidade legal (decenal, art. 492 da CLT), que é renunciada com a opção pelo FGTS. (ex-OJ n. 299 da SBDI-1 — DJ 11.8.2003)

Visualiza-se também para o instituto do FGTS a **natureza estatutária** conforme julgado abaixo:

"EMENTA: Fundo de Garantia por Tempo de Serviço — ***FGTS****.* ***Natureza jurídica*** *e direito adquirido. Correções monetárias decorrentes dos planos econômicos conhecidos pela denominação Bresser, Verão, Collor I (no concernente aos meses de abril e de maio de 1990) e Collor II. —* ***O Fundo de Garantia por Tempo de Serviço (FGTS), ao contrário do que sucede com as cadernetas de poupança, não tem natureza contratual, mas, sim, estatutária, por decorrer da Lei e por ela ser disciplinado. — Assim, é de aplicar-se a ele a firme jurisprudência desta Corte no sentido de que não há direito adquirido a regime jurídico.*** *— Quanto à atualização dos saldos do* ***FGTS*** *relativos aos Planos Verão e Collor I (este no que diz respeito ao mês de abril de 1990), não há questão de direito adquirido a ser examinada, situando-se a matéria exclusivamente no terreno legal infraconstitucional. —* ***No tocante, porém, aos Planos Bresser, Collor I (quanto ao mês de maio de 1990) e Collor II, em que a decisão recorrida se fundou na existência de direito adquirido aos índices de correção que mandou observar, é de aplicar-se o princípio de que não há direito adquirido a regime jurídico. Recurso extraordinário conhecido em parte, e nela provido, para afastar da condenação as atualizações dos saldos do FGTS no tocante aos Planos Bresser, Collor I (apenas quanto à atualização no mês de maio de 1990) e Collor II****" (RE n. 226.855, Tribunal Pleno, Relator o Ministro* ***Moreira Alves****, DJ de 13.10.00).*

3.2. Gestão do FGTS

A gestão **tripartite** do FGTS compete a um Conselho Curador do qual participam **representantes de órgãos estatais, de trabalhadores e de empregadores** (art. 3º da Lei n. 8.036/90), cabendo à Caixa Econômica Federal — CEF o papel de Agente Operador (art. 4º da Lei n. 8.036/90).

Os representantes dos trabalhadores e dos empregadores e seus respectivos suplentes serão indicados pelas respectivas centrais sindicais e confederações nacionais, e nomeados pelo Ministro do Trabalho e Emprego, com mandato de 2 anos, admitida uma única recondução.

O Conselho Curador do FGTS — CCFGTS possui composição tripartite, com representantes dos trabalhadores, dos empregadores e dos órgãos e entidades governamentais, sendo a presidência exercida pelo representante do Ministério do Trabalho e Emprego. O Decreto n. 6.827/09 aumentou o número de Conselheiros curadores do FGTS de 16 para **24 membros**. A nova composição ampliou a participação dos representantes da Sociedade Civil e do Governo[34].

---

(34) Art. 2º Decreto n. 6.827/09 — O Conselho Curador do Fundo de Garantia do Tempo de Serviço — CCFGTS, criado pelo art. 3º da Lei n. 8.036, de 11 de maio de 1990, será composto pelos seguintes membros, titulares e suplentes:

I — Ministro de Estado do Trabalho e Emprego, que o presidirá;

II — Ministro de Estado das Cidades, que ocupará a vice-presidência do Conselho;

Art. 3º da Lei n. 8.036/90 — O FGTS será regido por normas e diretrizes estabelecidas por um Conselho Curador, composto por representação de trabalhadores, empregadores e órgãos e entidades governamentais, na forma estabelecida pelo Poder Executivo. *(Redação dada pela Medida Provisória n. 2.216-37, de 2001) (Vide Decreto n. 3.101, de 2001)*

I — Ministério do Trabalho; *(Incluído pela Lei n. 9.649, de 1998)*

II — Ministério do Planejamento e Orçamento; *(Incluído pela Lei n. 9.649, de 1998)*

III — Ministério da Fazenda; *(Incluído pela Lei n. 9.649, de 1998)*

IV — Ministério da Indústria, do Comércio e do Turismo; *(Incluído pela Lei n. 9.649, de 1998)*

V — Caixa Econômica Federal; *(Incluído pela Lei n. 9.649, de 1998)*

VI — Banco Central do Brasil. *(Incluído pela Lei n. 9.649, de 1998)*

§ 1º A Presidência do Conselho Curador será exercida pelo representante do Ministério do Trabalho e da Previdência Social.

§ 2º *(Revogado pela Medida Provisória n. 2.216-37, de 2001)*

§ 3º **Os representantes dos trabalhadores e dos empregadores e seus respectivos suplentes serão indicados pelas respectivas centrais sindicais e confederações nacionais e nomeados pelo Ministro do Trabalho e da Previdência Social, e terão mandato de 2 (dois) anos, podendo ser reconduzidos uma única vez**.

§ 9º **Aos membros do Conselho Curador, enquanto representantes dos trabalhadores, efetivos e suplentes, é assegurada a estabilidade no emprego, da nomeação até um ano após o término do mandato de representação, somente podendo ser demitidos por motivo de falta grave, regularmente comprovada através de processo sindical**.

Art. 4º A gestão da aplicação do FGTS será efetuada pelo Ministério da Ação Social, cabendo à **Caixa Econômica Federal (CEF) o papel de agente operador**.

Atualmente, o Conselho Curador do Fundo de Garantia do Tempo de Serviço — CCFGTS passa a ser composto pelos seguintes órgãos e entidades, com os respectivos representantes:

REPRESENTANTES DO GOVERNO		
Entidade Representante	Conselheiro Titular	Conselheiro Suplente
Ministério do Trabalho e Emprego	**CARLOS DAUDT BRIZOLA** Presidente do Conselho Curador do FGTS.	**LUIZ FERNANDO DE SOUZA EMEDIATO**
Ministério das Cidades	**AGUINALDO VELLOSO BORGES RIBEIRO** Vice-presidente CCFGTS	**ALEXANDRE CORDEIRO MACEDO**
Secretaria-Executiva do Conselho Curador do FGTS	**QUENIO CERQUEIRA DE FRANÇA** Secretário Executivo do Conselho Curador do FGTS	**MANOEL EUGÊNIO GUIMARÃES DE OLIVEIRA**
Casa Civil da Presidência da República	**GILSON ALCEU BITTENCOURT**	**SHEILA RIBEIRO FERREIRA**
Secretaria-Geral da Presidência da República	**JOSÉ LOPEZ FEIJÓO**	**RAIMUNDO NONATO SOARES LIMA**

REPRESENTANTES DO GOVERNO		
Entidade Representante	Conselheiro Titular	Conselheiro Suplente
Ministério da Fazenda	**MARCUS PEREIRA AUCÉLIO**	**MARIA CARMOZITA BESSA MAIA**
Ministério do Desenvolvimento, Indústria e Comércio Exterior	**HELOISA REGINA GUIMARÃES DE MENEZES**	**MARCOS OTÁVIO BEZERRA PRATES**
Ministério do Planejamento, Orçamento e Gestão	**ESTHER BEMERGUY DE ALBUQUERQUE**	**ÍGOR VINÍCIUS DE SOUZA GERACY**
Ministério da Saúde	**DENISE MOTTA DAU**	**ANA PAULA CERCA**
Ministério dos Transportes	**DANIEL SIGELMANN**	**LAIRA VANESSA LAGE GONÇALVES**
Caixa Econômica Federal	**FÁBIO FERREIRA CLETO**	**SÉRGIO ANTÔNIO GOMES**
Banco Central do Brasil	**ROBERTO MAMORU FUGIMOTO**	**JEFERSON AZAMBUJA GOMES**

REPRESENTANTES DOS TRABALHADORES		
Entidade Representante	Conselheiro Titular	Conselheiro Suplente
Força Sindical	**ANTONIO DE SOUSA RAMALHO JUNIOR**	–
Central Única dos Trabalhadores	**CLAUDIO DA SILVA GOMES**	
União Geral dos Trabalhadores	**ANTONIO MARIA THAUMATURGO CORTIZO**	**ADEMAR RANGEL DA SILVA**
Central dos Trabalhadores e Trabalhadoras do Brasil	**EDUARDO CELSO BASTOS NAVARRO DE ANDRADE**	**RAIMUNDO DE SOUZA GOMES**
Central Geral dos Trabalhadores do Brasil	**MAURI VIANA PEREIRA**	**PAULO PAULINO LANGNER**
Nova Central Sindical de Trabalhadores	**ANTONIO DA COSTA MIRANDA**	**SILAS BATISTA DA SILVA**

REPRESENTANTES DOS EMPREGADORES		
Entidade Representante	Conselheiro Titular	Conselheiro Suplente
Confederação Nacional da Indústria	**FLÁVIO JOSÉ CAVALCANTI DE AZEVEDO**	**ELSON RIBEIRO E PÓVOA**
Confederação Nacional do Sistema Financeiro	**FILIPE FERREZ PONTUAL MACHADO**	**JOSÉ ANTONIO CETRARO**
Confederação Nacional do Comércio de Bens, Serviços e Turismo	**CLAUDIO ELIAS CONZ**	**ABELARDO CAMPOY DIAZ**
Confederação Nacional de Serviços	**JOSÉ LUIZ NOGUEIRA FERNANDES**	**LUIGI NESE**
Confederação Nacional de Saúde, Hospitais, Estabelecimentos e Serviços	**CLÁUDIO JOSÉ ALLGAYER**	**ALEXANDRE VENZON ZANETTI**
Confederação Nacional do Transporte	**CAIO MARIO ALVARES**	**MARIA TEREZA DA COSTA PANTOJA**

Fonte: <http://www.fgts.gov.br/quem_administra.asp>. Acesso em: 30 de dezembro de 2012.

3.2.1. Gestão de Aplicação do FGTS

O Ministério das Cidades, nos termos do art. 27 III, da Lei n. 10.683/2003, exerce a função de gestor da aplicação do FGTS. Cabe-lhe, nessa qualidade, a responsabilidade legal pela seleção e hierarquização dos projetos a serem contratados.

Art. 27 da Lei n. 10.683/2003. ***Os assuntos que constituem áreas de competência de cada Ministério são os seguintes:***

(...)

III — ***Ministério das Cidades:***

a) política de desenvolvimento urbano;

b) políticas setoriais de habitação, saneamento ambiental, transporte urbano e trânsito;

c) promoção, em articulação com as diversas esferas de governo, com o setor privado e organizações não governamentais, de ações e programas de urbanização, de habitação, de saneamento básico e ambiental, transporte urbano, trânsito e desenvolvimento urbano;

d) política de subsídio à habitação popular, saneamento e transporte urbano;

e) planejamento, regulação, normatização e gestão da aplicação de recursos em políticas de desenvolvimento urbano, urbanização, habitação, saneamento básico e ambiental, transporte urbano e trânsito;

III — Coordenador-Geral do FGTS, da Secretaria-Executiva do Ministério do Trabalho e Emprego, que exercerá a Secretaria-Executiva do Conselho;
IV — um representante da Casa Civil da Presidência da República;
V — um representante da Secretaria-Geral da Presidência da República;
VI — um representante do Ministério da Fazenda;
VII — um representante do Ministério do Desenvolvimento, Indústria e Comércio Exterior;
VIII — um representante do Ministério do Planejamento, Orçamento e Gestão;
IX — um representante do Ministério da Saúde;
X — um representante do Ministério dos Transportes;
XI — um representante da Caixa Econômica Federal; e
XII — um representante do Banco Central do Brasil;
XIII — **seis representantes dos trabalhadores**, indicados pelas seguintes entidades:
a) Força Sindical;
b) Central Única dos Trabalhadores — CUT;
c) União Geral dos Trabalhadores — UGT;
d) Central dos Trabalhadores e Trabalhadoras do Brasil — CTB;
e) Central Geral dos Trabalhadores do Brasil — CGTB; e
f) Nova Central Sindical de Trabalhadores — NCST;
XIV — **seis representantes dos empregadores**, indicados pelas seguintes entidades:
a) Confederação Nacional da Indústria — CNI;
b) Confederação Nacional do Sistema Financeiro — CONSIF;
c) Confederação Nacional do Comércio de Bens, Serviços e Turismo — CNC;
d) Confederação Nacional de Serviços — CNS;
e) Confederação Nacional de Saúde, Hospitais, Estabelecimentos e Serviços — CNS; e
f) Confederação Nacional do Transporte — CNT.

f) participação na formulação das diretrizes gerais para conservação dos sistemas urbanos de água, bem como para a adoção de bacias hidrográficas como unidades básicas do planejamento e gestão do saneamento;

O Ministro de Estado das Cidades exerce a vice-presidência do Conselho e é o **gestor das aplicações dos recursos do FGTS em habitação popular, saneamento ambiental e infraestrutura**. O Ministério das Cidades elabora os orçamentos anuais e planos plurianuais de aplicação dos recursos e acompanha as metas físicas propostas.

Conforme Luciano Martinez (2012) atente-se para o fato de que as constantes reformas administrativas implementadas no governo federal impõem frequentes alterações no nome do órgão responsável por essa função gerencial. Afirma-se isso porque tal atribuição já esteve dentre outros órgãos modificados estruturalmente ou extintos, sob a incumbência do Ministério da Ação Social[(35)] e, posteriormente, da Secretaria Especial de Desenvolvimento Urbano bem como ao Ministério do Planejamento e Orçamento[(36)].

---

(35) Art. 4º da Lei n. 8.036/90 — A gestão da aplicação do FGTS será efetuada pelo **Ministério da Ação Social**, cabendo à Caixa Econômica Federal (CEF) o papel de agente operador.

(36) Art. 66 do Decreto n. 99.684/90 — Ao **Ministério do Planejamento e Orçamento, na qualidade de Gestor da aplicação dos recursos do FGTS**, compete: *(Redação dada pelo Decreto n. 1.522, de 1995)*

I — praticar todos os atos necessários à gestão da aplicação do FGTS, de acordo com as diretrizes e programas estabelecidos pelo Conselho Curador; *(Redação dada pelo Decreto n. 1.522, de 1995)*

II — expedir atos normativos relativos à alocação dos recursos para a implementação dos programas aprovados pelo Conselho Curador; *(Redação dada pelo Decreto n. 1.522, de 1995)*

III — definir as metas a serem alcançadas pelos programas de habitação popular, saneamento básico e infraestrutura urbana; *(Redação dada pelo Decreto n. 1.522, de 1995)*

IV — estabelecer os critérios, procedimentos e parâmetros básico para a análise, seleção, contratação, acompanhamento e avaliação dos projetos a serem financiados com recursos do FGTS, com observância dos objetivos da política nacional de desenvolvimento urbano e das políticas setoriais de habitação popular, saneamento básico e infraestrutura urbana, estabelecidas pelo Governo Federal; *(Redação dada pelo Decreto n. 1.522, de 1995)*

V — definir as prioridades, a metodologia e os parâmetros básicos que nortearão a elaboração dos orçamentos e planos plurianuais de aplicação dos recursos do FGTS; *(Redação dada pelo Decreto n. 1.522, de 1995)*

VI — elaborar os orçamentos anuais e planos plurianuais de aplicação dos recursos, discriminando-os por Unidade da Federação e submetendo-os, até 31 de julho de cada ano, ao Conselho Curador; *(Redação dada pelo Decreto n. 1.522, de 1995)*

VII — acompanhar a execução dos programas de habitação popular, saneamento básico e infraestrutura urbana, decorrentes da aplicação dos recursos do FGTS, implementadas pelo Agente Operador; *(Redação dada pelo Decreto n. 1.522, de 1995)*

VIII — subsidiar o Conselho Curador com estudos técnicos necessários ao aprimoramento dos programas de habitação popular, saneamento e infraestrutura urbana; *(Redação dada pelo Decreto n. 1.522, de 1995)*

IX — submeter ao Conselho Curador as contas do FGTS. *(Redação dada pelo Decreto n. 1.522, de 1995)*

Parágrafo único. O Gestor da aplicação poderá firmar convênios com os Governos dos Estados e do Distrito Federal para, por intermédio de instâncias colegiadas constituídas de representantes do governo estadual, dos governos municipais, quando houver, e da sociedade civil, em igual número, enquadrar, hierarquizar os pleitos de operações de crédito com recursos do FGTS. *(Incluído pelo Decreto n. 1.522, de 1995)*

3.2.2. Centralização de Depósitos do FGTS

A Caixa Econômica Federal assumiu, em 11 de maio de 1991, o controle de todas as contas vinculadas do FGTS, exercendo assim o papel de agente operador consoante art. 4º[37] e 12, da Lei n. 8.036/90.

Logo, um ano após a promulgação da Lei n. 8.036/90, a CEF assumiu o controle de todas as contas vinculadas do FGTS que se encontravam nos diversos estabelecimentos bancários do Estado brasileiro.

> *Art. 12 da Lei n. 8.036/90*. ***No prazo de um ano, a contar da promulgação desta lei, a Caixa Econômica Federal assumirá o controle de todas as contas vinculadas****, nos termos do item I do art. 7º, passando os demais estabelecimentos bancários, findo esse prazo, à condição de agentes recebedores e pagadores do FGTS, mediante recebimento de tarifa, a ser fixada pelo Conselho Curador. (grifamos)*

3.3. Contribuintes e Beneficiários do FGTS

Em linhas gerais, podemos dizer que é contribuinte do FGTS qualquer **empregador**[38], pessoa física ou jurídica, ou equiparada, de direito público ou privado, que admitir trabalhadores regidos pela norma consolidada de 1943 ou por legislação especial, nos termos do art. 15, § 1º, da Lei n. 8.036/90:

> *Art. 15*
>
> *§ 1º Entende-se por empregador a pessoa física ou a pessoa jurídica de direito privado ou de direito público, da administração pública direta, indireta ou fundacional de qualquer dos Poderes, da União, dos Estados, do Distrito Federal e dos Municípios, que admitir trabalhadores a seu serviço, bem assim aquele que, regido por legislação especial, encontrar-se nessa condição ou figurar como fornecedor ou tomador de mão-de-obra, independente da responsabilidade solidária e/ou subsidiária a que eventualmente venha obrigar-se.*

Verifica-se que o conceito de empregador adotado pela lei fundiária é bastante amplo, todavia, marcado por duas características importantes segundo Fabiano Jantalia (2008): a **abstração da forma jurídica do empregador** e a **irrelevância do tipo de contrato** que rege a relação de trabalho.

---

(37) Art. 4º da Lei n. 8.036/90 — A gestão da aplicação do FGTS será efetuada pelo Ministério da Ação Social, cabendo à Caixa Econômica Federal (CEF) o papel de agente operador.

(38) Art. 2º da CLT — Considera-se **empregador** a empresa, individual ou coletiva, que, assumindo os riscos da atividade econômica, admite, assalaria e dirige a prestação pessoal de serviço.

§ 1º — Equiparam-se ao empregador, para os efeitos exclusivos da relação de emprego, os profissionais liberais, as instituições de beneficência, as associações recreativas ou outras instituições sem fins lucrativos, que admitirem trabalhadores como empregados.

§ 2º — Sempre que uma ou mais empresas, tendo, embora, cada uma delas, personalidade jurídica própria, estiverem sob a direção, controle ou administração de outra, constituindo grupo industrial, comercial ou de qualquer outra atividade econômica, serão, para os efeitos da relação de emprego, solidariamente responsáveis a empresa principal e cada uma das subordinadas.

Dentre os empregadores destacamos:

01) O **empregador rural**(39) regido pela Lei n. 5.859/73 a partir da Constituição Federal de 1988;

02) As **empresas de trabalho temporário** nos termos da Lei n. 6.019/84(40);

03) O **Órgão Gestor de Mão de Obra Portuária — OGMO** e os operadores portuários são solidariamente responsáveis pelo recolhimento do FGTS dos trabalhadores portuários avulsos (Lei n. 8.630, art. 18, VII e art. 19, § 2º). Quanto aos trabalhadores avulsos em atividades de movimentação de mercadorias em geral, há solidariedade entre o sindicato intermediador e as empresas tomadoras do trabalho avulso(41) (art. 8º Lei n. 12.023/2009(42));

04) Para os **empregados domésticos**, observada a previsão do art. 3-A, da Lei n. 5.859/72, o recolhimento do FGTS é facultativo. Atualmente a inclusão do empregado doméstico no fundo é irretratável com relação ao respectivo vínculo contratual, ou seja, iniciado o recolhimento por parte do empregador doméstico este não poderá retirá-lo. Encontra-se em andamento, já aprovada em dois turnos na Câmara dos Deputados, a **PEC 478/2010**, que amplia os direitos dos trabalhadores domésticos, dentre eles o FGTS. No Senado Federal a PEC recebeu o n. 66/2012.

Por fim, são beneficiários do Fundo de Garantia do Tempo de Serviço os trabalhadores cujos contratos são regulados pela CLT, os trabalhadores avulsos, os trabalhadores rurais, os empregados temporários, a mãe social(43) (art. 5º VIII, da Lei n. 7.664/1987) e os empregados domésticos, desde que o empregador doméstico o inclua no regime fundiário.

---

(39) Art. 3º da Lei n. 5.859/73 — Considera-se empregador, rural, para os efeitos desta Lei, a pessoa física ou jurídica, proprietário ou não, que explore atividade agroeconômica, em caráter permanente ou temporário, diretamente ou através de prepostos e com auxílio de empregados.

(40) Art. 11 da Lei n. 6.019/74 — O contrato de trabalho celebrado entre empresa de trabalho temporário e cada um dos assalariados colocados à disposição de uma empresa tomadora ou cliente será, obrigatoriamente, escrito e dele deverão constar, expressamente, os direitos conferidos aos trabalhadores por esta Lei.

(41) Considera-se **trabalhador avulso** — aquele que, sindicalizado ou não, presta serviço de natureza urbana ou rural, a diversas empresas, **sem vínculo empregatício**, com a intermediação obrigatória do órgão gestor de mão-de-obra, nos termos da *Lei n. 8.630, de 25 de fevereiro de 1993*, ou do sindicato da categoria (art. 9, VI do Decreto n. 3.048/1999).

(42) Art. 8º da Lei n. 12.023/2009 — As empresas tomadoras do trabalho avulso respondem solidariamente pela efetiva remuneração do trabalho contratado e são responsáveis pelo recolhimento dos encargos fiscais e sociais, bem como das contribuições ou de outras importâncias devidas à Seguridade Social, no limite do uso que fizerem do trabalho avulso intermediado pelo sindicato.

(43) **Art. 5º** — À mãe social ficam assegurados os seguintes direitos:

(...)

VIII — Fundo de Garantia do Tempo de Serviço ou indenização, nos termos da legislação pertinente.

O empregado aprendiz[44] é beneficiário do FGTS, tendo portanto, a alíquota dos depósitos mensais reduzida para 2% da remuneração recebida consoante art. 15, § 7º, da Lei n. 8.036/90[45].

As empresas sujeitas ao regime da legislação trabalhista poderão equiparar seus diretores não empregados aos demais trabalhadores beneficiários do FGTS. É o que estabelece o art. 16 da Lei n. 8.036/90: *Verbis*:

> *Art. 16. Para efeito desta lei, as empresas sujeitas ao regime da legislação trabalhista poderão equiparar seus diretores não empregados aos demais trabalhadores sujeitos ao regime do FGTS. Considera-se diretor aquele que exerça cargo de administração previsto em lei, estatuto ou contrato social, independente da denominação do cargo.*

Não se encontram relacionados dentre os beneficiários do regime fundiário, o trabalhador autônomo[46]; o estagiário, o trabalhador eventual[47]; o servidor público civil e militar.

No entanto, em relação aos **servidores públicos** *stricto sensu* (**estatutários**), o FGTS é indevido, pelo simples fato que a tais trabalhadores é garantida a estabilidade, não se sujeitando à despedida imotivada (art. 41 da CF). Não obstante, o **servidor público celetista** da administração direta, autárquica ou fundacional nos três níveis de governo faz jus ao FGTS, embora seja estável.

> ***Súmula 390 do TST*** *— ESTABILIDADE. ART. 41 DA CF/1988. CELETISTA. ADMINISTRAÇÃO DIRETA, AUTÁRQUICA OU FUNDACIONAL. APLICABILIDADE. EMPREGADO DE EMPRESA PÚBLICA E SOCIEDADE DE ECONOMIA MISTA. INAPLICÁVEL (conversão das Orientações Jurisprudenciais ns. 229 e 265 da SBDI-1 e da Orientação Jurisprudencial n. 22 da SBDI-2) — Res. 129/2005, DJ 20, 22 e 25.4.2005*
>
> *I — O servidor público celetista da administração direta, autárquica ou fundacional é beneficiário da estabilidade prevista no art. 41 da CF/1988. (ex-OJs ns. 265 da SBDI-1 — inserida em 27.9.2002 — e 22 da SBDI-2 — inserida em 20.9.00)*
>
> ***II — Ao empregado de empresa pública ou de sociedade de economia mista, ainda que admitido mediante aprovação em concurso público, não é garantida a estabilidade prevista no art. 41 da CF/1988****. (ex-OJ n. 229 da SBDI-1 — inserida em 20.6.2001)*

---

(44) **Art. 428 da CLT**. Contrato de aprendizagem é o contrato de trabalho especial, ajustado por escrito e por prazo determinado, em que o empregador se compromete a assegurar ao maior de 14 (quatorze) e menor de 24 (vinte e quatro) anos inscrito em programa de aprendizagem formação técnico-profissional metódica, compatível com o seu desenvolvimento físico, moral e psicológico, e o aprendiz, a executar com zelo e diligência as tarefas necessárias a essa formação.

(45) Art. 15, § 7º da Lei n. 8.036/90 — Os contratos de aprendizagem terão a alíquota a que se refere o *caput* deste artigo reduzida para **dois por cento**.

(46) "Trabalhador autônomo é o que exerce, habitualmente e por conta própria, atividade profissional remunerada. Não é empregado. A autonomia da prestação de serviço confere-lhe uma posição de empregador em potencial: explora, em proveito próprio, a própria força de trabalho". (MARANHÃO, Délio. *Direito do trabalho*. 16. ed. Rio de Janeiro: Fundação Getúlio Vargas, 1993. p. 64).

(47) Trabalho eventual — Também chamado de ocasional, é aquele que é exigido em caráter absolutamente transitório, cujo exercício não se integra na finalidade da empresa.

3.3.1 — Ausência de Fato Gerador ou Hipótese de Incidência do FGTS

Inexistindo recolhimento ao FGTS e informações à Previdência Social, o empregador/contribuinte deve transmitir pelo Conectividade Social um arquivo SEFIPCR.SFP com indicativo de ausência de fato gerador (**sem movimento**), que é assinalado na tela de abertura do movimento, para o código 115.

O arquivo deve ser transmitido para a primeira competência da ausência de informações, dispensando-se a transmissão para as competências subsequentes até a ocorrência de fatos determinantes de recolhimento ao FGTS e/ou fato gerador de contribuição previdenciária.

Devem apresentar GFIP/SEFIP com o indicativo de ausência de fato gerador(48):

a) as empresas que, mesmo em atividade, não tiverem fatos geradores a declarar à Previdência Social ou FGTS a recolher, nem sofreram retenção sobre nota fiscal/fatura (Lei n. 9.711/98);

b) todas as empresas cujos números de inscrição (CNPJ e CEI) não estejam devidamente encerrados junto à Previdência Social, como por exemplo, firma individual, obras de construção civil, produtor rural ou contribuinte individual com segurados que lhe tenham prestado serviço, caso estejam com suas atividades paralisadas;

c) as empresas que, em 01/1999, estavam com suas atividades paralisadas ou sem fatos geradores relativos ao FGTS e à Previdência Social.

3.4. Base de Cálculo ou Hipótese de Incidência do FGTS

Todos os empregadores são obrigados a **depositar até o dia 7 de cada mês**, em conta vinculada do trabalhador, a importância correspondente a **8% (oito por cento)** da remuneração paga ou devida, no mês anterior **e a 2% (dois por cento) no caso dos contratos amparados nos termos da Lei n. 9.601/98 e dos contratos de aprendizagem citados na Lei n. 10.097/00.**

Verifica-se que toda parcela que compõe o conceito de remuneração é base de incidência do FGTS, inclusive se paga no exterior.

OJ 232 da SDI-I do TST — FGTS. INCIDÊNCIA. EMPREGADO TRANSFERIDO PARA O EXTERIOR. REMUNERAÇÃO (inserida em 20.06.2001)

O FGTS incide sobre todas as parcelas de natureza salarial pagas ao empregado em virtude de prestação de serviços no exterior.

Reza o art. 15 da Lei n. 8.036/90, bem como o art. 27 do Decreto n. 99.684/90, que a base de cálculo do valor a ser depositado mensalmente pelo empregador é a remuneração paga ou devida.

---

(48) Disponível em: <http://www.auditoria.mt.gov.br/arquivos/A_5380f66a7a8502ad4f37e4ff8d1dfbecManualGFIPSEFIP_KIT_SEFIP_versao_84.pdf>. Acesso em: 8 de janeiro de 2013.

Art. 15. Para os fins previstos nesta lei, todos os empregadores ficam obrigados a depositar, até o dia 7 (sete) de cada mês, em conta bancária vinculada, a importância correspondente a 8 (oito) por cento da ***remuneração paga ou devida****, no mês anterior, a cada trabalhador, incluídas na remuneração as parcelas de que tratam os arts. 457 e 458 da CLT e a gratificação de Natal a que se refere a Lei n. 4.090, de 13 de julho de 1962, com as modificações da Lei n. 4.749, de 12 de agosto de 1965.*

A base de cálculo está disposta com bastante clareza no art. 8º da Instrução Normativa n. 99, de 23 de agosto de 2012, expedida pela Secretaria de Inspeção do trabalho — SIT do Ministério do Trabalho e Emprego.

Da Identificação da Base de Cálculo

Art. 8º Consideram-se de **natureza salarial**, para fins do disposto no art. 5º, as seguintes parcelas, além de outras identificadas pelo caráter de contraprestação do trabalho:

I — o salário-base, inclusive as prestações *in natura*;

Art. 458 da CLT — Além do pagamento em dinheiro, ***compreende-se no salário****, para todos os efeitos legais, a alimentação, habitação, vestuário ou* ***outras prestações in natura*** *que a empresa, por força do contrato ou do costume, fornecer habitualmente ao empregado. Em caso algum será permitido o pagamento com bebidas alcoólicas ou drogas nocivas.*

II — as horas extras(49);

III — os adicionais de insalubridade(50), periculosidade(51) e do trabalho noturno(52);

---

(49) **Súmula n. 63 do TST — FUNDO DE GARANTIA (mantida) — Res. 121/2003, DJ 19, 20 e 21.11.2003**
A contribuição para o Fundo de Garantia do Tempo de Serviço incide sobre a remuneração mensal devida ao empregado, inclusive horas extras e adicionais eventuais.
Súmula n. 593 do STF — 15.12.1976 — *DJ de 3.1.1977, p. 7; DJ de 4.1.1977, p. 39; DJ de 5.1.1977, p. 63.*
Incidência — Percentual do FGTS — Parcela da Remuneração Correspondente a Horas Extraordinárias
Incide o percentual do fundo de garantia do tempo de serviço (FGTS) sobre a parcela da remuneração correspondente a horas extraordinárias de trabalho.

(50) Art . 192 da CLT — O exercício de trabalho em condições insalubres, acima dos limites de tolerância estabelecidos pelo Ministério do Trabalho, assegura a percepção de adicional respectivamente de 40% (quarenta por cento), 20% (vinte por cento) e 10% (dez por cento) do salário-mínimo da região, segundo se classifiquem nos graus máximo, médio e mínimo.

(51) Art. 193 da CLT. São consideradas atividades ou operações perigosas, na forma da regulamentação aprovada pelo Ministério do Trabalho e Emprego, aquelas que, por sua natureza ou métodos de trabalho, impliquem risco acentuado em virtude de exposição permanente do trabalhador a: *(Redação dada pela Lei n. 12.740, de 2012)*
I — inflamáveis, explosivos ou energia elétrica; *(Incluído pela Lei n. 12.740, de 2012)*
II — roubos ou outras espécies de violência física nas atividades profissionais de segurança pessoal ou patrimonial. *(Incluído pela Lei n. 12.740, de 2012)*
§ 1º — O trabalho em condições de periculosidade assegura ao empregado um adicional de 30% (trinta por cento) sobre o salário sem os acréscimos resultantes de gratificações, prêmios ou participações nos lucros da empresa. *(Incluído pela Lei n. 6.514, de 22.12.1977)*
§ 2º — O empregado poderá optar pelo adicional de insalubridade que porventura lhe seja devido. *(Incluído pela Lei n. 6.514, de 22.12.1977)*
§ 3º Serão descontados ou compensados do adicional outros da mesma natureza eventualmente já concedidos ao vigilante por meio de acordo coletivo. *(Incluído pela Lei n. 12.740, de 2012)*

(52) O adicional noturno é devido ao empregado urbano que trabalha no período entre 22 e 5 horas. O trabalhador rural terá direito ao adicional se trabalhar no intervalo de 21 às 4 horas do dia seguinte, na lavoura; entre as 20 horas de um dia às 4 horas do dia seguinte, na pecuária.

IV — o adicional por tempo de serviço[53];

V — o adicional por transferência de localidade de trabalho[54];

VI — o salário-família, no que exceder o valor legal obrigatório;

VII — o abono ou gratificação de férias, desde que excedente a vinte dias do salário, concedido em virtude de cláusula contratual, de regulamento da empresa, ou de convenção ou acordo coletivo;

VIII — o valor de um terço do abono constitucional das férias[55];

IX — as comissões;

→ **Trabalhador Urbano** — ***Art. 73, da CLT*** — *Salvo nos casos de revezamento semanal ou quinzenal, o trabalho noturno terá remuneração superior à do diurno e, para esse efeito, sua remuneração terá um* ***acréscimo de 20% (vinte por cento),*** *pelo menos, sobre a hora diurna.*
→ **Trabalhador Rural** — **Lei n. 5.889/73** — ***Art. 7º*** *Para os efeitos desta Lei, considera-se trabalho noturno o executado entre as vinte e uma horas de um dia e as cinco horas do dia seguinte, na lavoura, e entre as vinte horas de um dia e as quatro horas do dia seguinte, na atividade pecuária.* ***Parágrafo único. Todo trabalho noturno será acrescido de 25% (vinte e cinco por cento) sobre a remuneração normal.***
→ **Engenheiro** — O adicional noturno do engenheiro é calculado à base de 25% da hora normal e não há redução ficta da hora.
Art. 7º da Lei n. 4.950-A, *de 22 de abril de 1966 — A remuneração do trabalho noturno será feita na base da remuneração do trabalho diurno, acrescida de 25% (vinte e cinco por cento).*
→ **Advogado** — O adicional noturno do advogado é de 25% (§ 3º do art. 20 da Lei n. 8.906/94).
Art. 20, § 3º *As horas trabalhadas no período das vinte horas de um dia até as cinco horas do dia seguinte são remuneradas como noturnas, acrescidas do adicional de vinte e cinco por cento.*
→ **Portuário** — A hora noturna do portuário é de 60 minutos, compreendendo o horário das 19:00 horas às 07:00 horas do dia seguinte.
Art. 4º da Lei n. 4.860/65 — *Na fixação do regime de trabalho de cada porto, para permitir a continuidade das operações portuárias, os horários de trabalho poderão ser estabelecidos em um ou dois períodos de serviço.*
§ 1º Os períodos de serviço serão diurno, entre 7 (sete) e 19 (dezenove) horas, e noturno, entre 19 (dezenove) e 7 (sete) horas do dia seguinte, ... VETADO ...
A hora do trabalho... VETADO... é de 60 (sessenta) minutos ... VETADO ...
(53) **Súmula n. 70 do TST — ADICIONAL DE PERICULOSIDADE (mantida) — Res. 121/2003, DJ 19, 20 e 21.11.2003**
O adicional de periculosidade não incide sobre os triênios pagos pela Petrobras.
(54) Art. 469 da CLT — Ao empregador é vedado transferir o empregado, sem a sua anuência, para localidade diversa da que resultar do contrato, não se considerando transferência a que não acarretar necessariamente a mudança do seu domicílio .
§ 1º — Não estão compreendidos na proibição deste artigo: os empregados que exerçam cargo de confiança e aqueles cujos contratos tenham como condição, implícita ou explícita, a transferência, quando esta decorra de real necessidade de serviço.
§ 2º — É lícita a transferência quando ocorrer extinção do estabelecimento em que trabalhar o empregado.
§ 3º — Em caso de necessidade de serviço o empregador poderá transferir o empregado para localidade diversa da que resultar do contrato, não obstante as restrições do artigo anterior, mas, nesse caso, ficará obrigado a um pagamento suplementar, nunca inferior a 25% (vinte e cinco por cento) dos salários que o empregado percebia naquela localidade, enquanto durar essa situação.
Art. 470 da CLT — As despesas resultantes da transferência correrão por conta do empregador.
(55) **Art. 7º XVII da CF** — gozo de férias anuais remuneradas com, pelo menos, um terço a mais do que o salário normal;

X — as diárias para viagem, pelo seu valor global, quando excederem a cinquenta por cento da remuneração do empregado, desde que não haja prestação de contas do montante gasto[56];

Art. 457 § 2º da CLT — Não se incluem nos salários as ajudas de custo, assim como as diárias para viagem que não excedam de 50% (cinquenta por cento) do salário percebido pelo empregado[57].

XI — as etapas, no caso dos marítimos;

XII — as gorjetas[58];

*Art. 457 § 3º da CLT — **Considera-se gorjeta** não só a importância espontaneamente dada pelo cliente ao empregado, como também aquela que for cobrada pela empresa ao cliente, como adicional nas contas, a qualquer título, e destinada a distribuição aos empregados.*

XIII — a gratificação de natal, seu valor proporcional e sua parcela incidente sobre o aviso prévio indenizado, inclusive na extinção de contrato a prazo certo e de safra, e a gratificação periódica contratual, pelo seu duodécimo;

XIV — as gratificações ajustadas, expressa ou tacitamente, tais como de produtividade, de balanço, de função ou por exercício de cargo de confiança;

XV — as retiradas de diretores não empregados, quando haja deliberação da empresa, garantindo-lhes os direitos decorrentes do contrato de trabalho;

XVI — o valor a título de licença-prêmio;

XVII — o valor pelo repouso semanal remunerado;

XVIII — o valor pelos domingos e feriados civis e religiosos trabalhados, bem como o valor relativo à dobra em razão de feriados trabalhados, não compensados;

XIX — o valor a título de aviso prévio, trabalhado ou indenizado[59];

---

(56) **Súmula n. 318 do TST — DIÁRIAS. BASE DE CÁLCULO PARA SUA INTEGRAÇÃO NO SALÁRIO (mantida) — Res. 121/2003, DJ 19, 20 e 21.11.2003**
Tratando-se de empregado mensalista, a integração das diárias no salário deve ser feita tomando-se por base o salário mensal por ele percebido e não o valor do dia de salário, somente sendo devida a referida integração quando o valor das diárias, no mês, for superior à metade do salário mensal.
Súmula n. 354 do TST — GORJETAS. NATUREZA JURÍDICA. REPERCUSSÕES (mantida) — Res. 121/2003, DJ 19, 20 e 21.11.2003
As gorjetas, cobradas pelo empregador na nota de serviço ou oferecidas espontaneamente pelos clientes, integram a remuneração do empregado, não servindo de base de cálculo para as parcelas de aviso-prévio, adicional noturno, horas extras e repouso semanal remunerado.

(57) **Súmula n. 101 do TST — DIÁRIAS DE VIAGEM. SALÁRIO (incorporada a Orientação Jurisprudencial n. 292 da SBDI-1) — Res. 129/2005, DJ 20, 22 e 25.4.2005**
Integram o salário, pelo seu valor total e para efeitos indenizatórios, as diárias de viagem que excedam a 50% (cinqüenta por cento) do salário do empregado, enquanto perdurarem as viagens.

(58) **Súmula n. 290 do TST -GORJETAS. NATUREZA JURÍDICA. AUSÊNCIA DE DISTINÇÃO QUANTO À FORMA DE RECEBIMENTO (cancelada) — Res. 121/2003, DJ 19, 20 e 21.11.2003**
As gorjetas, sejam cobradas pelo empregador na nota de serviço ou oferecidas espontaneamente pelos clientes, integram a remuneração do empregado.

(59) **Súmula n. 305 do TST -FUNDO DE GARANTIA DO TEMPO DE SERVIÇO. INCIDÊNCIA SOBRE O AVISO PRÉVIO (mantida) — Res. 121/2003, DJ 19, 20 e 21.11.2003**
O pagamento relativo ao período de aviso prévio, trabalhado ou não, está sujeito a contribuição para o FGTS.

XX — o valor a título de quebra de caixa[(60)].

XXI — o valor do tempo de reserva, nos termos do § 6º do art. 235-E da CLT.

Ainda na identificação da base de cálculo do FGTS, cabe verificar que o seu recolhimento é obrigatório nas hipóteses de **interrupção do contrato de trabalho** em que o trabalhador se afaste do serviço, por força de lei ou de acordo, mas continue percebendo remuneração ou contando o tempo de afastamento como de serviço efetivo conforme previsto no art. 15 do § 5º da Lei n. 8.36/90[(61)] e no art. 28 do Decreto n. 99.684/90[(62)], tais como:

I — serviço militar obrigatório;

II — primeiros quinze dias de licença para tratamento de saúde, exceto no caso de concessão de novo benefício decorrente da mesma doença, dentro de sessenta dias contados da cessação do benefício anterior, de acordo com o previsto no § 3º do art. 75 do Decreto n. 3.048, de 6 de maio de 1999;

III — licença por acidente de trabalho;

IV — licença-maternidade;

V — licença-paternidade;

VI — gozo de férias;

VII — exercício de cargo de confiança; e

VIII — demais casos de ausências remuneradas.

Não integrarão a base de cálculo, para incidência do FGTS, as seguintes verbas (art. 9° da Instrução Normativa 99/2012):

I — participação do empregado nos lucros ou resultados da empresa, quando paga ou creditada de acordo com a Lei n. 10.101, de 19 de dezembro de 2000;

II — abono correspondente à conversão de um terço das férias em pecúnia e seu respectivo adicional constitucional;

---

(60) **Súmula n. 247 do TST — QUEBRA DE CAIXA. NATUREZA JURÍDICA (mantida) Res. 121/2003, DJ 19, 20 e 21.11.2003**
A parcela paga aos bancários sob a denominação "quebra de caixa" possui natureza salarial, integrando o salário do prestador de serviços, para todos os efeitos legais.
(61) Art. 15, § 5º da Lei n. 8.036/90 — O depósito de que trata o *caput* deste artigo é obrigatório nos casos de afastamento para **prestação do serviço militar obrigatório e licença por acidente do trabalho**.
(62) Art. 28. O depósito na conta vinculada do FGTS é obrigatório também nos casos de interrupção do contrato de trabalho prevista em lei, tais como:
I — prestação de serviço militar;
II — licença para tratamento de saúde de até quinze dias;
III — licença por acidente de trabalho;
IV — licença à gestante; e
V — licença-paternidade.
Parágrafo único. Na hipótese deste artigo, a base de cálculo será revista sempre que ocorrer aumento geral na empresa ou na categoria profissional a que pertencer o trabalhador.

III — abono ou gratificação de férias, concedido em virtude de contrato de trabalho, de regulamento da empresa, de convenção ou acordo coletivo de trabalho, cujo valor não exceda a vinte dias do salário;

IV — o valor correspondente ao pagamento da dobra da remuneração de férias concedidas após o prazo legal(63);

V — importâncias recebidas a título de férias indenizadas(64) e o respectivo adicional constitucional;

VI indenização por tempo de serviço anterior a 05 de outubro de 1988, de empregado não optante pelo FGTS;

VII — indenização relativa à dispensa de empregado no período de trinta dias que antecede sua data-base, de acordo com o disposto no art. 9º da Lei n. 7.238, de 29 de outubro de 1984;

VIII — indenização por despedida sem justa causa do empregado nos contratos com termo estipulado de que trata o art. 479 da CLT, bem como na indenização prevista na alínea "f" do art. 12 da Lei n. 6.019, de 3 de janeiro de 1974;

IX — indenização do tempo de serviço do safrista, quando do término normal do contrato de que trata o art. 14 da Lei n. 5.889, de 8 de junho de 1973;

X — indenização recebida a título de incentivo à demissão;

XI — indenização de quarenta por cento sobre o montante de todos os depósitos de FGTS realizados na conta vinculada do trabalhador.

XII — indenização relativa à licença-prêmio;

XIII — ajuda de custo, em parcela única, recebida exclusivamente em decorrência de mudança de localidade de trabalho do empregado, na forma do art. 470 da CLT;

XIV — ajuda de custo, em caso de transferência permanente, e o adicional mensal, em caso de transferência provisória, recebidos pelo aeronauta nos termos da Lei n. 5.929, de 30 de outubro de 1973;

XV — diárias para viagem, desde que não excedam a cinquenta por cento da remuneração mensal percebida pelo empregado;

XVI — valor da bolsa de aprendizagem, garantida ao adolescente até quatorze anos de idade, de acordo com o disposto no art. 64 da Lei n. 8.069, de 13 de julho de 1990, vigente até 15 de dezembro de 1998, em face da promulgação da Emenda Constitucional n. 20;

XVII — valor da bolsa ou outra forma de contraprestação, quando paga ao estagiário nos termos da Lei n. 11.788, de 25 de setembro de 2008;

XVIII — cotas do salário-família e demais benefícios pagos pela Previdência Social, nos termos e limites legais, salvo o salário-maternidade e o auxílio doença decorrente de acidente do trabalho;

XIX — parcela *in natura* recebida de acordo com o Programa de Alimentação do Trabalhador — PAT, instituído pela Lei n. 6.321, de 14 de abril de 1976;

---

(63) **Súmula n. 81 do TST — FÉRIAS (mantida) — Res. 121/2003, DJ 19, 20 e 21.11.2003**
Os dias de férias gozados após o período legal de concessão deverão ser remunerados em dobro.
(64) OJ 195 da SBDI-I do TST — **FÉRIAS INDENIZADAS. FGTS. NÃO-INCIDÊNCIA (inserido dispositivo) — DJ 20.4.2005**
Não incide a contribuição para o FGTS sobre as férias indenizadas.

XX — vale-transporte, nos termos e limites legais, bem como transporte fornecido pelo empregador para deslocamento ao trabalho e retorno, em percurso servido ou não por transporte público;

XXI — valor da multa paga ao trabalhador em decorrência do atraso na quitação das parcelas rescisórias;

XXII — importâncias recebidas a título de ganhos eventuais e abonos expressamente desvinculados do salário por força de lei;

XXIII — abono do Programa de Integração Social — PIS e do Programa de Assistência ao Servidor Público — PASEP;

XXIV — valores correspondentes a transporte, alimentação e habitação fornecidos pelo empregador ao empregado contratado para trabalhar em localidade distante de sua residência, em canteiro de obras ou local que, por força da atividade, exija deslocamento e estada, observadas as normas de proteção estabelecidas pelo MTE;

XXV — importância paga ao empregado a título de complementação ao valor do auxílio-doença, desde que este direito seja extensivo à totalidade dos empregados da empresa;

XXVI — parcelas destinadas à assistência ao empregado da agroindústria canavieira, de que trata o art. 36 da Lei n. 4.870, de 1º de dezembro de 1965;

XXVII — valor das contribuições efetivamente pagas pelo empregador a título de previdência privada;

XXVIII — valor relativo a assistência médica, hospitalar e odontológica, prestada diretamente pelo empregador ou mediante seguro-saúde;

XXIX — valor correspondente a vestuários, equipamentos e outros acessórios fornecidos ao empregado e utilizados no local de trabalho para prestação dos serviços;

XXX — ressarcimento de despesas pelo uso de veículo do empregado, quando devidamente comprovadas;

XXXI — valor relativo à concessão de educação, em estabelecimento de ensino do empregador ou de terceiros, compreendendo valores relativos à matrícula, mensalidade, anuidade, livros e material didático;

XXXII — valores recebidos em decorrência da cessão de direitos autorais;

XXXIII — auxílio-creche pago em conformidade com a legislação trabalhista, para ressarcimento de despesas devidamente comprovadas com crianças de até 6 (seis) anos de idade;

XXXIV — auxílio-babá, limitado ao salário mínimo, pago em conformidade com a legislação trabalhista e condicionado a comprovação do registro na Carteira de Trabalho e Previdência Social — CTPS, para ressarcimento de despesas de remuneração e contribuição previdenciária de empregado que cuide de crianças de até 6 (seis) anos de idade;

XXXV — valor das contribuições efetivamente pagas pelo empregador a título de prêmio de seguro de vida e de acidentes pessoais; e

XXXVI — o valor do tempo de espera, nos termos do § 9º do art. 235-C da CLT.

3.4.1. FGTS e Contribuição Social na Rescisão ou Extinção do Contrato de Trabalho

Havendo despedida sem justa causa, rescisão indireta do contrato de trabalho, rescisão antecipada de contrato a termo por iniciativa do empregador, inclusive do contrato de trabalho temporário, cabe ao empregador providenciar o recolhimento do FGTS e da CS incidentes sobre o montante de todos os depósitos devidos ao FGTS na vigência do contrato de trabalho, atualizados monetariamente e acrescidos dos respectivos juros remuneratórios, não se deduzindo, para este fim, os saques ocorridos na vigência do contrato de trabalho[(65)].

Art. 18 da Lei n. 8.036/90. Ocorrendo rescisão do contrato de trabalho, por parte do empregador, ficará este obrigado a depositar na conta vinculada do trabalhador no FGTS os valores relativos aos depósitos referentes ao mês da rescisão e ao imediatamente anterior, que ainda não houver sido recolhido, sem prejuízo das cominações legais.

§ 1º Na hipótese de despedida pelo empregador sem justa causa, depositará este, na conta vinculada do trabalhador no FGTS, importância igual a quarenta por cento do montante de todos os depósitos realizados na conta vinculada durante a vigência do contrato de trabalho, atualizados monetariamente e acrescidos dos respectivos juros.

§ 2º Quando ocorrer despedida por culpa recíproca ou força maior, reconhecida pela Justiça do Trabalho, o percentual de que trata o § 1º será de 20 (vinte) por cento.

§ 3º As importâncias de que trata este artigo deverão constar da documentação comprobatória do recolhimento dos valores devidos a título de rescisão do contrato de trabalho, observado o disposto no art. 477 da CLT, eximindo o empregador, exclusivamente, quanto aos valores discriminados.

As alíquotas a serem depositadas terão os seguintes percentuais:

I — FGTS, à alíquota de 40% (quarenta por cento);

II — Contribuição Social prevista no art. 1º da Lei Complementar n. 110, de 2001, à alíquota de 10% (dez por cento).

O percentual de que trata o inciso I será de **20%** (vinte por cento) **na ocorrência de despedida por culpa recíproca ou força maior, reconhecidas pela Justiça do Trabalho**.

Os empregadores domésticos estão isentos da contribuição de que trata o inciso II, ou seja, estão desobrigados de recolhimento da Contribuição Social, por força do parágrafo único do art. 1º da Lei Complementar n. 110, de 2001.

Também, o disposto no inciso I não se aplica aos contratos celebrados de acordo com a Lei n. 9.601, de 1998 (contrato de trabalho por prazo determinado), exceto se convencionado pelas partes.

---

(65) OJ —SDI1-42 do TST — **FGTS. MULTA DE 40% (nova redação em decorrência da incorporação das Orientações Jurisprudenciais n.s 107 e 254 da SBDI-1) — DJ 20.4.2005**

I — É devida a multa do FGTS sobre os saques corrigidos monetariamente ocorridos na vigência do contrato de trabalho. Art. 18, § 1º, da Lei n. 8.036/90 e art. 9º, § 1º, do Decreto n. 99.684/90. (ex-OJ n. 107 da SBDI-1 — inserida em 1º.10.1997)

II — O cálculo da multa de 40% do FGTS deverá ser feito com base no saldo da conta vinculada na data do efetivo pagamento das verbas rescisórias, desconsiderada a projeção do aviso prévio indenizado, por ausência de previsão legal. (ex-OJ n. 254 da SBDI-1 — inserida em 13.3.2002)

Ocorrendo despedida sem justa causa, ainda que indireta, com culpa recíproca, por força maior, extinção normal ou antecipada do contrato de trabalho a termo, inclusive a do trabalhador temporário e daquele contratado na forma da Lei n. 9.601, de 1998, o empregador deverá promover o recolhimento do FGTS e da CS, referente ao mês da rescisão e ao imediatamente anterior.

Integram a base de cálculo das contribuições de 40 e 10% os valores dos recolhimentos relativos ao mês da rescisão e ao imediatamente anterior, bem como o complemento da atualização monetária devido na data da rescisão contratual, previsto no art. 4º da Lei Complementar n. 110, de 2001.

O empregador deverá efetuar o depósito em conta vinculada do trabalhador, por meio de guia ou procedimento específico estabelecido pela CAIXA, nos seguintes prazos:

I — até o primeiro dia útil imediato ao término do contrato ou do efetivo desligamento do empregado dispensado sem justa causa e com aviso prévio trabalhado;

II — até o décimo dia corrido, a contar do dia imediatamente posterior ao do efetivo desligamento do empregado dispensado sem justa causa, com indenização, ausência ou dispensa de cumprimento do aviso prévio, ou em caso de rescisão antecipada de contrato de trabalho por prazo determinado, inclusive do trabalho temporário.

O recolhimento incidente sobre a remuneração do mês anterior e do mês da rescisão do contrato deve ser efetuado **até o dia sete do mês subsequente ao da competência devida**, em conta vinculada do empregado, por meio de guia ou procedimento específico estabelecido pela Caixa Econômica Federal — CEF, caso o prazo ali previsto seja anterior aos consignados no parágrafo acima.

O prazo para o recolhimento previsto no inciso II acima não será aplicado na rescisão antecipada de contrato de trabalho por prazo determinado, que ocorrer nos **dez dias** que antecederem ao término regular do contrato, hipótese em que deve ser observado o prazo previsto no inciso I.

O empregado dispensado, no contrato a termo, antes do seu término faz jus ao pagamento da metade da remuneração a que teria direito até o termo final do contrato (art. 479 da CLT). **Também terá direito, conforme prevê o art. 14 do Decreto n. 99.684/90, à multa de 40 ou 20% em caso de despedidas sem justa causa ou culpa recíproca**.

Art. 14. No caso de contrato a termo, a rescisão antecipada, sem justa causa ou com culpa recíproca, equipara-se às hipóteses previstas nos §§[(66)] 1º e 2º do art. 9º, respectivamente, sem prejuízo do disposto no art. 479 da CLT.

---

(66) Art. 9º do Decreto n. 99.684/90 — Ocorrendo despedida sem justa causa, ainda que indireta, com culpa recíproca por força maior ou extinção normal do contrato de trabalho a termo, inclusive a do

3.4.1.1. Recolhimento do FGTS fora do prazo legal

O empregador que não realizar os depósitos nas contas vinculadas do FGTS dos empregados até o dia 7 (sete) de cada mês, ficará sujeito aos seguintes acréscimos legais:

1) Juros e Atualização Monetária — JAM

O empregador ao efetuar depósitos em atraso deverá incluir no depósito, além dos juros de mora e da multa de mora, os **juros e a atualização monetária** (Taxa Referencial — TR) que incidiriam sobre os depósitos e que seriam creditados pela CEF na conta vinculada do trabalhador, caso referidos depósitos tivessem sidos efetuados no vencimento.

Conforme disposições constantes do art. 13[(67)] da Lei n. 8.036/90, contemplando a **Atualização Monetária**, que tem como base os parâmetros fixados para atualização dos saldos dos depósitos de poupança, e a capitalização de **Juros Remuneratórios** 3% a.a. (de três por cento ao ano).

---

trabalhador temporário, deverá o empregador depositar, na conta vinculada do trabalhador no FGTS, os valores relativos aos depósitos referentes ao mês da rescisão e, ao imediatamente anterior, que ainda não houver sido recolhido, sem prejuízo das cominações legais cabíveis.

§ 1º No caso de despedida sem justa causa, ainda que indireta, o empregador depositará na conta vinculada do trabalhador no FGTS, importância igual a quarenta por cento do montante de todos os depósitos realizados na conta vinculada durante a vigência do contrato de trabalho atualizados monetariamente e acrescidos dos respectivos juros, não sendo permitida, para este fim a dedução dos saques ocorridos.

§ 2º Ocorrendo despedida por culpa recíproca ou força maior, reconhecida pela Justiça do Trabalho, o percentual de que trata o parágrafo precedente será de vinte por cento.

(67) **Art. 13 da Lei n. 8.036/90**. **Os depósitos efetuados nas contas vinculadas serão corrigidos monetariamente com base nos parâmetros fixados para atualização dos saldos dos depósitos de poupança e capitalização juros de (três) por cento ao ano**.

1º Até que ocorra a centralização prevista no item I do art. 7º, a atualização monetária e a capitalização de juros correrão à conta do Fundo e o respectivo crédito será efetuado na conta vinculada no primeiro dia útil de cada mês, com base no saldo existente no primeiro dia útil do mês anterior, deduzidos os saques ocorridos no período.

2º Após a centralização das contas vinculadas, na Caixa Econômica Federal, a atualização monetária e a capitalização de juros correrão à conta do Fundo e o respectivo crédito será efetuado na conta vinculada, no dia 10 (dez) de cada mês, com base no saldo existente no dia 10 (dez) do mês anterior ou no primeiro dia útil subsequente, caso o dia 10 (dez) seja feriado bancário, deduzidos os saques ocorridos no período.

3º Para as contas vinculadas dos trabalhadores optantes existentes à data de 22 de setembro de 1971, a capitalização dos juros dos depósitos continuará a ser feita na seguinte progressão, salvo no caso de mudança de empresa, quando a capitalização dos juros passará a ser feita à taxa de 3 (três) por cento ao ano:

I — 3 (três) por cento, durante os dois primeiros anos de permanência na mesma empresa;

II — 4 (quatro) por cento, do terceiro ao quinto ano de permanência na mesma empresa;

III — 5 (cinco) por cento, do sexto ao décimo ano de permanência na mesma empresa;

IV — 6 (seis) por cento, a partir do décimo primeiro ano de permanência na mesma empresa.

4º O saldo das contas vinculadas é garantido pelo Governo Federal, podendo ser instituído seguro especial para esse fim.

Essa remuneração, de acordo com o § 2º do mesmo artigo, é creditada na conta vinculada do empregado, no dia 10 de cada mês, com base no saldo existente no dia 10 do mês anterior ou no primeiro dia útil subsequente, caso o dia 10 seja feriado bancário, deduzidos os saques ocorridos no período.

Ainda, em conformidade com o § 3º do mesmo Art. 13 da Lei n. 8.036/90, para as contas vinculadas dos trabalhadores optantes existentes à data de 22 de setembro de 1971, a capitalização dos juros remuneratórios atende aos critérios de progressão, conforme a seguir.

Assim, as taxas de juros remuneratórios, que compõem o JAM, são aplicadas de acordo com o ano de opção do empregado pelo FGTS, informação utilizada para identificar o tempo de permanência do trabalhador na mesma empresa.

APLICABILIDADE DA PROGRESSIVIDADE DA TAXA DE JUROS REMUNERATÓRIOS

JUROS REMUNERATÓRIOS	CARACTERÍSTICA DO EMPREGADO QUANTO À OPÇÃO PELO FGTS	TEMPO DE PERMANÊNCIA NA MESMA EMPRESA
3% a.a.	não optante optante a partir de 23.9.1971 (mesmo que a opção tenha retroagido) trabalhador avulso e optante até 22.9.1971.	Durante os dois primeiros anos
4% a.a.	optante até 22.9.1971	Do terceiro ao quinto ano
5% a.a.	optante até 22.9.1971	Do sexto ao décimo ano
6% a.a.	optante até 22.9.1971	A partir do décimo primeiro ano

2) Juros de Mora

Sobre o valor dos depósitos, acrescido da TR, incidirão, ainda, juros de mora de 0,5% (cinco décimos por cento) ao mês ou fração de atraso.

3) Multa

a) 5% (cinco por cento) no mês de vencimento da obrigação;

b) 10% (dez por cento) a partir do mês seguinte ao do vencimento da obrigação.

3.4.1.2. FGTS – Códigos de Movimentação

Cód.	Situação
H	Rescisão, com justa causa, por iniciativa do empregador;
I1	Rescisão sem justa causa, por iniciativa do empregador, inclusive rescisão antecipada do contrato a termo;
I2	Rescisão por culpa recíproca ou força maior;
I3	Rescisão por término do contrato a termo;
I4	Rescisão sem justa causa do contrato de trabalho do empregado doméstico, por iniciativa do empregador;
J	Rescisão do contrato de trabalho por iniciativa do empregado;
K	Rescisão a pedido do empregado ou por iniciativa do empregador, com justa causa, no caso de empregado não optante, com menos de um ano de serviço;
L	Outros motivos de rescisão do contrato de trabalho;
M	Mudança de regime estatutário;
N1	Transferência de empregado para outro estabelecimento da mesma empresa;
N2	Transferência de empregado para outra empresa que tenha assumido os encargos trabalhistas, sem que tenha havido rescisão de contrato de trabalho;
O1	Afastamento temporário por motivo de acidente do trabalho, por período superior a 15 dias;
O2	Novo afastamento temporário em decorrência do mesmo acidente do trabalho;
O3	Afastamento temporário por motivo de acidente do trabalho, por período igual ou inferior a 15 dias;
P1	Afastamento temporário por motivo de doença, por período superior a 15 dias;
P2	Novo afastamento temporário em decorrência da mesma doença, dentro de 60 dias contados da cessação do afastamento anterior;
P3	Afastamento temporário por motivo de doença, por período igual ou inferior a 15 dias;
Q1	Afastamento temporário por motivo de licença-maternidade (120 dias);
Q2	Prorrogação do afastamento temporário por motivo de licença-maternidade;
Q3	Afastamento temporário por motivo de aborto não criminoso;
Q4	Afastamento temporário por motivo de licença-maternidade decorrente de adoção ou guarda judicial de criança até 1 (um) ano de idade (120 dias);
Q5	Afastamento temporário por motivo de licença-maternidade decorrente de adoção ou guarda judicial de criança a partir de 1 (um) ano até 4 (quatro) anos de idade (60 dias);
Q6	Afastamento temporário por motivo de licença-maternidade decorrente de adoção ou guarda judicial de criança a partir de 4 (quatro) anos até 8 (oito) anos de idade (30 dias);
R	Afastamento temporário para prestar serviço militar;
S2	Falecimento;
S3	Falecimento motivado por acidente de trabalho;
U1	Aposentadoria por tempo de contribuição ou idade sem continuidade de vínculo empregatício;
U3	Aposentadoria por invalidez;
W	Afastamento temporário para exercício de mandato sindical;
X	Licença sem vencimentos;
Y	Outros motivos de afastamento temporário;
Z1	Retorno de afastamento temporário por motivo de licença-maternidade;
Z2	Retorno de afastamento temporário por motivo de acidente do trabalho;
Z3	Retorno de novo afastamento temporário em decorrência do mesmo acidente do trabalho;
Z4	Retorno de afastamento temporário por motivo de prestação de serviço militar;
Z5	Outros retornos de afastamento temporário e/ou licença;
Z6	Retorno de afastamento temporário por motivo de acidente do trabalho, por período igual ou inferior a 15 dias.

3.4.2. FGTS nos Contratos Nulos

A Constituição Federal de 1988 exige como requisito para o ingresso válido em cargo ou emprego público da Administração direta e indireta, de regra, a prestação de concurso público, com as exceções consignadas no próprio art. 37, tais as nomeações para cargo em comissão.

Prescreve o art. 19-A, da Lei n. 8.036/90 que é devido o depósito do FGTS na conta vinculada do trabalhador cujo contrato de trabalho seja declarado nulo nas hipóteses previstas no art. 37, § 2º, da Constituição Federal, quando mantido o direito ao salário.

*Súmula 363 do TST — **CONTRATO NULO**. EFEITOS (nova redação) — Res. 121/2003, DJ 19, 20 e 21.11.2003*

*A contratação de servidor público, após a CF/1988, sem prévia aprovação em concurso público, encontra óbice no respectivo art. 37, II e § 2º, **somente lhe conferindo direito ao pagamento da contraprestação pactuada, em relação ao número de horas trabalhadas, respeitado o valor da hora do salário mínimo, e dos valores referentes aos depósitos do FGTS**.*

Também, merece destaque a figura do estagiário regulado pela Lei n. 11.788, de 25 de setembro de 2008. O art. 3º da referida norma explicita que o estágio não cria vínculo de emprego, logo, não é beneficiário do direito ao FGTS, não se aplicando a ele as regras estabelecidas na Lei n. 8.036/90, salvo em caso de manutenção de estagiários em desconformidade com a citada lei, nos termos do art. 15, que caracteriza vínculo de emprego do educando com a parte concedente do estágio para todos os fins da legislação trabalhista e previdenciária.

3.5. Impenhorabilidade das contas do FGTS

As contas vinculadas do FGTS, por força do art. 2º, § 2º[68], da Lei n. 8.036/90, em nome do trabalhador são impenhoráveis.

Em geral, os valores recebidos a título de FGTS pelo trabalhador não podem ser penhorados, também, a teor do art. 649, IV do CPC, com uma única exceção: **quando a penhora se destina à quitação de pensão alimentícia**. Esse é o entendimento que vem sendo consolidado no Superior Tribunal de Justiça — STJ. Entendimento esse extensível ao Programa de Integração Social — PIS, contribuição social de natureza tributária devida pelas pessoas jurídicas, com o objetivo de financiar o pagamento do seguro-desemprego e do abono para os trabalhadores que ganham até dois salários-mínimos.

---

(68) Art. 2º, § 2º, da Lei n. 8.036/90 — As contas vinculadas em nome dos trabalhadores são absolutamente impenhoráveis.

Vejamos algumas decisões recentes neste sentido:

FGTS E PIS — EXECUÇÃO DE ALIMENTOS — IMPENHORABILIDADE ABSOLUTA. (...) As contas vinculadas ao FGTS e ao PIS são absolutamente impenhoráveis, a teor do preceituado no art. 2º, § 2º da Lei n. 8.036/90 e no art. 4º da Lei Complementar n. 26/75. (STJ — RMS 24422-SP — Rel. Min. Castro Meira — Publ. em 11.11.2009)

PENHORA — VERBA PROVENIENTE DO FGTS — IMPOSSIBILIDADE.

Consideram-se impenhoráveis todas as verbas e direitos decorrentes da relação de emprego, a teor do art. 649, IV, do CPC, inclusive aquelas provenientes das contas vinculadas ao Fundo de Garantia por Tempo de Serviço. (TJ-MG — AIAI 1.0024.99.076631-3/001 — Rel. Des. Eulina do Carmo Almeida — Publ. em 12.1.2008)

"PROCESSO CIVIL E ADMINISTRATIVO — MANDADO DE SEGURANÇA CONTRA ATO JUDICIAL — FGTS E PIS: PENHORA — EXECUÇÃO DE ALIMENTOS — COMPETÊNCIA DA JUSTIÇA ESTADUAL — SÚMULA 202D STJ — INTERESSE DA CEF — IMPENHORABILIDADE — MITIGAÇÃO FRENTE A BENS DE PRESTÍGIO CONSTITUCIONAL.

1. A competência para a execução de sentença condenatória de alimentos é da Justiça Estadual, sendo irrelevante para transferi-la para a Justiça Federal a intervenção da CEF.

2. Na execução de alimentos travada entre o trabalhador e seus dependentes, a CEF é terceira interessada.

3. A impenhorabilidade das contas vinculadas do FGTS e do PIS frente à execução de alimentos deve ser mitigada pela colisão de princípios, resolvendo-se o conflito para prestigiar os alimentos, bem de *status* constitucional, que autoriza, inclusive, a prisão civil do devedor.

4. O princípio da proporcionalidade autoriza recaia a penhora sobre os créditos do FGTS e PIS.

5. Recurso ordinário não provido." (RMS 26540D SP, Relatora Ministra Eliana Calmon, DJe 05D 09D 2008).

3.6. Prazo de Prescrição do FGTS

A Lei n. 5.107, de 13.9.66, alterada pelo Decreto-Lei n. 20, de 14.9.66, e regulamentada pelo Decreto n. 59.820, de 20.12.66, alterado pelo Decreto n. 61.405, de 28.9.67, criou o Fundo de Garantia por Tempo de Serviço — FGTS, atualmente disciplinado pela Lei n. 8.036, de 11.5.90, regulamentada pelo Decreto n. 99.684, de 8.11.90, instituindo, em caráter optativo, novo sistema de "indenização", nova disciplina legal relativa ao tempo de serviço do empregado.

Dependendo da opção do empregado, continuavam em vigor as normas da Consolidação sobre a extinção do contrato de trabalho e sobre a estabilidade. Ficando assim vigente paralelamente os dois sistemas, cabendo a escolha ao empregado. Assim, os empregados não optantes, que podiam alcançar a estabilidade e os optantes que não podiam tornar-se estáveis.

Em 1988, a nova Carta Política seu art. 7º, I, extinguiu a estabilidade decenal em definitivo, ficando mantida apenas em caráter residual, para os que já a possuíam, em respeito ao direito adquirido.

Art. 7º *São direitos dos trabalhadores urbanos e rurais, além de outros que visem à melhoria de sua condição social:*

I — relação de emprego protegida contra despedida arbitrária ou sem justa causa, nos termos de lei complementar, que preverá indenização compensatória, dentre outros direitos;

Assevera Vólia Bonfim Cassar[(69)] (2007) que a prescrição extintiva começa a fluir da data da extinção do contrato de trabalho, independentemente de ter havido ou não lesão, como determina o art. 11 da CLT. Essa contagem tem características semelhantes a dos prazos decadenciais, já que começa a fluir do direito e não da lesão. Por isso que o não pagamento das parcelas da rescisão não projeta o início da contagem da prescrição para aquela data (10º ou primeiro dia útil — art. 477, § 8º da CLT). É uma característica anormal do prazo prescricional trabalhista. Dessa forma, a prescrição extintiva para requerer a reparação de qualquer outro direito que não tenha por base lesão no curso do contrato, começa a fluir da criação do direito e não da lesão, por aplicação analógica do entendimento da prescrição extintiva.

Em se tratando da prescrição concernente aos recolhimentos do FGTS, cabe análise preliminar da Súmula n. 362 do TST, que consagra a prescrição de dois anos, todavia, contados do término do contrato de trabalho (emprego). *Verbis*:

Súmula n. 362 do TST — FGTS. Prescrição *— Nova redação — Res. 121/2003, DJ 21.11.2003*

*"É trintenária a **prescrição** do direito de reclamar contra o não-recolhimento da contribuição para o **FGTS**, observado o prazo de 2 (dois) anos após o término do contrato de trabalho".*

Vejamos. A prescrição continua sendo trintenária, conforme entendimento já esboçado na Súmula n. 210 do STJ, porém, desde que intentada a Reclamação Trabalhista no prazo de dois anos após a extinção do contrato de trabalho, nos termos do art. 7º, inciso XXIX, da Constituição Federal de 1988:

Súmula n. 210 *— 27.5.1998 — DJ 5.6.1998*

Ação de Cobrança — FGTS — Prescrição

A ação de cobrança das contribuições para o FGTS prescreve em trinta (30) anos.

*Art. 7º —'**XXIX CF — ação, quanto a créditos resultantes das relações de trabalho, com prazo prescricional de cinco anos para os trabalhadores urbanos e rurais, até o limite de dois anos após a extinção do contrato de trabalho;***

Percebe-se que o prazo estabelecido na citada Súmula n. 362 tem como destinatário o empregado, o qual deve observar o prazo bienal para não ocorrer a prescrição da pretensão ao Fundo de Garantia por Tempo de Serviço não recolhido por seu empregador.

A antiga discussão sobre ser a verba previdenciária ou tributária de certa forma restou pacificada. O Excelso Supremo Tribunal Federal, no Recurso

---

(69) CASSAR, Volia Bonfim. *Direito do trabalho*. Niterói: Impetus, 2007.

Extraordinário n. 100.249, por maioria, entendeu que as contribuições para o FGTS não são contribuições previdenciárias, mas contribuições sociais e que não têm natureza tributária e a elas não se aplicam as normas tributárias concernentes à decadência e à prescrição.

Assim, não tendo o FGTS caráter tributário, não se há de aplicar a ele o disposto no art. 174 do Código Tributário Nacional, que fixa o prazo de 5 (cinco) anos para a cobrança judicial de créditos tributários.

No entanto, não significa que a Auditoria Fiscal do Trabalho, exercida pelo Ministério do Trabalho e Emprego — MTE, esteja vinculada ao exíguo lapso de dois anos, pois, estabelece o § 5º, do art. 23, da Lei n. 8.036/1990, **que o processo de fiscalização, de autuação e de imposição de multas reger-se-á pelo disposto no Título VII da Consolidação das Leis do Trabalho, respeitado o privilégio do FGTS à prescrição trintenária**. Entendemos que, mesmo após esgotado o prazo prescricional de dois anos para o trabalhador(70) requerer seu direito na via judicial, poderá a fiscalização do trabalho notificar(71) o empregador para o recolhimento do direito fundiário.

Vale aqui, registrar que o FGTS tem finalidade social, sendo seus recursos aplicados em habitação, saneamento básico e obras de infraestrutura, transcendendo, por isso, o interesse meramente individual do trabalhador. Neste diapasão, enquanto o interesse particular do empregado encontra limite no prazo de dois anos após o término do contrato de trabalho, **o interesse maior do Estado e da fiscalização guia-se por outros parâmetros, não se sujeitando ao mencionado prazo**.

Já a prescrição para reclamar a diferença de 40% sobre os depósitos do FGTS em virtudes de expurgos inflacionário é de dois anos contados a partir da Lei Complementar n. 110/2001.

A conversão de regime jurídico (celetista para estatutário) importa na extinção do contrato de trabalho, configurando a prescrição de dois anos a partir de então, conforme estabelece a Súmula n. 382 do C. TST.

> ***Súmula n. 382 — TST*** *— Res. 129/2005 — DJ 20, 22 e 25.4.2005 —* ***Conversão*** *da Orientação Jurisprudencial n. 128 da SDI-1*
>
> ***Mudança de Regime Celetista para Estatutário — Extinção do Contrato. Prescrição Bienal***
>
> *A transferência do regime jurídico de celetista para estatutário implica extinção do contrato de trabalho, fluindo o prazo da prescrição bienal a partir da mudança de regime. (ex-OJ n. 128 — Inserida em 20.4.1998)*

---

(70) **Súmula n. 206 do TST — FGTS. INCIDÊNCIA SOBRE PARCELAS PRESCRITAS (nova redação) — Res. 121/2003, DJ 19, 20 e 21.11.2003**
A prescrição da pretensão relativa às parcelas remuneratórias alcança o respectivo recolhimento da contribuição para o FGTS.
(71) A NDFC — Notificação de Débito do Fundo de Garantia e da Contribuição Social espelha os próprios valores que deveriam ter sido depositados, em favor dos trabalhadores, a título de FGTS mensal ou rescisório e a título da Contribuição Social instituída pela Lei Complementar n. 110/2001.

É certo que, conforme Alice Monteiro de Barros[72] (2007), a mudança de regime jurídico de celetista para estatutário extingue o contrato. Ocorre que o art. 20 da Lei n. 8.036, de 1990, quando estabelece as hipóteses de movimentação da conta vinculada, não inclui a mudança de regime jurídico, a qual não equivale à dispensa do empregado. Logo, o empregado não poderia ter liberado o valor da conta de imediato. Salienta-se, entretanto, que o STJ autoriza a movimentação dessa conta quando "o contrato de trabalho é resolvido com a transferência do servidor do regime da CLT para o estatutário, em decorrência de lei...".

"ADMINISTRATIVO. RECURSO ESPECIAL. FGTS. LEVANTAMENTO. PRELIMINAR. MUDANÇA DE REGIME. ART. 20 DA LEI N. 8.036/90. SÚMULA N. 178 DO EXTINTO TFR. INCIDÊNCIA. PRECEDENTES.

1. O STJ pacificou o entendimento de que é possível o levantamento do saldo da conta vinculada do Fundo de Garantia do Tempo de Serviço (FGTS) nas situações em que ocorrer a conversão do regime jurídico celetista para estatutário, sem que isso implique ofensa ao art. 20 da Lei n. 8.036/90. Incidência do enunciado n. 178 da Súmula do extinto TFR.2. Recurso especial improvido".(Relator Ministro João Otávio de Noronha, Recurso Especial n. 907.724-ES, DJ 18.04.2007 p. 236).

"ADMINISTRATIVO — SERVIDOR PÚBLICO REGIDO PELA CLT POSTERIORMENTE INVESTIDO EM CARGO PÚBLICO (Lei n. 8.112/90 — art. 243) — DIREITO À MOVIMENTAÇÃO DO FUNDO DE GARANTIA.

A transferência dos ex-servidores 'celetistas' para o regime estatutário (Lei n. 8.112/90 — Art. 243) operou-se em dois momentos: a extinção do vínculo contratual trabalhista (despedida) e a investidura dos servidores despedidos, em cargos públicos, sob regime estatutário de submissão unilateral. Houve, assim, 'despedida sem justa causa' (CLT — Art. 477 e segts.) outorgando-se aos 'ex-celetistas', direito de movimentar suas contas no FGTS (Lei n. 8.036/ 90 — Art. 20, I). O dispositivo contido no enunciado n. 178 da Súmula do saudoso TFR permanece coerente com o Direito positivo. O art. 6º da Lei n. 8.162/91 guarda, em seu caput, *caráter explicitativo, deixando clara a possibilidade de movimentação do FGTS, em caso de aposentadoria e aquisição de casa própria. Nele não se contém vedação alguma. A vedação inscrita no § 1º do referido art. 6º dirige-se a hipóteses em que tenha ocorrido 'conversão de regime'. Não incide quando o vínculo trabalhista foi extinto — não modificado." (Primeira Turma, REsp n. 114.027/RN, relator Ministro Humberto Gomes de Barros, DJ de 6.12.1999.)*

"ADMINISTRATIVO. FGTS. VIOLAÇÃO DE DISPOSITIVOS LEGAIS. PREQUESTIONAMENTO. MUDANÇA DE REGIME. MOVIMENTAÇÃO DO SALDO DA CONTA VINCULADA. POSSIBILIDADE. SÚMULA N. 178/TFR.

1. É inviável a apreciação, em sede de Recurso Especial, de matéria sobre a qual não se pronunciou o tribunal de origem, porquanto indispensável o requisito do prequestionamento. 2. É faculdade do empregado celetista que altera o seu regime para estatutário a movimentação da sua conta vinculada ao FGTS, sem que configure ofensa ao disposto no art. 20, da Lei n. 8.036/90, que permanece harmônico com o teor da Súmula n. 178, do TFR. 3. A investidura na função estatutária implica a dissolução do vínculo trabalhista. Consequentemente, transferido o servidor do regime da CLT para o Regime Jurídico Único, em decorrência de lei, assiste-lhe o direito de movimentar a conta vinculada do FGTS. 4. Recurso especial a que se nega provimento." (Primeira Turma, Resp n. 650.477/AL, relator Ministro Luiz Fux, DJ de 25.10.2004.)

---

(72) BARROS, Alice Monteiro de. *Curso de direito do trabalho*. 3. ed. São Paulo: LTr, 2007.

3.7. A Constitucionalidade dos arts. 50 A 52 do Decreto n. 99.684/90

O controle de constitucionalidade das leis e atos normativos consiste no conjunto de ações e caminhos pelos quais a Carta Política permite o controle do exercício do Poder Constituinte derivado e da elaboração do ordenamento infraconstitucional.

Tal controle tem por fim a verificação e adequação de uma lei ou ato normativo com a Constituição, com observância de seus requisitos formais e materiais.

Foi introduzido no ordenamento brasileiro em 1891, sendo gradativamente aperfeiçoado. Nosso direito positivo uniu os dois grandes sistemas de controle de constitucionalidade existentes no mundo: o americano (sistema difuso) e o europeu (sistema concentrado).

O controle de constitucionalidade de leis e atos normativos no Brasil realiza-se em dois momentos distintos, quais sejam, antes ou depois de sua entrada em vigência. Assim, não se apresenta como prerrogativa exclusiva do Poder Judiciário, após a entrada em vigência de lei ou ato normativo, mas também é realizado pelo legislativo e executivo.

Denomina-se controle preventivo aquele efetuado quando da fase de elaboração de um projeto de lei ou proposta de Emenda Constitucional. Realizam controle preventivo o Congresso Nacional, o Presidente da República e também o Supremo Tribunal Federal — STF.

No Congresso Nacional (Poder Legislativo) a tarefa de controlar preventivamente a constitucionalidade dos projetos é realizada pelas Comissões permanentes e temporárias existentes nas duas casas: no Senado Federal pela Comissão de Constituição, Justiça e Cidadania — CCJ; na Câmara dos Deputados a Comissão de Constituição e Justiça e de Cidadania — CCJC, podendo ser realizado também pelas Comissões Especiais, constituídas com o objetivo de apreciar as emendas à Constituição.

Já o controle preventivo realizado pelo Poder Executivo ocorre quando o Projeto de lei, aprovado pelo Congresso Nacional, segue para a manifestação do Chefe do Poder Executivo (Presidente da República, Governadores e Prefeitos), nos termos do art. 66, §§ 1º e 2º, da Constituição Federal.

Percebe-se assim, a existência dos vetos **jurídico** — quando o Presidente considera o projeto ou parte dele inconstitucional — e **político** — se o entende contrário ao interesse público.

O controle preventivo realizado pelo Poder Judiciário é assegurado aos parlamentares em caso de desrespeito ao art. 60 (cláusulas pétreas) da Constituição Federal, cujo instrumento adequado para o controle é o Mandado de Segurança, impetrável exclusivamente por parlamentar, detentor de direito público subjetivo, que deverá versar apenas sobre o andamento do processo legislativo tido por inconstitucional, a normas regimentais, por se entender que se trata de assunto *interna corporis* (MIRANDA, Henrique Savonitti, 2007[(73)]).

O controle repressivo de constitucionalidade se realiza pela via de exceção ou defesa (controle difuso ou concreto)[(74)] e pela via de ação (controle concentrado ou abstrato)[(75)]. No controle de constitucionalidade por via de exceção a pessoa que se sente lesada por uma norma provocará o controle incidentalmente, no curso de uma ação da qual é parte, como meio de se defender ou de exigir a observância de um direito, sendo assim realizado por todos os ramos do Poder Judiciário.

Já, no controle por via da ação, diferentemente do que ocorre no controle difuso, não existe a disputa sobre uma dada relação jurídica, acontece sobre a própria declaração de constitucionalidade ou inconstitucionalidade da norma questionada, em abstrato.

Atualmente, o ordenamento jurídico brasileiro dispõe de cinco espécies de ações de controle de constitucionalidade:

- **Ação Direta de Inconstitucionalidade;**
- **Ação Direta de Inconstitucionalidade por omissão;**
- **Ação Direta de Inconstitucionalidade Interventiva;**
- **Ação Declaratória de Constitucionalidade;**
- **Arguição de Descumprimento de Preceito Fundamental.**

Em nossa Lei Maior de 1988 encontramos o princípio da legalidade expresso como determinação legal, de observação obrigatória, inicialmente, em dois momentos.

Primeiro expresso no art. 5º, inciso II, aonde garante a liberdade dos cidadãos, quando prevê que ***ninguém será obrigado a fazer ou deixar de fazer algo que não seja previsto em lei***.

---

(73) MIRANDA, Henrique Savonitti. *Curso de direito constitucional*. 5. ed. Brasília: Senado Federal, 2007.

(74) Assim, em linhas gerais, podemos dizer que o chamado controle difuso ou aberto, também conhecido como controle por via de exceção ou defesa, caracteriza-se pela permissão a todo e qualquer juiz ou tribunal realizar no caso concreto a análise sobre a compatibilidade do ordenamento jurídico com a Constituição. Neste caso, a pronúncia sobre a inconstitucionalidade não é feita enquanto manifestação sobre o objeto principal da lide, ma sim sobre questão incidental prévia, indispensável ao julgamento do mérito (OLIVEIRA, Bertrand Rocha de, 2004).

(75) Podemos dizer que por meio do chamado controle concentrado ou via de ação direta procura-se obter a declaração de inconstitucionalidade da lei ou ato normativo em tese, independentemente da existência de um caso concreto, buscando-se à invalidação da lei, com vistas a garantir-se a segurança das relações jurídicas. Compete ao Supremo Tribunal Federal processar e julgar, originariamente, ação direta de inconstitucionalidade de lei ou ato normativo federal ou estadual (OLIVEIRA, Bertrand Rocha de, 2004).

Aqui, temos uma disposição que é considerada uma das bases de nosso ordenamento jurídico, com duas finalidades: uma, de regular o comportamento dos cidadãos e dos órgãos do governo, visando à manutenção da paz social e da segurança jurídica, o que é considerado como fundamental para o Estado Democrático de Direito.

Em segundo lugar no art. 37, *caput*, o encontramos como o princípio que deverá ser obedecido por toda a Administração Pública, em todos os níveis[(76)].

Já neste momento, vemos que **a Administração Pública possui limites, que não está livre para fazer ou deixar de fazer algo de acordo com a vontade do governante somente, mas que deverá obedecer à lei em toda a sua atuação**.

Do exposto, tem-se que o **Princípio da Legalidade** é um princípio jurídico fundamental que estabelece que não existe delito fora da definição da norma escrita da lei e nem se pode impor uma pena que nessa mesma lei não esteja já definida.

A origem e o predominante sentido do princípio da legalidade foram fundamentalmente políticos, na medida em que, através da certeza jurídica própria do Estado Democrático de Direito, cuidou-se de garantir a segurança político-jurídica do cidadão. O princípio *nullum crimen nulla poena sine lege* é cláusula pétrea da Constituição Federal de 1988 (art. 5º, XXXIX; c/c o inciso IV do § 4º do art. 60[(77)]) e fundamento do nosso Direito Penal, figurando no art. 1º do Código Penal[(78)].

Assim, objetivando analisar o questionamento acerca da constitucionalidade dos arts. 50 a 52 do Decreto n. 99.684, de 08 de novembro de 1990 (Regulamento do Fundo de Garantia do Tempo de Serviço) torna-se obrigatória, também, a apresentação literal do Decreto-Lei n. 368, de 14 de dezembro de 1968. *Vejamos:*

> *"Art. 50. O empregador em mora para com o FGTS não poderá, sem prejuízo de outras disposições legais (**Decreto-Lei n. 368, de 14 de dezembro de 1968, art. 1º**):*
>
> *I — pagar honorário, gratificação, pro labore , ou qualquer tipo de retribuição ou retirada a seus diretores, sócios, gerentes ou titulares de firma individual; e*
>
> *II — distribuir quaisquer lucros, bonificações, dividendos ou interesses a seus sócios, titulares, acionistas, ou membros de órgãos dirigentes, fiscais ou consultivos.*

---

(76) **Art. 37 da CF** — A administração pública direta e indireta de qualquer dos Poderes da União, dos Estados, do Distrito Federal e dos Municípios obedecerá aos princípios de **legalidade**, impessoalidade, moralidade, publicidade e eficiência e, também, ao seguinte: *(Alterado pela EC-000.019-1998)*.

(77) Art. 60, **§ 4º da CF** — Não será objeto de deliberação a proposta de emenda tendente a abolir:
I — a forma federativa de Estado;
II — o voto direto, secreto, universal e periódico;
III — a separação dos Poderes;
IV — os direitos e garantias individuais.

(78) **Art. 1º CP** — Não há crime sem lei anterior que o defina. Não há pena sem prévia cominação legal.

*Art. 51. O empregador em mora contumaz com o FGTS não poderá receber qualquer benefício de natureza fiscal, tributária ou financeira, por parte de órgão da União, dos Estados, do Distrito Federal ou dos Municípios, ou de que estes participem (***Decreto-Lei n. 368, de 1968, art. 2º***).*

§ 1º Considera-se mora contumaz o não pagamento de valores devidos ao FGTS por período igual ou superior a três meses, sem motivo grave ou relevante, excluídas as causas pertinentes ao risco do empreendimento.

§ 2º Não se incluem na proibição deste artigo as operações destinadas à liquidação dos débitos existentes para com o FGTS, o que deverá ser expressamente consignado em documento firmado pelo responsável legal da empresa, como justificação do crédito.

*Art. 52. Pela infração ao disposto nos incisos I e II do art. 50, os diretores, sócios, gerentes, membros de órgãos fiscais ou consultivos, titulares de firma individual ou quaisquer outros dirigentes de empresa estão sujeitos à pena de detenção de um mês a um ano (***Decreto-Lei n. 368, de 1968, art. 4º***).*

Parágrafo único. Apurada a infração prevista neste artigo, a autoridade competente do INSS representará, sob pena de responsabilidade, ao Ministério Público, para a instauração da competente ação penal".

Decreto-Lei n. 368, de 19 de dezembro de 1968.

Dispõe sobre Efeitos de Débitos Salariais e dá outras providências.

O PRESIDENTE DA REPÚBLICA*, usando da atribuição que lhe confere o § 1º do art. 2º do Ato Institucional n. 5, de 13 de dezembro de 1968,*

DECRETA:

Art. 1º — ***A empresa em débito salarial com seus empregados não poderá****:*

I — pagar honorário, gratificação, pro labore ou qualquer outro tipo de retribuição ou retirada a seus diretores, sócios, gerentes ou titulares da firma individual;

II — distribuir quaisquer lucros, bonificações, dividendos ou interesses a seus sócios, titulares, acionistas, ou membros de órgãos dirigentes, fiscais ou consultivos;

III — ser dissolvida.

Parágrafo único. Considera-se em débito salarial a empresa que não paga, no prazo e nas condições da lei ou do contrato, o salário devido a seus empregados.

Art. 2º — **A empresa em mora contumaz relativamente a salários não poderá, além do disposto no art. 1º, ser favorecida com qualquer benefício de natureza fiscal, tributária, ou financeira, por parte de órgãos da União, dos Estados ou dos Municípios, ou de que estes participem**.

§ 1º — Considera-se mora contumaz o atraso ou sonegação de salários devidos aos empregados, por período igual ou superior a 3 (três) meses, sem motivo grave e relevante, excluídas as causas pertinentes ao risco do empreendimento.

§ 2º — Não se incluem na proibição do artigo as operações de crédito destinadas à liquidação dos débitos salariais existentes, o que deverá ser expressamente referido em documento firmado pelo responsável legal da empresa, como justificação do crédito.

Art. 3 — **A mora contumaz e a infração ao art. 1º serão apuradas mediante denúncia de empregado da empresa ou entidade sindical da respectiva categoria profissional, pela Delegacia Regional do Trabalho, em processo sumário, assegurada ampla defesa ao interessado**.

§ 1º — Encerrado o processo, o Delegado Regional do Trabalho submeterá ao Ministro do Trabalho e Previdência Social parecer conclusivo para decisão.

§ 2º — A decisão que concluir pela mora contumaz será comunicada às autoridades fazendárias locais pelo Delegado Regional do Trabalho, sem prejuízo da comunicação que deverá ser feita ao Ministro da Fazenda.

Art. 4º — ***Os diretores, sócios, gerentes, membros de órgãos fiscais ou consultivos, titulares de firma individual ou quaisquer outros dirigentes de empresa responsável por infração do disposto no art. 1º, incisos I e II, estarão sujeitos à pena de detenção de um mês a um ano****.*

Parágrafo único. Apurada a infração prevista neste artigo, o Delegado Regional do Trabalho(79) *representará, sob pena de responsabilidade, ao Ministério Público, para a instauração da competente ação penal.*

Art. 5º — No caso do inciso III do art. 1, a empresa requererá a expedição de Certidão Negativa de Débito Salarial, a ser passada pela Delegacia Regional do Trabalho mediante prova bastante do cumprimento, pela empresa, das obrigações salariais respectivas.

Art. 6º — **Considera-se salário devido, para os efeitos deste Decreto-lei, a retribuição de responsabilidade direta da empresa, inclusive comissões, percentagens, gratificações, diárias para viagens e abonos, quando a sua liquidez e certeza não sofram contestação nem estejam pendentes de decisão judicial.**

Art. 7º — As infrações descritas no art. 1º, incisos I e II, e seu parágrafo único, sujeitam a empresa infratora a multa variável de 10 (dez) a 50% (cinquenta por cento) do débito salarial, a ser aplicada pelo Delegado Regional do Trabalho, mediante o processo previsto nos arts. 626 e seguintes da Consolidação das Leis do Trabalho, sem prejuízo da responsabilidade criminal das pessoas implicadas.

Art. 8º — O Ministério do Trabalho e Previdência Social expedirá as instruções necessárias à execução deste Decreto-lei.

Art. 9º — Este Decreto-lei entrará em vigor na data de sua publicação, revogadas as disposições em contrário.

Brasília, 19 de dezembro de 1968; 147º da Independência e 80º da República.

A. COSTA E SILVA
Antônio Delfim Netto
Jarbas G. Passarinho
Hélio Beltrão

Após leitura dos instrumentos normativos acima, concluímos que o princípio da legalidade, no âmbito exclusivo da Administração Pública, significa que esta — ao contrário do particular, que pode fazer tudo que não seja proibido em lei — **só poderá agir segundo as determinações legais**.

Daí, fica patente que o legislador extraordinário (Presidente da República) não se referiu ao **FGTS** nos dispositivos do Decreto-Lei n. 368/1968. Já a Lei n. 8.036/1990 tratou da aplicabilidade das regras estabelecidas no Decreto-Lei aos

---

(79) Superintendente Regional do Trabalho e Emprego.

empregadores inadimplentes (em mora ou mora contumaz) com o Fundo de Garantia por Tempo de Serviço, no art. 22, § 1º[(80)]— parte final, da Lei n. 8.036, de 11 de maio de 1990. Configurando-se a legalidade dos arts. 50 a 52 do Decreto n. 99.684/1990, em face do poder regulamentar previsto no art. 84, IV[(81)], da Constituição Federal.

Em síntese, percebe-se, diante do exposto, que estes artigos acrescidos ao Decreto n. 99.684/1990, não são normas em sentido material, mas, apenas, formal, uma vez que os decretos regulamentares são atos normativos subordinados ou secundários. Os decretos são textos meramente explicativos editados pelos Chefes do Executivo (Presidente da República, Governadores e Prefeitos), não passando por qualquer processo legislativo, não exprimindo a vontade popular por isso faz-se necessário sua previsão na norma. Do exposto, fica claro que os arts. 50 a 52 tem suporte na lei.

A diferença entre a lei e o decreto (regulamento, no Direito brasileiro, não se limita à origem ou à supremacia daquela sobre este. A distinção substancial reside no fato de que a lei inova originariamente o ordenamento jurídico, enquanto o decreto (regulamento) não o altera, mas fixa, tão-somente, as "***regras orgânicas e processuais destinadas a pôr em execução os princípios institucionais estabelecidos por lei, ou para desenvolver os preceitos constantes da lei, expressos ou implícitos, dentro da órbita por ela circunscrita, isto é, as diretrizes, em pormenor, por ela determinadas***"[(82)].

Também, em relação ao atleta profissional empregado, o legislador infraconstitucional, no art. 31, da **Lei n. 9.615, de 24 de março de 1998 (Institui normas gerais sobre desporto e dá outras providências)**, estabeleceu a legalidade dos artigos em apreço (50 a 52 do Regulamento do FGTS) quando o procedimento de mora contumaz do FGTS for instaurado em face de entidade de prática desportiva empregadora. **A saber:**

> *Art. 31. A entidade de prática desportiva empregadora que estiver com pagamento de salário de atleta profissional em atraso, no todo ou em parte, por período igual ou superior a*

---

(80) Art. 22. da Lei n. 8.036/1990 — O empregador que não realizar os depósitos previstos nesta Lei, no prazo fixado no art. 15, responderá pela incidência da Taxa Referencial — TR sobre a importância correspondente. *(Redação dada pela Lei n. 9.964, de 2000)*

§ 1º Sobre o valor dos depósitos, acrescido da TR, incidirão, ainda, juros de mora de 0,5% a.m. (cinco décimos por cento ao mês) ou fração e multa, **sujeitando-se, também, às obrigações e sanções previstas no *Decreto-Lei no 368, de 19 de dezembro de 1968***. *(Redação dada pela Lei n. 9.964, de 2000)*

(81) "Art. 84 CF. Compete privativamente ao Presidente da República:

(...)

IV — sancionar, promulgar e fazer publicar as leis, bem com ***expedir decretos e regulamentos para sua fiel execução***;" (grifos nossos)

(82) Disponível em: <http://www.interlegis.gov.br/processo_legislativo/20040422153337/leis.htm#E38E15>. Acesso em: 26 de novembro de 2008.

três meses, terá o contrato de trabalho daquele atleta rescindido, ficando o atleta livre para se transferir para qualquer outra agremiação de mesma modalidade, nacional ou internacional, e exigir a multa rescisória e os haveres devidos.

§ 1º São entendidos como salário, para efeitos do previsto no caput, *o abono de férias, o décimo terceiro salário, as gratificações, os prêmios e demais verbas inclusas no contrato de trabalho.*

§ 2º ***A mora contumaz será considerada também pelo não recolhimento do FGTS*** *e das contribuições previdenciárias.*

3.8. Formas de Levantamento de Débito do FGTS

Ao constatar irregularidade no recolhimento do FGTS pelo empregador, o AFT deverá proceder ao levantamento do débito, individualizado por empregado, e emitir a notificação respectiva para que o empregador recolha a importância devida.

Lembramos que os sistemas informatizados — CAGED, RAIS, SisFGTS, Portal FGTS e Pesquisa Caixa à disposição da fiscalização do trabalho devem ser utilizados para a verificação da regularidade dos recolhimentos de FGTS e CS.

3.8.1. Sistema Centralizado:

Nas empresas com mais de um estabelecimento, localizados em diferentes Unidades da Federação — UF, o levantamento do débito do FGTS e das CS, relativo a todos os estabelecimentos, deve ser efetuado preferencialmente pela Superintendência Regional do Trabalho e Emprego — SRTE com competência sobre a localidade da matriz da empresa.

Ao constatar a existência de débito em estabelecimento filial ou equivalente, localizado fora da UF da matriz, o AFT deve comunicá-la à chefia imediata e solicitar à SRTE competente, ou seja, em cuja circunscrição esteja localizada a matriz, por meio do Sistema Federal de Inspeção do Trabalho — SFIT, autorização para o levantamento do débito.

As chefias imediatas das SRTEs envolvidas devem informar aos coordenadores dos projetos do FGTS a existência de débito, para fins de inclusão no planejamento da fiscalização.

O levantamento efetuado na **forma centralizada** deve conter demonstrativo do débito discriminado por estabelecimento.

Recebida a solicitação a SRTE competente deve autorizar ou negar a solicitação no prazo de dez dias, a contar da informação no SFIT. Negada a solicitação, a SRTE competente deve iniciar a ação fiscal em dez dias, a contar da informação no SFIT.

Autorizado o levantamento do débito, a SRTE solicitante deve iniciar a ação fiscal no prazo máximo de dez dias. No caso de omissão da SRTE competente, a SRTE solicitante deve iniciar a ação fiscal nesse mesmo prazo.

3.8.2. Por Exceção

Independentemente da solicitação prevista acima, o AFT deve emitir notificação de débito quando este for originado de **remuneração paga a empregados sem registro**, **parcelas não declaradas**, ou **decorrentes de irregularidades específicas do estabelecimento fiscalizado**. Bem como de outros débitos não reconhecidos pelo empregador.

3.8.3. Da Notificação de Débito do Fundo de Garantia e da Contribuição Social — NDFC

A notificação de débito não impõe nenhuma sanção ao administrado, mas sim visa a apurar o débito para com o Fundo de Garantia por Tempo de Serviço — FGTS e das Contribuições Sociais, lançando-os no documento apropriado. Não há sanção, mas simples apuração do *quantum* devido em determinado período, por competência, abrangendo os empregados para quem havia débito naquele lapso temporal considerado, haja vista, a necessidade de individualização do débito por trabalhador..

O Auditor Fiscal do Trabalho — AFT deve emitir a Notificação de Débito do Fundo de Garantia e da Contribuição Social — NDFC, quando for constatado débito por falta de recolhimento ou recolhimento a menor do FGTS, da Contribuição Social Mensal — CSM e da Contribuição Social Rescisória — CSR.

O valor do débito deve ser atualizado pela TR até a data da emissão da NDFC e representado na moeda atual, com especificação dos valores históricos devidos, segundo os padrões monetários à época vigentes.

Integram a NDFC os seguintes relatórios:

I — Relatório inicial que discrimina o débito total notificado, correspondente à totalização dos débitos de recolhimento mensal e rescisório;

II — Débito Mensal do FGTS por Competência;

III — Débito Mensal do FGTS por Empregado;

IV — Débito Mensal de Contribuição Social;

V — Débito Rescisório por Data de Vencimento;

VI — Débito Rescisório por Empregado;

VII — Recomposição do Saldo Rescisório;

VIII — Guias de Recolhimento Analisadas;

IX — Relação de Empregados; e

X — **Relatório Circunstanciado**.

O **Relatório Circunstanciado** deve conter as seguintes informações, além de outras que propiciem a reconstituição do débito a qualquer tempo:

I — indicação do período auditado, devendo incluir todas as competências verificadas;

II — indicação de débito: original ou débito complementar aos valores anteriormente notificados;

III — indicação da forma do levantamento de débito: centralizado ou não, nos termos do art. 18 e seguintes da Instrução Normativa 99/2012;

IV — relação dos estabelecimentos envolvidos na auditoria, a saber: matriz e todas as filiais, tomadores de serviço, CEI vinculado, inclusive aqueles em que não se constatou débito;

V — manifestação expressa do AFT a respeito da caracterização de sucessão trabalhista ou de grupo econômico, e dos motivos que o levaram a concluir por uma ou outra situação;

VI — relação dos documentos examinados, das fontes de consulta a sistemas informatizados, inclusive manifestação expressa do AFT a respeito da obtenção de informações do empregador por meio magnético ou digital;

VII — descrição dos procedimentos utilizados para o levantamento do débito e demais ocorrências, tais como recomposição e arbitramento de bases de incidência;

VIII — identificação dos corresponsáveis existentes na data da emissão da NDFC, com nome, endereço completo e número do CPF, incluindo os demais responsáveis do período abrangido pela notificação, devendo neste campo ser citadas as pessoas jurídicas componentes do grupo econômico constatado, se for o caso;

IX — indicação, com número e capitulação, dos autos de infração correlatos com o débito notificado, incluindo os lavrados por afronta ao art. 630 da CLT; e

X — relato de que o empregador exerce suas atividades em endereço diverso do que consta do cadastro oficial, que não seja o local de prestação de serviços a tomadores.

A notificação de débito deve ser expedida em três vias, com a seguinte destinação:

I — primeira via: instauração do processo;

II — segunda via: empregador; e

III — terceira via: AFT.

3.9. Hipóteses de Movimentação (saque) do FGTS

Os depósitos do FGTS são obrigatórios em relação aos trabalhadores em geral e facultativos em relação aos empregados domésticos e constituem um direito constitucional do empregado. No entanto, mesmo se efetuados na conta vinculada o seu saque só poderá ser realizado nas hipóteses prescritas em lei.

As hipóteses que autorizam o saque dos depósitos fundiários encontram-se fixadas no art. 20 da Lei n. 8.036, de 11 de maio de 1990 e no art. 35 do Decreto n. 99.684/90.

> *Art. 35.* ***A conta vinculada do trabalhador no FGTS poderá ser movimentada nas seguintes situações****:*
>
> *I — despedida sem justa causa, inclusive a indireta, de culpa recíproca e por força maior comprovada com o depósito dos valores de que tratam os §§ 1º e 2º do art. 9º; (Redação dada pelo Decreto n. 2.430, de 1997)*
>
> *II — extinção da empresa, fechamento de quaisquer de seus estabelecimentos, filiais ou agências, supressão de parte de suas atividades, ou, ainda, falecimento do empregador individual, sempre que qualquer dessas ocorrências implique rescisão do contrato de trabalho, comprovada por declaração escrita da empresa, suprida, quando for o caso, por decisão judicial transitada em julgado;*
>
> *III — aposentadoria concedida pela Previdência Social;*
>
> *IV — falecimento do trabalhador;*
>
> *V — pagamento de parte das prestações decorrentes de financiamento habitacional concedido no âmbito do Sistema Financeiro da Habitação SFH, desde que:*
>
> *a) o mutuário conte com o mínimo de três anos de trabalho sob o regime do FGTS, na mesma empresa ou em empresas diferentes;*
>
> *b) o valor bloqueado seja utilizado, no mínimo, durante o prazo de doze meses; e*
>
> *c) o valor de cada parcela a ser movimentada não exceda a oitenta por cento do montante da prestação;*
>
> *VI — liquidação ou amortização extraordinária do saldo devedor de financiamento imobiliário concedido no âmbito do SFH, desde que haja interstício mínimo de dois anos para cada movimentação, sem prejuízo de outras condições estabelecidas pelo Conselho Curador;*
>
> *VII — pagamento total ou parcial do preço de aquisição de moradia própria, observadas as seguintes condições:*

a) conte o mutuário com o mínimo de três anos de trabalho sob o regime do FGTS, na mesma empresa ou empresas diferentes; e

b) seja a operação financiada pelo SFH ou, se realizada fora do Sistema, preencha os requisitos para ser por ele financiada;

VIII — quando permanecer três anos ininterruptos, a partir de 14 de maio de 1990, sem crédito de depósitos;

IX — extinção normal do contrato a termo, inclusive o dos trabalhadores temporários regidos pela Lei n. 6.019, de 1974; (Redação dada pelo Decreto n. 5.860, de 2006)

X — suspensão do trabalho avulso por período igual ou superior a noventa dias; (Redação dada pelo Decreto n. 5.860, de 2006)

XI — quando o trabalhador ou qualquer de seus dependentes for acometido de neoplasia maligna; (Incluído pelo Decreto n. 5.860, de 2006)

XII — aplicação, na forma individual ou por intermédio de Clubes de Investimento — CI-FGTS, em quotas de Fundos Mútuos de Privatização — FMP-FGTS, conforme disposto no inciso XII do art. 20 da Lei n. 8.036, de 11 de maio de 1990; (Redação dada pelo Decreto n. 5.860, de 2006)

XIII — quando o trabalhador ou qualquer de seus dependentes for portador do vírus HIV; e (Incluído pelo Decreto n. 5.860, de 2006)

XIV — quando o trabalhador ou qualquer de seus dependentes estiver em estágio terminal, em razão de doença grave.(Incluído pelo Decreto n. 5.860, de 2006)

§ 1º. Os depósitos em conta vinculada em nome de aposentado, em razão de novo vínculo empregatício, poderão ser sacados também no caso de rescisão do contrato de trabalho a seu pedido.

§ 2º. Nas hipóteses previstas nos incisos I e II, o trabalhador somente poderá sacar os valores relativos ao último contrato de trabalho.

§ 3º. O Conselho Curador disciplinará o disposto no inciso V, visando a beneficiar os trabalhadores de baixa renda e a preservar o equilíbrio financeiro do FGTS.

§ 4º. A garantia a que alude o art. 18 deste Regulamento não compreende as aplicações que se refere o inciso XII deste artigo. (Incluído pelo Decreto n. 2.430, de 1997)

§ 5º. Os recursos automaticamente transferidos da conta do titular no FGTS em razão da aquisição de ações, bem como os ganhos ou perdas dela decorrentes, observado o disposto na parte final do § 1º do art. 9º, não afetarão a base de cálculo da indenização de que tratam os §§ 1º e 2º, do art. 9º deste Regulamento. (Incluído pelo Decreto n. 2.430, de 1997)

§ 6º. Os resgates de quotas dos FMP-FGTS e dos CI-FGTS, para os casos previstos nos incisos I a IV e VI a X deste artigo, somente poderão ocorrer com autorização prévia do Agente Operador do FGTS. (Redação dada pelo Decreto n. 5.860, de 2006)

§ 7º. Nos casos previstos nos incisos IV, VI e VII, o resgate de quotas implicará retomo à conta vinculada do trabalhador do valor resultante da aplicação. (Incluído pelo Decreto n. 2.430, de 1997)

§ 8º. O limite de cinquenta por cento a que se refere o inciso XII deste artigo será observado a cada aplicação e após deduzidas as utilizações anteriores que não tenham retornado ao FGTS de modo que o somatório dos saques da espécie, atualizados, não poderá ser superior à metade do saldo atual da respectiva conta. (Incluído pelo Decreto n. 2.430, de 1997)

Art. 36. ***O saque poderá ser efetuado mediante:***

I — apresentação do recibo de quitação das verbas rescisórias, nos casos dos incisos I e II do artigo precedente;

II — apresentação de documento expedido pelo Instituto Nacional do Seguro Social (INSS) que:

a) declare a condição de inativo, no caso de aposentadoria; ou

b) contenha a identificação e a data de nascimento de cada dependente, no caso de falecimento do trabalhador;

III — requerimento dirigido ao agente financeiro, nas hipóteses dos incisos V e VI, ou ao banco arrecadador, nos casos dos incisos VII e VIII, todos do artigo anterior;

IV — apresentação de cópia do instrumento contratual, no caso de contrato a termo;

V — declaração do sindicato representativo da categoria profissional, no caso de suspensão do trabalho avulso por período igual ou superior a noventa dias; (Redação dada pelo Decreto n. 5.860, de 2006)

VI — comprovação da rescisão e da sua condição de aposentado, no caso do § 1º do art. 35; (Redação dada pelo Decreto n. 5.860, de 2006)

VII — requerimento formal do trabalhador ao Administrador do FMP-FGTS, ou do CI-FGTS, ou por meio de outra forma estabelecida pelo Agente Operador do FGTS, no caso previsto no inciso XII do art. 35, garantida, sempre, a aquiescência do titular da conta vinculada; e (Redação dada pelo Decreto n. 5.860, de 2006)

VIII — atestado de diagnóstico assinado por médico, devidamente identificado por seu registro profissional, emitido na conformidade das normas dos Conselhos Federal e Regional de Medicina, com identificação de patologia consignada no Código Internacional de Doenças — CID, e descritivo dos sintomas ou do histórico patológico pelo qual se identifique que o trabalhador ou dependente seu é portador de neoplasia maligna, do vírus HIV ou que caracterize estágio terminal de vida em razão de doença grave, nos casos dos incisos XI, XIII e XIV do art. 35. (Incluído pelo Decreto n. 5.860, de 2006)

Parágrafo único. A apresentação dos documentos de que tratam os incisos I e IV do caput deste artigo poderá ser suprida pela comunicação para fins de autorização da movimentação da conta vinculada do trabalhador, realizada com uso de certificação digital e em conformidade com os critérios estabelecidos pelo Agente Operador do FGTS. (Incluído pelo Decreto n. 5.860, de 2006)

Art. 37. O saque de recursos na conta vinculada incluirá, obrigatoriamente, os valores nela depositados no mês do evento, mesmo que ainda não tenham sido creditados.

Art. 38. O saldo da conta vinculada do trabalhador que vier a falecer será pago a seu dependente, para esse fim habilitado perante a Previdência Social, independentemente de autorização judicial.

§ 1º. Havendo mais de um dependente habilitado, o pagamento será feito de acordo com os critérios adotados pela Previdência Social para a concessão de pensão por morte.

§ 2º. As quotas atribuídas a menores ficarão depositadas em caderneta de poupança e, salvo autorização judicial, só serão disponíveis após o menor completar dezoito anos.

§ 3º. Na falta de dependentes, farão jus ao recebimento do saldo da conta vinculada os sucessores do trabalhador, na forma prevista no Código Civil, indicados em alvará judicial, expedido a requerimento do interessado, independentemente de inventário ou arrolamento.

Art. 39. O direito de utilizar os recursos creditados em conta vinculada em nome do trabalhador não poderá ser exercido simultaneamente para a aquisição de mais de um imóvel.

Art. 40. O imóvel, adquirido com a utilização do FGTS, somente poderá ser objeto de outra operação com recursos do fundo na forma que vier a ser disciplinada pelo Conselho Curador.

Art. 41. A solicitação de saque da conta vinculada será atendida no prazo de cinco dias úteis, quando o documento for entregue na agência onde o empregador tenha efetuado o depósito do FGTS.

§ 1º. Compete à CEF expedir instruções fixando prazo para os casos em que a entrega do documento não ocorra na agência mantenedora a conta ou quando o sacador solicitar que o saque seja liberado em outra agência, ou, ainda, quando o sacador optar pelo saque após o crédito de juros e atualização monetária relativos ao mês em que se verificar o pedido.

§ 2º. Decorrido o prazo, sobre o valor do saque incidirá atualização monetária com base nos índices de variação do BTN Fiscal, ou outro que vier a sucedê-lo, ou, ainda, a critério do Conselho Curador, por outro indicador da inflação diária.

§ 3º. No caso de valor aplicado em FMP-FGTS, e para os fins previstos nos incisos IV, VI e VII do art. 35, o prazo de cinco dias contar-se-á a partir do retorno do valor resultante da aplicação à conta vinculada e não da data da solicitação. (Incluído pelo Decreto n. 2.430, de 1997)

Art. 42. ***A movimentação da conta vinculada do FGTS por menor de dezoito anos dependerá da assistência do responsável legal****.*

3.10. Certificado de Regularidade do FGTS

Objetivando estimular o regular cumprimento da legislação fundiária, há obrigação de apresentar o **Certificado de Regularidade do FGTS**, fornecido pela Caixa Econômica Federal, nas situações previstas no art. 27 da Lei n. 8.036/ 90. *Verbis:*

Art. 27. A apresentação do ***Certificado de Regularidade do FGTS****, fornecido pela Caixa Econômica Federal, é obrigatória nas seguintes situações:*

a) habilitação e licitação promovida por órgão da Administração Federal, Estadual e Municipal, direta, indireta ou fundacional ou por entidade controlada direta ou indiretamente pela União, Estado e Município;

b) obtenção, por parte da União, Estados e Municípios, ou por órgãos da Administração Federal, Estadual e Municipal, direta, indireta, ou fundacional, ou indiretamente pela União, Estados ou Municípios, de empréstimos ou financiamentos junto a quaisquer entidades financeiras oficiais;

c) obtenção de favores creditícios, isenções, subsídios, auxílios, outorga ou concessão de serviços ou quaisquer outros benefícios concedidos por órgão da Administração Federal, Estadual e Municipal, salvo quando destinados a saldar débitos para com o FGTS;

d) transferência de domicílio para o exterior;

e) registro ou arquivamento, nos órgãos competentes, de alteração ou distrato de contrato social, de estatuto, ou de qualquer documento que implique modificação na estrutura jurídica do empregador ou na sua extinção.

O art. 27 IV, da Lei n. 8.666/93 que regulamenta o art. 37, inciso XXI, da Constituição Federal, institui normas para licitações e contratos da Administração Pública exigir-se-á para a habilitação nas licitações dos interessados **regularidade fiscal e trabalhista**.

Já o art. 29 IV, do mesmo diploma legal, dentre outras exigências, diz que a documentação relativa à regularidade fiscal e trabalhista, conforme o caso, consistirá em:

> *IV — prova de regularidade relativa à Seguridade Social e ao **Fundo de Garantia por Tempo de Serviço (FGTS)**, demonstrando situação regular no cumprimento dos encargos sociais instituídos por lei.*

Reza o art. 45 do Decreto n. 99.684/90 que para obter o Certificado de Regularidade, o empregador deverá satisfazer as seguintes condições:

> I — estar em dia com as obrigações para com o FGTS; e
>
> II — estar em dia com o pagamento de prestação de empréstimos lastreados em recursos do FGTS.

O Certificado de Regularidade terá validade de até **seis meses** contados da data da sua emissão. No caso de parcelamento de débito, a validade será de **trinta dias**.

Havendo antecipação no pagamento de parcelas, o Certificado terá validade igual ao período correspondente às prestações antecipadas, observado o prazo máximo de seis meses.

3.11. Guarda de Documentos

O empregador deverá guardar[(83)]:

• **pelo prazo de 30 (trinta) anos**, conforme previsto no art. 23, § 5º, da Lei n. 8.036/90, a Guia de Recolhimento do FGTS — GRF, a Relação de Estabelecimentos Centralizados — REC, a Relação de Tomadores/Obras — RET, o Comprovante de Confissão de não recolhimento de valores de FGTS e de Contribuição Social, e o arquivo SEFIPCR.SFP.

• **pelo prazo de 30 (trinta) anos**, o Comprovante de Solicitação de Retificação para o FGTS e o Comprovante de Solicitação de Exclusão, conforme previsto em Circular CAIXA que estabelece procedimentos pertinentes à retificação de informações ao FGTS, transferência de contas FGTS e à devolução de valores recolhidos ao FGTS.

---

(83) Disponível em: <http://www010.dataprev.gov.br/sislex/paginas/89/SRP/2006/ManualGFIPSEFIP8_2.doc>. Acesso em: 5 de dezembro de 2013.

• **pelo prazo de 05 (cinco) anos**[84], conforme previsto no art. 32, § 11º, da Lei n. 8.212/91[85] e alterações posteriores, o Comprovante de Declaração à Previdência.

Os registros constantes do arquivo magnético (SEFIPCR.SFP) não necessitam ser reproduzidos em meio papel, salvo:

a) para permitir a comprovação do cumprimento desta obrigação;

b) por exigência legal.

NOTAS:

1. O arquivo SEFIPCR.SFP em meio eletrônico deve ser preservado de modo a garantir sua utilização, a qualquer tempo, e deve ser apresentado à fiscalização quando solicitado.

2. Uma cópia do arquivo SEFIPCR.SFP é gravada pelo SEFIP numa pasta denominada com o n. do arquivo. Esta pasta é criada no subdiretório "Arquivos", do diretório "CAIXA", onde o SEFIP está instalado. É responsabilidade do empregador/contribuinte manter cópias de segurança, não lhe sendo lícito alegar desconhecimento ou danos no equipamento para se eximir de apresentar o arquivo validado.

---

(84) Lei n. 5.162, de 25.10.1966; **Art. 174** — A ação para a cobrança do crédito tributário prescreve em 5 (cinco) anos, contados da data da sua constituição definitiva.

(85) Art. 32 da Lei n. 8.212/91 — A empresa é também obrigada a:

§ 11. Em relação aos créditos tributários, os documentos comprobatórios do cumprimento das obrigações de que trata este artigo devem ficar arquivados na empresa até que ocorra a prescrição relativa aos créditos decorrentes das operações a que se refiram.

OBS: A Súmula Vinculante n. 8 editada pelo STF com a seguinte redação: "São inconstitucionais o parágrafo único do art. 5º do Decreto-lei n. 1569/77 e os arts. 45 e 46 da Lei n. 8.212/91 que tratam de prescrição e decadência de crédito tributário".

4
ESTABILIDADE E GARANTIA NO EMPREGO

Nesta unidade buscaremos Identificar as normas que estabelecem as garantias provisórias no emprego.

4.1. Estabilidade

O vocábulo **estabilidade** nos dá a ideia de firmeza, solidez, segurança, perenidade. Enquanto que a garantia no emprego, que é provisória, nos dá a ideia de temporariedade, pois garante o emprego a determinados trabalhadores num determinado lapso de tempo, em situação especial que impeça a sua dispensa.

Asseveram Jorge Neto e Cavalcante[86] (2004) que garantia no emprego e estabilidade não se confundem. São institutos diversos, porém, afins. A garantia no emprego é um instituto amplo, o qual refere-se a medidas políticas de proteção e criação de empregos, abarcando, inclusive, a estabilidade. Assim, no entendimento dos autores, estabilidade é espécie do gênero garantias no emprego.

> *S. F.* 1. Qualidade daquilo que é estável. 2. Equilíbrio. 3. Firmeza. 4. Segurança. 5. Direito ao Trabalho — Situação de um empregado que, depois de dez anos de serviço permanente numa empresa, não podia ser demitido, senão nos casos previstos na lei. (*Dicionário Michaelis.*UOL)

A garantia de emprego que iremos estudar é a jurídica, prevista em diversas normas da legislação brasileira, ou seja, é a "estabilidade" que impede a dispensa do empregado. Pode ser decorrente de norma coletiva, de regulamento de empresa ou do próprio contrato de trabalho, ou ainda, da própria lei.

Os doutrinadores, de um modo geral, classificam a estabilidade em:

- Estabilidade definitiva, absoluta ou decenal — que é destinada àquele empregado que, não tendo feito opção pelo regime fundiário ou FGTS,

(86) JORGE NETO, Francisco Ferreira; CAVALCANTE, Jouberto de Quadros Pessoa. *Manual de direito do trabalho*. 2. ed. Rio de Janeiro: Lumen Juris, 2004. T. I.

contasse com dez anos ou mais de serviço na mesma empresa. Porém, a Constituição Federal de 1988 modificou o sistema do FGTS, de opcional para obrigatório, extinguindo, assim, a possibilidade de que novos trabalhadores adquirissem a estabilidade decenal.

- Estabilidade provisória, relativa ou especial, ou simplesmente garantia no emprego — que é destinada a alguns trabalhadores que se encontrem em situações especiais, como os dirigentes sindicais, representantes do Conselho Curador do FGTS, representantes de trabalhadores no Conselho Nacional da Previdência Social, empregada gestante, empregados eleitos para a Comissão Interna de Prevenção de Acidentes — Cipa, empregado acidentado, empregados eleitos diretores de sociedades cooperativas, membros de comissão de conciliação prévia.

Para Amauri Mascaro Nascimento[(87)] (2009), a estabilidade classifica-se em **Estabilidade Geral** para todo empregado, em **Especial** para empregados em determinadas condições.

Para Nascimento, a Estabilidade Geral no Brasil só pode resultar de negociação coletiva. A lei ordinária não pode mais instituí-la. É que a Constituição Federal (art. 7º) faculta a dispensa mediante pagamento de indenização, filiando-se à teoria do despedimento como direito potestativo do empregador. A penalidade que sofre a empresa no caso de ruptura do contrato de trabalho de forma arbitrária ou sem justa causa é a multa de 40% sobre o FGTS.

Estabilidade Especial é a que perdura enquanto existir a causa em razão da qual foi instituída. Essa causa coincide com uma condição especial do empregado.

O prof. Carlos Henrique Bezerra Leite[(88)] (1997) prefere fazer distinção entre os institutos **da estabilidade e da garantia no emprego**. A estabilidade consiste no direito que o empregado tem de permanecer no emprego, mesmo contra a vontade do empregador, salvo quando existir grave motivo que justifique a sua dispensa, tornando incompatível a sua permanência na empresa. Já a garantia no emprego, ao contrário da estabilidade, que é sempre permanente, pode ser provisória ou permanente.

Consoante ensinamentos de Leite (1997), a **garantia provisória no emprego** é destinada a trabalhadores que estejam, num determinado lapso de tempo, em situação especial que impeça a sua dispensa do emprego. Cessada a causa especial que garante provisoriamente a manutenção do contrato de trabalho, o empregado poderá ser despedido, sem necessidade de motivação. Todavia, em alguns casos expressamente previstos em lei, o inquérito judicial para apuração de

---

(87) NASCIMENTO, Amauri Mascaro. *Iniciação ao direito do trabalho*. 34. ed. São Paulo: LTr, 2009.

(88) LEITE, Carlos Henrique Bezerra. *Direito do trabalho e processo trabalhista*: temas controvertidos. Belo Horizonte: RTM, 1997.

falta grave constitui condição imprescindível para a dispensa, não só do empregado portador de estabilidade, mas também de determinados trabalhadores detentores de garantia no emprego.

4.2. *Por que estudar a "estabilidade"*

Iremos estudar o instituto tendo em vista tratar-se de motivo impeditivo à formalização da rescisão contratual de trabalho, consoante prescreve o art. 12 da Instrução Normativa SRT n. 15, de 14.7.2010. Ou seja, são situações onde a movimentação do FGTS não será possível.

> **Art. 12.** São circunstâncias impeditivas da homologação:
>
> I — nas rescisões de contrato de trabalho por iniciativa do empregador, quando houver estabilidade do empregado decorrente de:
>
> a) gravidez da empregada, desde a sua confirmação até cinco meses após o parto;
>
> b) candidatura para o cargo de direção de Comissões Internas de Prevenção de Acidentes — CIPA, desde o registro da candidatura e, se eleito, ainda que suplente, até um ano após o final do mandato;
>
> c) candidatura do empregado sindicalizado a cargo de direção ou representação sindical, desde o registro da candidatura e, se eleito, ainda que suplente, até um ano após o final do mandato;
>
> d) garantia de emprego dos representantes dos empregados, titulares ou suplentes, em Comissão de Conciliação Prévia — CCP, instituída no âmbito da empresa, até um ano após o final do mandato; e
>
> e) demais garantias de emprego decorrentes de lei, convenção ou acordo coletivo de trabalho ou sentença normativa;
>
> II — suspensão contratual, exceto na hipótese prevista no § 5º do art. 476-A da CLT;
>
> III — irregularidade da representação das partes;
>
> IV — insuficiência de documentos ou incorreção não sanável;
>
> V — falta de comprovação do pagamento das verbas devidas;
>
> VI — atestado de saúde ocupacional — ASO com declaração de inaptidão; e
>
> VII — a constatação de fraude, nos termos do inciso IX do art. 9º desta Instrução Normativa.

A seguir, apresentaremos algumas situações em que os trabalhadores possuem garantia provisória no emprego.

4.2.1. Dirigente sindical

O dirigente sindical e de associação profissional não pode ser dispensado do emprego, desde a comunicação da candidatura até um ano após o término de seu mandato, salvo mediante inquérito para apuração de falta grave (CLT, art. 543, § 3º).

Assim também dispõe o inc. VIII do art. 8º da Carta Constitucional de 1988: "É vedada a dispensa do empregado sindicalizado a partir do registro da candidatura a cargo de direção ou representação sindical e, se eleito, ainda que suplente, até um ano após o final do mandato, salvo se cometer falta grave nos termos da lei".

Para Jorge Neto e Cavalcante (2004), a estabilidade não abrange o dirigente da associação profissional. Não existe mais a possibilidade de uma associação profissional ter a representatividade dos empregados nas mesmas condições que os sindicatos possuem. A partir da Constituição Federal de 1988, a lei não poderá exigir autorização do Estado para a fundação da entidade sindical, portanto, não há sentido para que os dirigentes de uma associação profissional gozem de estabilidade. Em função dessa assertiva, o Tribunal Superior do Trabalho cancelou, em 20.8.1998, a Súmula n. 222(89).

No mesmo sentido, leciona Carmen Camino(90) (2004), para quem não restou recepcionada a parte do art. 543, § 3º, da CLT, que contemplava a estabilidade ao dirigente de associação profissional, eis que tal direito emergia de situação de fato (defesa de interesses profissionais da categoria, em estágio de organização antecedente ao surgimento do sindicato) hoje inexistente e totalmente incompatível com o inc. I do art. 8º da CF/88. A incompatibilidade também se dá em relação ao inc. VI do art. 8º, que dita ser obrigatória a participação dos sindicatos nas negociações coletivas de trabalho. Assim, as associações profissionais sequer podem participar da negociação coletiva, eis que apenas os sindicatos estão legitimados a tanto.

Por fim, nos termos do inc. X, do art. 659 da CLT, o juiz pode expedir liminar de reintegração do empregado até a decisão final do processo.

O registro da candidatura do empregado a cargo de dirigente sindical durante o período do aviso prévio, ainda que indenizado, não lhe assegura a estabilidade, visto que inaplicável a regra prevista no § 3º do art. 543 da Consolidação das Leis do Trabalho(91).

---

(89) **Súmula n. 222/TST — Dirigentes de associações profissionais. Estabilidade provisória**. "Os dirigentes de associações profissionais, legalmente registradas, gozam de estabilidade provisória no emprego". (Res. n. 14/85 — DJ 19.9.1985. Cancelada — Res. n. 84/98 — DJ 20.8.1998)

(90) CAMINO, Carmen. *Direito individual do trabalho*. 4. ed. Porto Alegre: Síntese, 2004.

(91) Súmula n. 369 do TST. **DIRIGENTE SINDICAL. ESTABILIDADE PROVISÓRIA** (nova redação dada ao item II) — Res. 174/2011, DEJT divulgado em 27, 30 e 31.5.2011

I — É indispensável a comunicação, pela entidade sindical, ao empregador, na forma do § 5º do art. 543 da CLT. (ex-OJ n. 34 da SBDI-1 — inserida em 29.4.1994)

II — O art. 522 da CLT foi recepcionado pela Constituição Federal de 1988. Fica limitada, assim, a estabilidade a que alude o art. 543, § 3º, da CLT a sete dirigentes sindicais e igual número de suplentes.

III — O empregado de categoria diferenciada eleito dirigente sindical só goza de estabilidade se exercer na empresa atividade pertinente à categoria profissional do sindicato para o qual foi eleito dirigente. (ex-OJ n. 145 da SBDI-1 — inserida em 27.11.1998)

IV — Havendo extinção da atividade empresarial no âmbito da base territorial do sindicato, não há razão para subsistir a estabilidade. (ex-OJ n. 86 da SBDI-1 — inserida em 28.4.1997)

4.2.2. Membros das Comissões Internas de Prevenção de Acidentes — CIPA

Os membros titulares da representação dos empregados nas Cipas não poderão sofrer despedida arbitrária, entende-se como tal a que não se fundar em motivo disciplinar, técnico, econômico ou financeiro, conforme prescreve o art. 165 da CLT.

A Constituição de 1988 prevê também a garantia no emprego para o "cipeiro".

O suplente da Cipa também goza da garantia no emprego conforme jurisprudência do Colendo TST.

No caso de ocorrer a dispensa, caberá ao empregador, na hipótese de reclamação trabalhista, comprovar a existência de qualquer dos motivos acima mencionados, sob pena de ser condenado a reintegrar o empregado, e, se houver o transcurso do prazo da estabilidade provisória, o empregador deverá indenizar o respectivo período mediante o pagamento dos salários correspondentes e as respectivas repercussões em férias e abono, décimo terceiro salário e recolhimentos fundiários com o acréscimo da multa de 40% em favor do trabalhador.

Normas

Art. 10 do ADCT. Até que seja promulgada a lei complementar a que se refere o art. 7º, I, da Constituição:

II — fica vedada a dispensa arbitrária ou sem justa causa:

a) do empregado eleito para cargo de direção de comissões internas de prevenção

de acidentes, desde o registro de sua candidatura até um ano após o final de seu mandato;

b) da empregada gestante, desde a confirmação da gravidez até cinco meses após o parto.

Consolidação das Leis do Trabalho

Art. 165. Os titulares da representação dos empregados na(s) Cipa(s) não poderão sofrer despedida arbitrária entendendo-se como tal a que não se fundar em motivo disciplinar, técnico, econômico ou financeiro.

Parágrafo único. Ocorrendo a despedida, caberá ao empregador, em caso de reclamação à Justiça do Trabalho, comprovar a existência de qualquer dos motivos mencionados neste artigo sob pena de ser condenado a reintegrar o empregado.

Súmula n. 339 do Colendo TST

CIPA. Suplente. Garantia de emprego. CF/88. *(Res. n. 39/94, DJ 20.12.1994. Nova redação em decorrência da incorporação das Orientações Jurisprudenciais ns. 25 e 329 da SDI-1 — Res. n. 129/05, DJ. 20.4.2005)*

V — O registro da candidatura do empregado a cargo de dirigente sindical durante o período de aviso prévio, ainda que indenizado, não lhe assegura a estabilidade, visto que inaplicável a regra do § 3º do art. 543 da Consolidação das Leis do Trabalho. (ex-OJ n. 35 da SBDI-1 — inserida em 14.3.1994)

I — O suplente da Cipa goza da garantia de emprego prevista no art. 10, II, *a*, do ADCT a partir da promulgação da Constituição Federal de 1988. *(ex-Súmula 339 — Res. n. 39/94, DJ 20.12.1994 e ex-OJ n.25 — Inserida em 29.3.1996)*

II — A estabilidade provisória do cipeiro não constitui vantagem pessoal, mas garantia para as atividades dos membros da Cipa, que somente tem razão de ser quando em atividade a empresa. Extinto o estabelecimento, não se verifica a despedida arbitrária, sendo impossível a reintegração e indevida a indenização do período estabilitário. *(ex-OJ n. 329 — DJ 9.12.2003)*

4.2.3. Empregada gestante

Com o advento da novel Constituição, de 5.10.1988, no art. 10, inc. II, *b*, do ADCT, ficou **vedada a dispensa arbitrária ou sem justa causa da empregada gestante, desde a confirmação da gravidez até cinco meses após o parto**.

A garantia no emprego para a gestante justifica-se devido à discriminação que poderia ocorrer no período em que a empregada estivesse grávida, ou no período pós-parto, pois, com certeza, não conseguiria outro trabalho no referido lapso de tempo.

Com relação ao contrato de experiência, tal matéria era regulamentada pela Súmula n. 260/TST, segundo a qual, "no contrato de experiência, extinto antes do período de 4 (quatro) semanas que precede ao parto, a empregada não tem direito a receber, do empregador, o salário-maternidade". Com a revisão da jurisprudência realizada pelo TST em 2003, que resultou na edição da Res. n. 121/03, a Súmula n. 260 foi cancelada. A matéria, agora, é disciplinada pela Súmula n. 244, III, do TST. Por força deste verbete, que é resultado da conversão da OJ n. 196, da SDI-1, quando de nova revisão da jurisprudência do TST, através da Res. n. 129/05: "Não há direito da empregada gestante à estabilidade provisória na hipótese de admissão mediante contrato de experiência, visto que a extinção da relação de emprego, em face do término do prazo, não constitui dispensa arbitrária ou sem justa causa". Ainda, em relação à temática, o Colendo TST, através da Seção Especializada em Dissídios Individuais — SDI-1 garantiu o direito à estabilidade no curso de contrato de experiência a uma trabalhadora gestante[92].

---

(92) **Gestante demitida em contrato de experiência ganha estabilidade.** A Seção Especializada em Dissídios Individuais (SDI-1) do Tribunal Superior do Trabalho garantiu a uma trabalhadora **gestante** demitida no curso de contrato de experiência o direito à estabilidade. A SDI-1 não conheceu (rejeitou) os embargos movidos pela Financeira Alfa S.A. contra o reconhecimento do direito à estabilidade nas instâncias anteriores, mantendo assim a decisão. O direito à estabilidade foi reconhecido já na sentença da Vara do Trabalho, com o fundamento de que o contrato, embora denominado como de experiência, tinha cláusula que garantia o direito recíproco de rescisão antes do prazo final — direito esse exercido pela Financeira ao demitir a trabalhadora antes do término do período de experiência. O Tribunal Regional do Trabalho da 2ª Região (São Paulo) e a Quarta Turma do TST mantiveram o entendimento. Ao recorrer à SDI-1, a Financeira Alfa insistiu em sua alegação de que o contrato de experiência, modalidade de contrato por prazo determinado — no caso, 90 dias —, é incompatível com o direito à

A doutrina e jurisprudência anterior à Lei n. 11.324/06 entendia que à empregada doméstica não se aplicava o instituto da estabilidade tendo em vista que o art. 7º, parágrafo único, excluiu o inc. I dos direitos assegurados à categoria dos trabalhadores domésticos. Por consequência, não se aplicava à doméstica gestante a norma legal prevista no art. 10, inc. II, *b*, do ADCT[(93)].

Para Carlos Henrique Bezerra Leite[(94)] (1997), a trabalhadora doméstica grávida não era destinatária do direito de garantia no emprego, desde a confirmação da gravidez até cinco meses após o parto, por uma simples razão: o direito de proteção à relação de emprego, prevista no art. 7º, inc. I, da Constituição, não foi estendido a esta espécie de trabalhador, como se deduz do parágrafo único deste artigo. Ora, não se lhe aplicando a garantia prevista no inc. I, do art. 7º, é óbvio que também não lhe é aplicável o disposto no art. 10, inc. II, *b*, do ADCT da Constituição Federal de 1988, já que esta norma constitucional transitória é exclusiva para as empregadas rurais e urbanas, bem como para a trabalhadora avulsa.

No mesmo sentido, Emílio Gonçalves (1994), citado por Leite, lecionava:

> Não estendeu às empregadas domésticas gestantes a garantia da estabilidade provisória no emprego prevista no art. 10, II, *b*, do Ato das Disposições Constitucionais Transitórias. A não inclusão do inc. I do art. 7º da Constituição no parágrafo único afasta a aplicação da garantia da estabilidade provisória da empregada doméstica no emprego.

Tanto a empregada doméstica quanto as demais trabalhadoras gestantes merecem a mesma proteção, pois não há nenhuma diferença ontológica entre as duas mães. Não se poderia aceitar a tese de que existem duas categorias de mulheres, para considerar que o art. 10 do ADCT não se aplicava às empregadas domésticas gestantes.

---

garantia de emprego. O relator dos embargos, ministro Aloysio Corrêa da Veiga, observou em seu voto que, "**à primeira vista, seria inviável conferir-se a incidência das garantias de emprego no âmbito de contratos a prazo**". Acontece que, no caso, "**a previsão da data de extinção do contrato de trabalho, apesar de inicialmente previsível, foi alterada, tendo em vista cláusula assecuratória permitindo a rescisão antes de expirado o termo ajustado**". Esta situação — a faculdade exercida pela empresa de demitir a empregada antes dos 90 dias estipulados — "**retirou as características, regras e efeitos jurídicos próprios do contrato a termo**". Como registrou o ministro Aloysio Veiga, "**este fato transmudou a modalidade do contrato de determinado para indeterminado, assegurando a plena repercussão sobre o vínculo de emprego, entre elas a estabilidade provisória**". A garantia da estabilidade à **gestante**, portanto, inviabiliza a demissão arbitrária, mantendo o contrato de trabalho válido até o fim do período estabilitário. Neste caso, a decisão assegurou a indenização referente ao período de garantia". **(E-RR-57344/2002-900-02-00.3)**

(93) **Estabilidade provisória. Empregada doméstica gestante**. A Constituição Federal não contemplou a empregada doméstica gestante com o direito à estabilidade provisória no emprego. O art. 10, II, *b*, do ADCT não pode ser interpretado isoladamente, mas sim em conjunto com o inciso I do art. 7º da Constituição Federal, o qual, porém, não foi estendido aos domésticos (CF, art. 7º, parágrafo único). (TRT 2ª Reg. — RO 02960412537 (Ac. 3ª T. 02970716024) — Rel. Juiz Edílson Rodrigues — DJ 13.1.1998, p. 207)

(94) LEITE, Carlos Henrique Bezerra. *Direito do trabalho*: primeiras linhas. Curitiba: Juruá, 1997.

Objetivando retificar a discriminação estampada na Carta Constitucional de 1988 o legislador infraconstitucional, através da Lei n. 11.324, de 19.7.2006, alterou a Lei n. 5.859, de 11.12.1972, que dispõe sobre a profissão de empregado doméstico, com acréscimo do art. 4º-A, para estender à doméstica no ordenamento jurídico a garantia de estabilidade provisória no emprego. *In verbis*:

Art. 4º-A. **É vedada a dispensa arbitrária ou sem justa causa da empregada doméstica gestante desde a confirmação da gravidez até 5 (cinco) meses após o parto.**

Concluímos que, no novo normativo, trata-se de correção, no mínimo, do preconceito existente com relação à classe das trabalhadoras domésticas, pois, por força da Lei n. 11.324, de 19.7.2006, foi estendida a elas a estabilidade da gestante desde a confirmação da gravidez até 5 (cinco) meses após o parto.

4.2.4. Acidente de trabalho — acidentado

O art. 118[(95)], da Lei n. 8.213/91, prevê que, se o segurado (empregado) sofreu acidente de trabalho, tem garantida pelo prazo mínimo de doze meses a manutenção do seu contrato de trabalho na empresa, **após a cessação do auxílio-doença acidentário**, independentemente da percepção de auxílio-acidente.

Para Carmen Camino (2004), a estabilidade do acidentado impede a ignomínia cometida contra os empregados vítimas de acidente do trabalho sumariamente despedidos tão logo se apresentavam ao trabalho, no retorno do benefício previdenciário, muitos deles com sequelas graves e todos necessitados de um período razoável de readaptação. A lei não contempla qualquer ressalva à possibilidade de despedimento pelo empregador, por justa causa ou por razões de outra ordem. É de se entender em favor da vedação absoluta ao direito de resilir o contrato. Em outras palavras, o art. 118 da Lei n. 8.213/91 contempla espécie de estabilidade plena no emprego, impossibilidade jurídica de despedimento. A única hipótese de rompimento do contrato se dará na via judicial, diante de falta grave cometida pelo empregado.

(95) Dispõe o art. 118 da Lei n. 8.213/91: "**Art. 118.** O segurado que sofreu acidente do trabalho tem garantida, pelo prazo mínimo de doze meses, a manutenção do seu contrato de trabalho na empresa, após a cessação do auxílio-doença acidentário, independentemente de percepção de auxílio-acidente". Conforme preconiza a legislação previdenciária, o empregado terá direito à estabilidade provisória quando sofrer acidente e entrar em gozo do auxílio-doença acidentário, ou seja, se ficar afastado por mais de 15 dias. A jurisprudência caminha no mesmo sentido. *In verbis:* **Súmula n. 378/TST** — Res. n. 129/05 — DJ 20.4.2005 — Conversão das Orientações Jurisprudenciais ns. 105 e 230 da SDI-1. I — É constitucional o art. 118 da Lei nº 8.213/91 que assegura o direito à estabilidade provisória por período de 12 meses após a cessação do auxílio-doença ao empregado acidentado. (ex-OJ n. 105 — Inserida em 1º.10.1997) II — São pressupostos para a concessão da estabilidade o afastamento superior a 15 dias e a consequente percepção do auxílio doença acidentário, salvo se constatada, após a despedida, doença profissional que guarde relação de causalidade com a execução do contrato de emprego. (Primeira parte — ex-OJ n. 230 — Inserida em 20.6.2001).

Ocorrendo acidente de trabalho no curso do contrato de experiência, o gozo de auxílio-doença acidentário suspende a contagem do contrato a termo, não detendo o empregado a estabilidade acidentária, prevista no art. 118 da Lei n. 8.213/91, porque a garantia não atinge o contrato a prazo.

Amplamente, doutrina e jurisprudência sustentam a ideia de que a concessão do auxílio-doença acidentário suspende o contrato de trabalho de experiência e que o empregado não fará jus ao direito à garantia provisória prevista em lei quando o acidente de trabalho ocorrer na vigência do contrato de experiência.

4.2.5. Empregado membro do Conselho Nacional de Previdência Social — CNPS

Os representantes dos trabalhadores, que estiverem em atividade, titulares e suplentes, no Conselho Nacional de Previdência Social, terão direito à garantia de emprego, desde a nomeação até um ano após o término do mandato de representação, somente podendo ser dispensados por motivo de falta grave regularmente comprovada por intermédio de processo judicial, pois o art. 3º, § 7º, da Lei n. 8.213/91, dispõe:

> Aos membros do CNPS, enquanto representantes dos trabalhadores em atividade, titulares e suplentes, é assegurada estabilidade no emprego, da nomeação até um ano após o término do mandato de representação, somente podendo ser demitidos por motivo de falta grave, regularmente comprovada através de processo judicial.

4.2.6. Empregado membro do Conselho Curador do FGTS — CCFGTS

Aos membros representantes dos trabalhadores no Conselho Curador do FGTS efetivos e suplentes é assegurada a garantia no emprego, desde a nomeação até um ano após o término do mandato de representação, somente podendo ser dispensados por motivo de falta grave, devidamente apurada por meio de processo sindical, de acordo com o art. 3º, § 9º, da Lei n. 8.036, de 11.5.1990.

> Aos **membros do Conselho Curador, enquanto representantes dos trabalhadores, efetivos e suplentes, é assegurada a estabilidade no emprego, da nomeação até um ano após o término do mandato de representação**, somente podendo ser demitidos por motivo de falta grave, regularmente comprovada através de processo sindical.

4.2.7. Empregados eleitos diretores de sociedades cooperativas

Segundo o art. 55, da Lei n. 5.764, de 16.12.1971, "Os empregados de empresas que sejam eleitos diretores de sociedades cooperativas, pelos mesmos criadas, gozarão das garantias asseguradas aos dirigentes sindicais pelo art. 543 da Consolidação das Leis do Trabalho".

De acordo com a Orientação Jurisprudencial n. 253[(96)], SDI-I/TST, o art. 65 da Lei n. 5.764/71 assegura a garantia de emprego apenas aos empregados eleitos diretores de cooperativas, não abrangendo os membros suplentes.

4.2.8. Membros da Comissão de Conciliação Prévia

É vedada a dispensa dos representantes dos empregados membros da Comissão de Conciliação Prévia, titulares e suplentes, até um ano após o final do mandato, salvo se cometerem falta grave, nos termos da lei. Assim dispõe o § 1º do art. 625-B, da Consolidação das Leis do Trabalho.

A norma em estudo veda a dispensa dos representantes dos empregados, sendo, portanto, uma hipótese de garantia de emprego, cujo objetivo é evitar que o empregador dispense os trabalhadores por terem entendimentos contrários aos seus, como forma de represália.

O empregado integrante da Comissão, na qualidade de representante dos empregados, não terá o seu contrato de trabalho suspenso. Prossegue em suas atividades normais, excetuando-se os períodos em que seja necessária a sua participação nos trabalhos da Comissão. Estes períodos de cessação das atividades laborais representam interrupção do contrato de trabalho quanto aos efeitos legais.

4.2.8.1. Suspensão contratual

O art. 12 da Instrução Normativa n. 15/10 insere entre as circunstâncias impeditivas da assistência a suspensão contratual, de modo que, estando suspenso o contrato de trabalho, fica vedada a rescisão.

> **Art. 12. São circunstâncias impeditivas da homologação:**
>
> (...)
>
> II — suspensão contratual, exceto na hipótese prevista no § 5º do art. 476-A da CLT.

São exemplos de suspensão contratual:

— Licença não remunerada, concedida por ajuste bilateral entres as partes;

— Licenças previdenciárias;

— Exercício de cargo político não obrigatório;

---

(96) OJ-SDI1-253 **ESTABILIDADE PROVISÓRIA. COOPERATIVA. LEI N. 5.764/71. CONSELHO FISCAL. SUPLENTE. NÃO ASSEGURADA**. Inserida em 13.3.02
O art. 55 da Lei n. 5.764/71 assegura a garantia de emprego apenas aos empregados eleitos diretores de Cooperativas, não abrangendo os membros suplentes.

— Suspensão disciplinar e aposentadoria provisória ou por invalidez;

— Afastamento do dirigente sindical para desempenho das funções de representação;

— Greve[97] (Lei n. 7.783, de 1989).

Existe também a suspensão contratual decorrente do afastamento do trabalhador para participação em curso ou programa de qualificação profissional. De acordo com o art. 476-A, da Consolidação das Leis do Trabalho, tal suspensão não poderá exceder a 5 (cinco) meses, salvo estipulação em contrário prevista em norma coletiva negociada.

4.2.9. Legislação eleitoral — candidatos empregados

Nas legislações eleitorais sempre constou disposição no sentido de ser vedada a demissão, sem justa causa, dos empregados das empresas públicas, sociedades de economia mista, nos três meses que antecedem as eleições até a posse, conforme se verifica do inc. V, do art. 73, da Lei n. 9.504/97[98].

> **Art. 73.** São proibidas aos agentes públicos, servidores ou não, as seguintes condutas tendentes a afetar a igualdade de oportunidades entre candidatos nos pleitos eleitorais:
>
> V — nomear, contratar ou de qualquer forma admitir, *demitir sem justa causa*, suprimir ou readaptar vantagens ou por outros meios dificultar ou impedir o exercício funcional e, ainda, *ex officio*, remover, transferir ou exonerar servidor público, na circunscrição do pleito, nos três meses que o antecedem e até a posse dos eleitos, sob pena de nulidade de pleno direito, ressalvados:
>
> a) a nomeação ou exoneração de cargos em comissão e designação ou dispensa de funções de confiança;
>
> b) a nomeação para cargos do Poder Judiciário, do Ministério Público, dos Tribunais ou Conselhos de Contas e dos órgãos da Presidência da República;
>
> c) a nomeação dos aprovados em concursos públicos homologados até o início daquele prazo;
>
> d) a nomeação ou contratação necessária à instalação ou ao funcionamento inadiável de serviços públicos essenciais, com prévia e expressa autorização do Chefe do Poder Executivo;
>
> e) a transferência ou remoção *ex officio* de militares, policiais civis e de agentes penitenciários. (grifos nossos)

4.2.10. Extinção da estabilidade ou garantia de emprego

Cessará a estabilidade ou garantia de emprego do empregado com sua morte, com a aposentadoria espontânea, com a ocorrência de força maior, falta grave praticada pelo trabalhador ou com seu pedido de demissão.

---

(97) Art. 2º Para os fins desta Lei, considera-se legítimo exercício do direito de greve a **suspensão coletiva**, temporária e pacífica, total ou parcial, de prestação pessoal de serviços a empregador.

(98) OJ da SDI-1 do TST 51 (25.11.1996). Legislação Eleitoral. Aplicável a pessoal de empresa pública e sociedade de economia mista.

4.2.11. Estabilidade do empregado reabilitado e portador de deficiência

O art. 93 da Lei n. 8.213/91 estabelece que **a empresa com mais de 100 (cem) empregados está obrigada a preencher de 2 a 5% (dois a cinco por cento) de seus cargos com beneficiários reabilitados ou pessoas portadoras de deficiência habilitada**.

Art. 93. A empresa com 100 (cem) ou mais empregados está obrigada a preencher de 2% (dois por cento) a 5% (cinco por cento) dos seus cargos com beneficiários reabilitados ou pessoas portadoras de deficiência, habilitadas, na seguinte proporção:

I — até 200 empregados....................2%;

II — de 201 a 500....................3%;

III — de 501 a 1.000....................4%;

IV — de 1.001 em diante. ....5%.

Todavia, a dispensa desses trabalhadores ao final de contratos a termo, somente poderá ocorrer após a contratação de substituto de condição semelhante.

Art. 93 (...) § 1º A dispensa de trabalhador reabilitado ou de deficiente habilitado ***ao final de contrato por prazo determinado de mais de 90 (noventa) dias, e a imotivada****, no contrato por prazo indeterminado, só poderá ocorrer após a contratação de substituto de condição semelhante.*

O TST tem apresentado o seguinte entendimento:

PORTADOR DE NECESSIDADES ESPECIAIS. GARANTIA DE EMPREGO.*A norma inserta no art. 93 da Lei n. 8.213/91 permite a demissão de empregado reabilitado, ou de portador de deficiência física, apenas se houver contratação de substituto nas mesmas condições. Assim, não havendo comprovação de que houve contratação de substituto, a determinação de reintegração consubstancia-se em mero restabelecimento do status quo em razão de ato nulo; na hipótese, demissão ilegal. COMPETÊNCIA MATERIAL DA JUSTIÇA DO TRABALHO.Compete à Justiça do Trabalho processar e julgar as questões relativas à complementação de aposentadoria, na hipótese de a instituição de previdência privada ser criada pelo empregador, pois a complementação de aposentadoria decorre da relação de emprego, independentemente de haver-se transferido a responsabilidade pela complementação dos proventos para entidade diversa. Recurso de Revista de que não se conhece. (RR — 346/1998-401-04-00.8 , Relator Ministro: João Batista Brito Pereira, Data de Julgamento: 27.5.2009, 5ª Turma, Data de Publicação: 12.6.2009).*

RECURSO DE REVISTA DO RECLAMANTE. *Dispensa de empregado reabilitado direito à reintegração. A dispensa do empregado vitimado de acidente de trabalho e considerado ipso factum deficiente físico, está condicionada à contratação de outro empregado igualmente deficiente, sob pena de ter que arcar o empregador com o ônus da reintegração e consectários. Recurso de revista a que se dá provimento. Honorários advocatícios. O recurso não está fundamentado de acordo com o art. 896, a e c, da CLT, visto que, além de não indicar violação a nenhum dispositivo da Constituição Federal ou de Lei Federal, não transcreve arestos para cotejo. Recurso de revista de que não se conhece. II. Recurso de revista da reclamada. Julgamento ultra petita. "não é servível ao conhecimento de recurso de revista aresto oriundo de mesmo tribunal regional do trabalho, salvo se o recurso houver sido interposto anteriormente à vigência da Lei n. 9.756/1998". Oj/sbdi-1 n. 111. Recurso de* *revista de que não se conhece. Estabilidade. Além de o acórdão recorrido não ter examinado as disposições dos incisos I e II do art. 7º da Constituição Federal, dou por prejudicado o exame da questão em razão do provimento do recurso de revista do reclamante. Recurso de revista de que não se conhece. Honorários advocatícios. Nos termos da Súmula n. 126 do TST, não se conhece de recurso de revista para revolvimento de fatos e provas. Recurso de revista de que não se conhece. (TST; RR 111/2001-311-05-00.6; Terceira Turma; Relª Minª Kátia Magalhães Arruda; DEJT 8.5.2009; p. 986*

ESTABILIDADE PROVISÓRIA. DESPEDIDA. VALIDADE. EMPREGADO REABILITADO. ART. 93, § 1º, DA LEI N. 8.213/9.1*. O art. 93, § 1º, da Lei n. 8.213/91, ao vedar a dispensa de empregado deficiente ou reabilitado antes da contratação de outro empregado em condição semelhante,* ***não instituiu propriamente uma modalidade de garantia de emprego, mas um ato jurídico submetido a uma condição suspensiva: admissão de empregado de condição semelhante****. 2. A inobservância da Lei, ante a ausência de prova do implemento da condição, acarreta a nulidade da despedida, seja em face da Lei Civil (CC de 2002, art. 125), seja em face da CLT (art. 9º), mormente porque frustra o patente escopo protetivo da Lei. 3. Exegese que se revela mais consentânea com o postulado constitucional da não discriminação do trabalhador portador de deficiência (art. 7º, XXXI, da CF). Ademais, a proteção conferida a tais empregados, em razão da fragilidade da situação em que se encontram, beneficia antes a coletividade que a si mesmos. 4. Não se sustenta a diretriz segundo a qual, em semelhante situação, caberia tão-somente impor sanção de natureza administrativa ao empregador. A prevalecer tal orientação, frustar-se-iam os desígnios do legislador. Patente que resultaria vã a proteção que se quis oferecer aos empregados deficientes e reabilitados, malogrando-se o escopo da Lei e esvaziando-lhe o seu próprio sentido, pois decerto conviria mais ao empregador suportar o ônus financeiro da multa. 5. Recurso de revista de que se conhece e a que se dá provimento para determinar a reintegração do Reclamante e sua manutenção no emprego até que o Reclamado promova a contratação de substituto de condição semelhante. (TST; RR 199/2002-008-17-00; Primeira Turma; Rel. Min. João Oreste Dalazen; Julg. 9.6.2004; DJU 9.7.2004)*

4.3. Síntese

O estabelecimento de garantias no emprego visa proteger o trabalhador em determinadas situações especiais ou no exercício de alguns cargos.

De maneira geral, a estabilidade consiste no direito que o empregado tem de permanecer no emprego, mesmo contra a vontade do empregador, salvo na existência de motivo grave que justifique a sua demissão, tornando incompatível a sua permanência na empresa.

As estabilidades provisórias — temporárias podem ser de natureza plena (impossibilidade de o empregador resilir o contrato de trabalho) ou relativa (possibilidade de despedir diante de motivos socialmente justificáveis).

São estabilidades provisórias plenas: a do dirigente sindical, a do representante dos trabalhadores, titular ou suplente, perante o Conselho Curador do FGTS; a do membro, titular ou suplente representante dos empregados nas comissões de conciliação prévia instituídas no âmbito da empresa; a do dirigente de cooperativas de trabalhadores; a do empregado acidentado, após o retorno do benefício previdenciário.

Representam estabilidades provisórias relativas: a do "cipeiro" eleito representante dos trabalhadores, titular ou suplente; a da gestante, desde a confirmação da gravidez até cinco meses após o parto.

Assim, ocorrendo dispensa sem justa causa do empregado, são obstativas à formalização da rescisão contratual garantias de emprego decorrentes de lei, convenção coletiva de trabalho, acordo coletivo de trabalho ou sentença normativa, tais como:

— Gravidez da empregada, desde a sua confirmação até 5 (cinco) meses após o parto;

— Candidatura do empregado para cargo de direção de CIPA, desde o registro da candidatura e, se eleito, ainda que suplente, até 1 (um) ano após o final do mandato;

— Candidatura do empregado sindicalizado a cargo de direção ou representação sindical, desde o registro da candidatura e, se eleito, ainda que suplente, até 1 (um) ano após o final do mandato;

— Exercício de cargo como titular ou suplente de representante dos empregados na Comissão de Conciliação Prévia — **CCP**, instituída no âmbito da empresa ou de grupo de empresas, até 1 (um) ano após o final do mandato;

— Dirigente de Sociedade Cooperativa de Empregados;

— Empregado Membro do Conselho Nacional da Previdência Social — **CNPS**;

— Empregado Membro do Conselho Curador do FGTS — **CCFGTS**

— Legislação eleitoral;

— Empregado acidentado.

5
CONTRIBUIÇÕES DA LEI COMPLEMENTAR N. 110/2001

A Lei Complementar n. 110, de 2001 criou duas novas contribuições sociais, vinculadas ao FGTS e fiscalizadas pelo Ministério do Trabalho e Emprego.

A primeira contribuição, prevista no art. 1º da LC n. 110[99], de 2001, é devida em caso de despedida sem justa causa e corresponde a 10% do montante de todos os depósitos devidos, referentes ao Fundo de Garantia do Tempo de Serviço — FGTS, durante a vigência do contrato de trabalho, acrescido das remunerações aplicáveis às contas vinculadas.

O art. 2º[100] da referida Lei instituiu outra contribuição, devida mensalmente, à alíquota de 0,5% sobre a remuneração paga ou devida a cada trabalhador no mês anterior, a ser recolhida juntamente com o FGTS. O mesmo artigo estabeleceu, no § 2º, que tal contribuição seria devida pelo prazo de 60 (sessenta) meses, a contar da sua exigibilidade.

Tal prazo esgotou-se em dezembro de 2006[101], de maneira que, a partir de janeiro de 2007, a contribuição de 0,5% da remuneração devida mensalmente deixou de existir, persistindo apenas a contribuição devida na dispensa sem justa causa, à alíquota de 10% dos depósitos devidos ao FGTS. É importante ressaltar, no entanto, que no ato da assistência, cabe ao assistente verificar se, no curso da vigência da contribuiçao, a mesma foi recolhida corretamente.

---

(99) Art. 1º da Lei Complementar n. 110/01 — Fica instituída contribuição social devida pelos empregadores em caso de despedida de empregado sem justa causa, à alíquota de dez por cento sobre o montante de todos os depósitos devidos, referentes ao Fundo de Garantia do Tempo de Serviço — FGTS, durante a vigência do contrato de trabalho, acrescido das remunerações aplicáveis às contas vinculadas.

Parágrafo único. Ficam isentos da contribuição social instituída neste artigo os empregadores domésticos.

(100) Art. 2º da Lei Complementar n. 110/01 — Fica instituída contribuição social devida pelos empregadores, à alíquota de cinco décimos por cento sobre a remuneração devida, no mês anterior, a cada trabalhador, incluídas as parcelas de que trata o *art. 15 da Lei n. 8.036, de 11 de maio de 1990.*

(101) Art. 7º da Instrução Normativa SRT 99/2012 — Para verificação da CS mensal, deve ser considerado o período de janeiro de 2002 a dezembro de 2006, observando-se ainda as hipóteses de isenção previstas no §1º do art. 2º da Lei Complementar n. 110, de 2001.

As bases de cálculo da contribuição social mensal e da contribuição social rescisória são, respectivamente, a base de cálculo do FGTS e a base de cálculo da multa compensatória dos 40% (quarenta por cento) do FGTS.

Os prazos para os recolhimentos são os mesmos, tanto para as contribuições sociais quanto para as contribuições fundiárias.

Eram isentas do recolhimento do percentual de 0,5% (meio por cento) referente à contribuição social mensal:

- empresas inscritas no Simples;
- pessoas físicas, em relação à remuneração de empregados domésticos;
- pessoas físicas, em relação à remuneração de empregados rurais, desde que a sua receita bruta anual não excedesse o limite de R$ 1.200.000,00 (um milhão e duzentos mil reais).

Em relação ao recolhimento do percentual de 10% (dez por cento) a título de contribuição social rescisória, estão isentos apenas os empregadores domésticos.

Art. 1º da Lei Complementar n. 110/2001 (...)

Parágrafo único. ***Ficam isentos da contribuição social instituída neste artigo os empregadores domésticos****.*

6
FGTS DO EMPREGADO DOMÉSTICO

Atualmente, segundo dados do Instituto Brasileiro de Geografia e Estatística — IBGE, mais de 5 milhões de empregados domésticos[102] não possuem registro na Carteira de Trabalho e Previdência Social — CTPS.

Assinala Volia Bomfim cassar[103] (2012) que o enquadramento legal (CLT, rural, doméstico ou estatutário) de um trabalhador não deve ser analisado pela atividade que exerce e sim para quem trabalha. **Destaca**: se uma empregada exerce a função de cozinheira, este fato por si só não a enquadra em nenhuma das leis mencionadas, pois será necessário que se pesquise **quem é seu empregador**. Se seu empregador for uma pessoa física que **não explore a atividade lucrativa**, será **doméstica**; se o seu empregador for um restaurante, um hotel, pousada ou uma loja comercial, será urbana (CLT); se seu empregador for rural, será trabalhadora rural (Lei n. 5.899/73).

Diante desta constatação, fica patente que para ser empregado doméstico basta trabalhar para empregador doméstico, independentemente da atividade que o doméstico exerça, isto é, tanto se o trabalho é intelectutal, manual ou especializado. Assim, pode ser doméstico a cozinheira, a faxineira, a babá, o motorista, o piloto de avião, o médico, o professor, o enfermeiro, o caseiro, etc. O ponto essencial para o enquadramento é consignar que o trabalho foi prestado para uma **pessoa física ou família** que não explore a mão de obra do dóméstico com objetivo de lucro, mesmo que os serviços prestados não se limitem ao âmbito residencial do **empregador**.

O recolhimento do FGTS para o empregado doméstico é opcional, conforme art. 1º, da Lei n. 10.208, de 23.3.2001[104]. No entanto, ao decidir por fazê-lo, os recolhimentos posteriores passam a ser obrigatórios e não poderão ser

(102) Art. 1º da Lei n. 5.859/72 — Considera-se empregado doméstico aquele que presta serviços de natureza contínua e de finalidade não lucrativa à pessoa ou à família no âmbito residencial destas.

(103) BOMFIM, Vólia. *Direito do trabalho*. 7. ed. Rio de Janeiro: Forense; São Paulo: Método, 2012.

(104) Disponível em: <http://www.fgts.gov.br/empregador/empregador_domestico.asp>. Acesso em: 18.12.2012.

interrompidos[105], salvo se houver rescisão contratual. Isto porque o parágrafo único do art. 7° da Constituição Federal de de 1988 determinou quais são os direitos do empregado doméstico, porém, deixou de arrolar o inciso III do mesmo normativo, ficando então, o doméstico sem fazer jus ao recolhimento fundiário por parte do empregador.

O § 3º do art. 13[106] da Lei n. 7.839/89 (revogada pela Lei n. 8.036/90) previa que os trabalhadores domésticos poderiam ter acesso ao regime do FGTS, na forma que vier a ser estipulado em lei. O § 3º do art. 15 da Lei n. 8.036/90 tratou do tema da mesma forma.

A Lei n. 10.208, de 23 de março de 2001 estendeu o FGTS e o seguro desemprego ao empregado doméstico. Vejamos:

ART. 1º A LEI N. 5.859, DE 11 DE DEZEMBRO DE 1972, FICA ACRESCIDA DOS SEGUINTES ARTIGOS:

"Art. 3º-A. É facultada a inclusão do empregado doméstico no Fundo de Garantia do Tempo de Serviço — FGTS, de que trata a Lei n. 8.036, de 11 de maio de 1990, mediante requerimento do empregador, na forma do regulamento." (NR)

"Art. 6º-A. O empregado doméstico que for dispensado sem justa causa fará jus ao benefício do seguro-desemprego, de que trata a Lei n. 7.998, de 11 de janeiro de 1990, no valor de um salário mínimo, por um período máximo de três meses, de forma contínua ou alternada.

§ 1º. O benefício será concedido ao empregado inscrito no FGTS que tiver trabalhado como doméstico por um período mínimo de quinze meses nos últimos vinte e quatro meses contados da dispensa sem justa causa.

§ 2º. Considera-se justa causa para os efeitos desta Lei as hipóteses previstas no art. 482, com exceção das alíneas "c" e "g" e do seu parágrafo único, da Consolidação das Leis do Trabalho." (NR)

"Art. 6º-B. Para se habilitar ao benefício, o trabalhador deverá apresentar ao órgão competente do Ministério do Trabalho e Emprego:

I — Carteira de Trabalho e Previdência Social, na qual deverão constar a anotação do contrato de trabalho doméstico e a data da dispensa, de modo a comprovar o vínculo empregatício, como empregado doméstico, durante pelo menos quinze meses nos últimos vinte e quatro meses;

II — termo de rescisão do contrato de trabalho atestando a dispensa sem justa causa;

III — comprovantes do recolhimento da contribuição previdenciária e do FGTS, durante o período referido no inciso I, na condição de empregado doméstico;

IV — declaração de que não está em gozo de nenhum benefício de prestação continuada da Previdência Social, exceto auxílio-acidente e pensão por morte; e

V — declaração de que não possui renda própria de qualquer natureza suficiente à sua manutenção e de sua família." (NR)

---

(105) Observe-se apenas que **a opção é irretratável**, isto é, uma vez tenha o empregador doméstico efetuado um único recolhimento em favor do empregado, vincula-se a fazê-lo ao longo de todo o contrato de trabalho (Ricardo Resende, 2012).

(106) Art. 13, § 3º da Lei n. 7.839/89 — Os trabalhadores domésticos poderão ter acesso ao regime do FGTS, na forma que vier a ser prevista em Lei.

"Art. 6º-C. O seguro-desemprego deverá ser requerido de sete a noventa dias contados da data da dispensa." (NR)

"Art. 6º-D. Novo seguro-desemprego só poderá ser requerido a cada período de dezesseis meses decorridos da dispensa que originou o benefício anterior." (NR)

Uma nova tentativa de tornar obrigatório o FGTS para o empregado doméstico ocorreu com a edição da Lei n. 11.324, de 19 de julho de 2006, cujo art. 4º previu a inclusão na Lei n. 5.859/72 do art. 3º-A — com a seguinte redação:

"Art. 3º-A. A inclusão do empregado doméstico no Fundo de Garantia do Tempo de Serviço — FGTS, de que trata a Lei nº 8.036, de 11 de maio de 1990, se dará mediante requerimento do empregador, na forma do regulamento. *" (NR)*

Todavia, o Presidente Lula vetou este dispositivo com a seguinte justificativa:

> *"A alteração do art. 3º-A da Lei n. 5.859, de 1972, torna obrigatória a inclusão do empregado doméstico no sistema da Lei n. 8.036, de 1990. Com isso, tem-se não apenas a obrigatoriedade do FGTS como a da multa rescisória de quarenta por cento sobre os depósitos do FGTS,* ***o que acaba por onerar de forma demasiada o vínculo de trabalho do doméstico, contribuindo para a informalidade e o desemprego, maculando, portanto, a pretensão constitucional de garantia do pleno emprego****.*
>
> *Neste sentido, é necessário realçar que o caráter de prestação de serviços eminentemente familiar, próprio do trabalho doméstico, não se coaduna com a imposição da multa relativa à despedida sem justa causa. De fato, o empregado doméstico é legalmente conceituado 'como aquele que presta serviços de natureza contínua e de finalidade não lucrativa à pessoa ou à família, no âmbito residencial destas' (art. 1º da Lei n. 5.859, de 1972). Desta feita, entende-se que o trabalho doméstico, por sua própria natureza, exige um nível de fidúcia e pessoalidade das partes contratantes muito superior àqueles encerrados nos contratos de trabalho em geral.*
>
> *Desta feita, qualquer abalo de confiança e respeito entre as partes contratuais, por mais superficial que pareça, pode tornar insustentável a manutenção do vínculo laboral. Assim, parece que a extensão da multa em tela a tal categoria de trabalhadores acaba por não se coadunar com a natureza jurídica e sociológica do vínculo de trabalho doméstico."*

6.1. Requisitos para recolhimento do FGTS

6.1.1. Do Empregador doméstico

Para a realização do recolhimento do FGTS, o empregador doméstico deve ser inscrito no Cadastro Específico do INSS — CEI. Para inscrever-se, o empregador doméstico deverá dirigir-se a uma agência do INSS ou solicitar a matrícula CEI pela internet no site da Receita Federal do Brasil.

6.1.2. Do Empregado doméstico

Para o cadastramento do trabalhador doméstico no sistema do FGTS é necessário que o empregado possua o número de inscrição no PIS-PASEP ou o Número de Inscrição Social — NIS, que consta no Cartão do Cidadão, Cartão Bolsa Família ou outros Cartões Sociais emitidos pela Caixa Econômica Federal ou, ainda, o Número de Inscrição do Trabalhador — NIT, que é fornecido pelo Ministério da Previdência Social, mediante inscrição no Regime Geral de Previdência Social.

Caso o Trabalhador não possua nenhuma dessas inscrições, o empregador deverá preencher o DCN — Documento de Cadastramento do NIS, adquirível em papelarias, dirigir-se a uma agência da Caixa Econômica, munido do comprovante de sua inscrição no Cadastro Específico do INSS — CEI e da Carteira de Trabalho do empregado e solicitar o respectivo cadastramento no PIS-PASEP.

Caso não haja o recolhimento para o FGTS, o empregador doméstico fica dispensado da entrega da GFIP/SEFIP apenas com informações declaratórias.

6.2. Valor do Depósito do FGTS

O valor a ser creditado na conta vinculada do FGTS do empregado doméstico corresponde à alíquota de 8% (oito por cento) sobre a remuneração paga ou devida ao trabalhador no mês anterior ao recolhimento. O depósito deverá ser realizado até o dia 7 (sete) do mês seguinte ao vencido.

6.3. Documento de Arrecadação do FGTS

- GRF — Guia de Recolhimento do FGTS gerada pelo SEFIP — Sistema Empresa de Recolhimento do FGTS e Informações à Previdência Social
- GFIP — Guia de Recolhimento do FGTS e Informações à Previdência Social
  - ✓ Avulsa; ou
  - ✓ GFIP Pré-impressa.

a) GRF

Guia gerada com código de barras para o recolhimento mensal do FGTS. É disponibilizada para impressão logo após a transmissão do arquivo SEFIP por meio do Conectividade Social.

Para geração da GRF, o empregador deverá possuir **certificado eletrônico válido**, atualmente fornecido pela CAIXA, e ter acesso à internet.

Realize o pagamento do certificado na própria agência conforme Tabela de tarifas, abaixo.

TIPOS		Com cartão *smart card*		Com fornecimento do cartão	
		Cliente CAIXA	Não Cliente	Cliente CAIXA	Não Cliente
Pessoa Física	A1	—	—	100,00	110,00
	A3	180,00	220,00	150,00	170,00
Pessoa Jurídica	A1	—	—	140,00	165,00
	A3	240,00	300,00	210,00	250,00

DOCUMENTAÇÃO NECESSÁRIA DE PESSOA FÍSICA

É muito fácil obter sua Identidade Digital CAIXA. O primeiro passo é preencher o formulário de solicitação. Depois, você deve comparecer a uma das agências habilitadas.

Tenha em mãos os seguintes documentos:

- Documento de Identificação utilizado no preenchimento do formulário de solicitação.
- São considerados os documentos emitidos pelas Secretarias de Segurança Pública bem como os que, por força de lei, equivalem a documento de identidade em todo o território nacional, desde que contenham fotografia.
- Caso o documento apresentado tenha sido emitido há mais de 5 anos, levar uma foto individual para documento (3x4), colorida e recente.
- Se estrangeiro, apresentar o Registro Nacional de Estrangeiros (RNE) ou a Carteira Nacional de Estrangeiro (CNE), emitida pelo Ministério da Justiça do Brasil por meio da Polícia Federal. O documento deve estar dentro do prazo de validade e conter data de emissão;
- CPF — Cadastro de Pessoa Física;
- Título de Eleitor (opcional);
- Número de Identificação Social — NIS, PIS, PASEP, CI ou NIT (obrigatório apenas para empregados CAIXA);
- Cadastros Específicos do INSS — CEI (obrigatório apenas para acesso ao Conectividade Social por empregador que não está obrigado a se identificar pelo CNPJ);
- Comprovante de residência emitido há no máximo 90 dias, que conste o nome do titular, data de emissão e CEP (contas de água, luz, telefone, extratos bancários ou contratos de aluguel);
- Curatelado: Termo de Curatela Judicial;
- Emancipado: Documento de comprovação da emancipação.

Fonte: Disponível em: <http://www.certificado.caixa.gov.br/como_obter/doc_pf.asp>. Acesso em: 10 de janeiro de 2013.

b) GFIP Avulsa

Utilizada alternativamente à GRF para o recolhimento relativo a empregado doméstico, nos termos da Lei n. 5.859/72, com redação dada pela Lei n. 10.208/01.

Disponível nas agências da CAIXA para preenchimento total do empregador e na área de download do sítio da CAIXA na Internet, com os campos parcialmente preenchidos.

A Circular CAIXA n. 450/2008 estabelece procedimentos pertinentes aos recolhimentos Mensais e Rescisórios ao FGTS e das Contribuições Sociais.

c) GFIP Pré-impressa

Utilizada exclusivamente para o recolhimento do FGTS aos empregados domésticos cadastrados nos sistemas do FGTS.

Quando solicitada, a guia é encaminhada mensalmente pela CAIXA, em uma via, para o endereço do empregador cadastrado no FGTS. Contudo, mesmo que o empregador doméstico não receba a GFIP pré-impressa a tempo, este não se exime da obrigação de efetuar o recolhimento do FGTS. Neste caso, deve ser utilizada a GFIP impressa do sítio da CAIXA na Internet ou a GRF gerada pelo aplicativo SEFIP.

Para o recolhimento, o empregador deverá providenciar a reprodução da GFIP pré-impressa (2ª via).

Observação: a GFIP pré-impressa é gerada somente para os trabalhadores já cadastrados no FGTS, ou seja, só é gerada caso o empregador tenha feito pelo menos um recolhimento para o FGTS.

7
PROCESSO ADMINISTRATIVO FISCAL

Entende-se por **procedimento administrativo** a sucessão ordenada de atos e formalidades tendentes à formação e manifestação da vontade da Administração Pública, ou à sua execução.

Configura-se **processo administrativo** o conjunto de documentos em que se traduzem os atos e formalidades que integram o procedimento administrativo.

Na lição de Maria Sylvia Zanella Di PIETRO *apud* Carlos Henrique Bezerra LEITE(107) (2006), não se confunde **Processo** com **Procedimento**. O primeiro existe sempre como instrumento indispensável para o exercício da função administrativa; tudo o que a Administração faz, sejam operações materiais ou atos jurídicos, fica documentado em um processo; cada vez que ela for tomar uma decisão, executar uma obra, celebrar um contrato, editar um regulamento, o ato final é sempre precedido de uma série de atos materiais e jurídicos, consistentes em estudos, pareceres, informações, laudos, audiências, enfim tudo o que for necessário para instruir, preparar e fundamentar o ato final objetivado pela Administração. **O Procedimento é o conjunto das formalidades que devem ser observadas para a prática de certos atos administrativos**; equivale a rito, a forma de proceder; **o Procedimento se desenvolve dentro de um Processo administrativo**.

O Processo Administrativo divide-se em diversas modalidades, entre as quais se situa o de natureza punitiva ou sancionatória, categoria a que pertence o processo administrativo do trabalho.

Isso demonstra que o processo administrativo do trabalho tem por escopo a aplicação de uma sanção, por parte da Administração Pública, em face de determinado ente fiscalizado, por força de infração a preceito de natureza protetiva relacionada à legislação obreira.

A autuação realizada pelo auditor-fiscal do trabalho, seja, através do auto de infração ou da NDFC — Notificação de Débito do Fundo de Garantia e da Contribuição

---

(107) LEITE, Carlos Henrique Bezerra. *Ministério Público do Trabalho*: doutrina, jurisprudência e prática. 3. ed. São Paulo: LTr, 2006

Social, que constituem algumas das modalidades de atos administrativos da inspeção do trabalho, dão início ao processo administrativo para apuração das penalidades decorrentes de suposto descumprimento da legislação trabalhista e fundiária.

Consoante ensinamentos de Júlio Simão dos Santos(108) (2008), não há muito tempo que tal tema possui legislação própria no Brasil, sendo o estado de Sergipe o pioneiro na normalização do tema, com a promulgação da Lei Complementar n. 33/96 que institui o Código de Organização e de Procedimento da Administração Pública daquela unidade da federação. E, no âmbito federal, a primeira lei que abordou o tema foi a Lei n. 9.784/99, que regula o processo administrativo na esfera federal, aplicável no caso em estudo, haja vista que a inspeção do trabalho é executada pela União, que deverá, indubitavelmente, após a inserção do inciso VII do art. 114 da Constituição, compor o mínimo dos conhecimentos exigidos aos magistrados trabalhistas.

Os princípios aplicáveis ao processo administrativo do trabalho estão estabelecidos no art. 2º da Lei n. 9.784/99, a saber: **da legalidade, finalidade, motivação, razoabilidade, proporcionalidade, moralidade, ampla defesa, contraditório, segurança jurídica, interesse público e eficiência**(109), bem como na Constituição, que prevê, implícita e expressamente aqueles postulados e os demais que regulam toda a atuação da administração pública.

Aliado aos princípios citados, que regem, não só o processo administrativo, mas toda a atuação estatal, cite-se o princípio geral da inafastabilidade da jurisdição, previsto no inciso XXXV do art. 5º da Carta Constitucional de 1988, dispondo que "a lei não excluirá da apreciação do poder judiciário lesão ou ameaça de direito".

O processo administrativo de multa é extremamente simplificado, o que favorece a defesa do autuado e, ao mesmo tempo caracteriza-se pela celeridade, apesar do debate em torno do depósito prévio, que dificulta o recurso (hoje já pacificado pelo STF através da Súmula Vinculant3 de n. 21). Entre as inúmeras infrações, algumas apresentam-se com maior incidência.

Nos processos administrativos serão observados, entre outros, os critérios de (art. 2º, parágrafo único da Lei n. 9.784/99):

> I — atuação conforme a lei e o Direito;
>
> II — atendimento a fins de interesse geral, vedada a renúncia total ou parcial de poderes ou competências, salvo autorização em lei;

---

(108) SANTOS, Julio Simão dos. *A inspeção do trabalho e a nova competência da Justiça do Trabalho*. Jus Navigandi, Teresina, ano 11, n. 1258, 11 dez. 2006. Disponível em: <http://jus2.uol.com.br/doutrina/texto.asp?id=9270>. Acesso em: 30 nov. 2008

(109) Art. 2º, Lei n. 9.784 — A Administração Pública obedecerá, dentre outros, aos princípios da legalidade, finalidade, motivação, razoabilidade, proporcionalidade, moralidade, ampla defesa, contraditório, segurança jurídica, interesse público e eficiência.

III — objetividade no atendimento do interesse público, vedada a promoção pessoal de agentes ou autoridades;

IV — atuação segundo padrões éticos de probidade, decoro e boa-fé;

V — divulgação oficial dos atos administrativos, ressalvadas as hipóteses de sigilo previstas na Constituição;

VI — adequação entre meios e fins, vedada a imposição de obrigações, restrições e sanções em medida superior àquelas estritamente necessárias ao atendimento do interesse público;

VII — indicação dos pressupostos de fato e de direito que determinarem a decisão;

VIII — observância das formalidades essenciais à garantia dos direitos dos administrados;

IX — adoção de formas simples, suficientes para propiciar adequado grau de certeza, segurança e respeito aos direitos dos administrados;

X — garantia dos direitos à comunicação, à apresentação de alegações finais, à produção de provas e à interposição de recursos, nos processos de que possam resultar sanções e nas situações de litígio;

XI — proibição de cobrança de despesas processuais, ressalvadas as previstas em lei;

XII — impulsão, de ofício, do processo administrativo, sem prejuízo da atuação dos interessados;

XIII — interpretação da norma administrativa da forma que melhor garanta o atendimento do fim público a que se dirige, vedada aplicação retroativa de nova interpretação.

Assevera, ainda, Júlio Simão dos Santos (2008) que o processo administrativo de aplicação de penalidades administrativas impostas pela fiscalização do trabalho é regulado especificamente pelos arts. 626 *usque* 642 da CLT, bem como pelas regras da Portaria MTE n. 148, de 25 de janeiro de 1996, aplicando-se, como norma geral, a Lei n. 9.784/99. Trata-se de controle da administração pela própria administração, vale dizer, o órgão competente para a inspeção do trabalho exerce o controle de seus próprios atos, pois através do poder da auto-tutela atribuído à administração, autoriza-se a revisão dos seus próprios atos.

O processo administrativo tem início com a lavratura do auto de infração. Constatada a infração, deverá o agente lavrar o correspondente auto, sob pena de responsabilidade administrativa (art. 628 da CLT) ou com a lavratura da NDFC.

Uma vez lavrado o auto de infração ou a NDFC, o autuado tem prazo de dez dias para recorrer[(110)]. A defesa poderá ser acolhida ou não. Caso o auto seja julgado subsistente, será imposta a multa, sendo o empregador notificado para recolher 50% da multa ou, no mesmo prazo, apresentar recurso.

---

(110) O infrator deve evitar argumentações no sentido de que atravessa dificuldades financeiras e que estas representariam "estado de necessidade", excludente de ilicitude do ato infracional praticado com a inobservância de normas trabalhistas, posto ser entendimento do Ministério do Trabalho e Emprego que tais fatos nada mais são senão corolários do risco do negócio citado no art. 2º da CLT (Sharp Júnior, 2007).

7.1. Da Organização do Processo

Os Processos administrativos[111] de aplicação de multas e de constatação de débito para com o Fundo de Garantia por Tempo de Serviço — FGTS iniciar-se-ão com a Lavratura do Auto de Infração — AI, emissão da NDFC — Notificação de Débito do Fundo de Garantia e da Contribuição Social.

Pois, apurando violação às normas trabalhistas, o AFT autuará o empregador, lavrando o respectivo auto de infração em três vias, sendo a primeira entregue à Superintendência Regional do Trabalho e Emprego ou uma de suas unidades descentralizadas (quando for o caso) em 48 horas para instauração do processo administrativo, a segunda via será do autuado e a terceira permanecerá com o agente, tudo conforme o § 2º do art. 9º da Portaria MTE n. 148/96.

Após a autuação ou notificação, como já mencionado, o autuado ou notificado pode apresentar defesa no prazo do 10 (dez) dias. Além disso, pode requerer a audiência de testemunhas e as diligências[112] que lhes parecerem necessárias para a elucidação do processo, cabendo, porém, à autoridade, julgar da necessidade de tais provas conforme estabelece o art. 632 da CLT.

---

(111) Procedimentos Administrativos: SMR: Auto de Infração — NDFG. Brasília: MTE, SFIT, 1999.

(112) As provas documentais devem ser apresentadas juntamente com a peça de defesa. Na comprovada impossibilidade de fazê-lo poderá o defendente, após especificar as provas, indicar onde se encontram e/ou postular prazo para juntada, tudo mediante fundamentos e justificativa legal.
No que concerne ao pedido de produção de provas testemunhais, vejamos o que dispõe o art. 632, da CLT:
"Art. 632. Poderá o autuado requerer a audiência de testemunhas e as diligências que lhe parecerem necessárias à elucidação do processo, cabendo, porém, à autoridade, julgar da necessidade de tais provas."
Já a Lei n. 9.784 de 29.1.1999, que regula o processo administrativo no âmbito da Administração Pública Federal, dispõe em seu art. 38:
"O interessado poderá, na fase instrutória e antes da tomada da decisão, juntar documentos e pareceres, requerer diligências e perícias, bem como aduzir alegações referentes à matéria objeto do processo.
...
§ 2º Somente poderão ser recusadas, mediante decisão fundamentada, as provas propostas pelos interessados quando sejam ilícitas, impertinentes, desnecessárias ou protelatórias".
Por sua vez, a Portaria MTE n. 148, de 25/01/1996, que trata das normas de organização e tramitação dos processos de multas administrativas e de Notificações para Depósito do FGTS (NDFC), dispõe em seu art. 25 que:
"O Delegado Regional do Trabalho determinará de ofício, ou a requerimento do interessado, a realização de diligências necessárias à apuração dos fatos, inclusive audiência de testemunhas, indeferindo as que considerar procrastinatórias."
Assim, quando o pedido de produção de prova testemunhal é feito de modo genérico e sem estabelecer a conexão com o fato específico a ser apurado, não pode ser acatado em face dos dispositivos legais *supra* transcritos.
Finalmente, não havendo demonstração da necessidade de qualquer perícia no procedimento, haja vista em autuação que se baseou em documentos legítimos da autuada, onde se encontra perfeitamente configurada a irregularidade, negar-se-á pedidos de perícia.

Esses instrumentos serão lavrados em formulários próprios, entregues ao protocolo do órgão para a formalização do processo, recebendo um número identificador, que será o mesmo em todas as suas fases, e organizado na forma de autos forenses.

Ficando registrado que, para cada auto de infração lavrado instaura-se um processo administrativo diverso, por isso, deverá ser apresentada uma defesa administrativa para cada auto, que conterá (Portaria MTE n. 148/96, art. 24): a autoridade a quem é dirigida, neste caso, o Superintendente ou Gerente Regional; a qualificação do interessado; a fundamentação fática e jurídica; as diligências que considerar necessárias (CLT, art. 632); o instrumento de mandato, se for o caso; e os documentos devidamente autenticados, no caso de cópias. O § 3º do art. 24 da Portaria MTE n. 148/96, acrescentado pela Portaria MTE n. 241/98, possibilita a autoridade regional notificar o interessado para sanar possíveis irregularidades verificadas nos documentos apresentados no prazo de 10 (dez) dias.

De acordo com o art. 636, § 1º, da norma consolidada, somente poderá o infrator recorrer, no prazo de dez dias, se recolher integralmente o valor da multa. A partir de 20 de novembro de 2009 ***é inconstitucional a exigência de depósito ou arrolamento prévios de dinheiro ou bens para admissibilidade de recurso administrativo*** (Súmula Vinculante n. 21 do STF).

Tal exigência dificulta ou mesmo impede que determinado empregador possa recorrer, apesar da flagrante injustiça ou ilegalidade do auto. Nessas situações, alegando ofensa ao art. 5º inc. XXXIV, da Constituição Federal, é possível impetrar mandado de segurança, pois a todos é assegurado, independentemente de pagamento de taxas, o direito de petição em defesa de seus direitos.

7.2. Da Tramitação do Processo

A tramitação do Processo Administrativo, observadas a Portaria n. 148/96, a Instrução Normativa n. 05/96 e a Lei n. 9.784, de 29 de janeiro de 1999, incumbirá ao Setor de Multas e Recursos — SMR.

Vencido o prazo para apresentação de defesa[113], o Processo será distribuído ao analista designado, que, no prazo de 8 (oito) dias apresentará o seu parecer, pela subsistência do auto, considerando-o procedente ou não, deverá ser especializado na área que se refere a infração que originou o auto, guardando coerência entre a matéria tratada e os conhecimentos do agente estatal.

(113) **Art. 24 da Portaria n. 148/96**. A defesa mencionará:
I — a autoridade a quem é dirigida;
II — a qualificação do interessado;
III — os motivos de fato e de direito em que se fundamentar;
IV — as diligências que o interessado pretende que sejam efetuadas.

Os Processos sem defesa ou com defesa intempestiva deverão ser analisados quanto às formalidades legais para a validade do AI/NDFC.

No caso de improcedência do auto, ou seja, julgando-o insubsistente, a autoridade prolatora da decisão remeterá de ofício para a autoridade competente de instância superior, conforme disposição inserta no art. 637 da CLT, equiparando-se à denominada remessa necessária no processo judicial. *Verbis:*

> ***Art. 637**. De todos as decisões que proferirem em processos de infração das leis de proteção ao trabalho e que impliquem arquivamento destes, observando o disposto no parágrafo único do art. 635, deverão as autoridades prolatoras recorrer de ofício para autoridade competente de instância superior.*

Para o bom desempenho dessa atividade, deve-se objetivar a preservação da legalidade e o interesse na tramitação célere e econômica dos processos. A análise será clara, precisa e em linguagem isenta de agressão ou parcialidade, devendo ser feita a máquina datilográfica ou microcomputador e conterá obrigatoriamente: **Relatório, Fundamentação e Conclusão**.

- Relatório — é a síntese do processo. Nele são apresentados necessariamente os elementos identificadores do processo (número do Auto de Infração ou NDFC, qualificação da autuada, o dispositivo legal apontado como violado), o resumo dos fundamentos fáticos e jurídicos que ensejaram a lavratura do Auto de Infração ou emissão da NDFC e o resumo dos argumentos mencionados na defesa.

- Fundamentação — é a motivação do decisório. Nessa fase, serão examinados os requisitos indispensáveis à validade do AI/NDFC, os fundamentos jurídicos e fáticos, a transcrição dos textos legais citados, a tempestividade da defesa — se houver —, a preclusão, as nulidades e a apreciação dos resultados das diligências deferidas ou a motivação da denegação das mesmas.

- Conclusão — Nessa fase, o analista proporá a subsistência ou insubsistência do AI/NDFC, mantendo perfeita consonância com a fundamentação.

Uma vez analisado, o processo será submetido à apreciação da autoridade regional competente que proferirá sua decisão, conforme estabelece o art. 27 da Portaria n. 148/96.

> ***Art. 27**. A decisão será fundamentada, clara, precisa e objetiva, e evitará o uso de expressões vagas, códigos ou siglas, a fim de que o interessado possa, de pronto, dar-lhe cumprimento ou requerer o que couber.*

Em caso de acolhimento da análise no momento da decisão, esta deverá ser também enviada à autuada ou notificada, nos termos do art. 15, § 2º, da Portaria n. 148/96. Já quando não concordar com a proposta da análise, a autoridade regional competente deverá expedir decisão fundamentada, que explicitará os pontos contestados. Também, essa decisão deverá ser encaminhada à autuada ou notificada.

Em síntese, a decisão poderá propugnar pela subsistência integral ou parcial e, ou, pela insubsistência do processo.

Art. 28 da Portaria n. 148*. A decisão poderá ser:*

I — pela procedência total;

II — pela procedência parcial;

III — pela improcedência.

Todo e qualquer ato da fiscalização sujeita-se à revisão do Poder Judiciário, por força da garantia constitucional do direito de ação, sendo ao acusado garantido o devido processo legal, com os recursos e meios a ele inerentes (CF art. 5º LV).

Segundo o princípio da indeclinabilidade do direito de ação, na ocorrência de lesão ou ameaça de lesão, o ordenamento jurídico, seja no âmbito da lei processual civil comum, seja na hipótese de lei processual especial, assegura a ação pertinente para provocação jurisdicional.

Antes de acionar o Judiciário, pode o autuado defender-se no âmbito administrativo, com direito à ampla defesa e ao contraditório, apresentando sua defesa junto ao órgão local da Administração Pública do Trabalho ou, em caso de subsistência do auto, recorrer ao órgão nacional, como já esclarecido.

De qualquer forma, o recurso ao Poder Judiciário não se limita apenas quando da lavratura do auto de infração ou da cobrança judicial da multa administrativa. Embora sejam os momentos mais oportunos em decorrência do gravame sofrido, poderá o empregador reagir em qualquer fase do procedimento administrativo, inclusive por ocasião da fiscalização ou mesmo antes dela.

Assim, caberá mandado de segurança, inclusive preventivo, para coibir ilegalidade e/ou abuso de poder, ou ação anulatória do auto de infração se houver defeito ou vício insanável, inclusive antes da imposição da multa, ou mesmo ação declaratória de inexistência de relação jurídica de base, como se dá relativamente a suposto vínculo de emprego.

Poderá, por sua vez, o próprio Ministério do Trabalho e Emprego atuar em conjunto com outros órgãos legitimados para a ação civil pública a fim de coibir violação à ordem jurídica, no âmbito do procedimento especial (§ 5º do art. 28, do RIT).

Pontua ainda, Júlio Simão dos Santos (2008) que o prévio depósito como requisito para recorrer administrativamente constitui uma verdadeira *taxa* recursal, pois o *hipossuficiente* — administrado — é obrigado a pagar previamente se desejar o proferimento de nova decisão quanto à penalidade imposta, o que será devolvido nos casos de procedência do recurso administrativo. O empregador, com isso, que já se mantém na atividade empresarial com a alta carga tributária e os altos índices de juros no Brasil, se vê impedido de recorrer para a instância superior por ausência do pagamento do depósito recursal, malferindo seu direito de ampla defesa.

Portanto, o § 1º do art. 636 da CLT afronta o disposto no inciso LV do art. 5º da Carta Constitucional, inexistindo obrigação de depósito para recorrer administrativamente, o que dependerá, naturalmente, de intervenção judicial para cumprimento do mandamento constitucional.

A jurisprudência não era pacífica quanto à constitucionalidade de tal pressuposto recursal, existindo respeitáveis entendimentos contrários à tese aqui defendida, inclusive no Supremo Tribunal Federal, como se extrai dos arestos a seguir:

> EXTRAORDINÁRIO. INFRAÇÃO ÀS NORMAS TRABALHISTAS. PROCESSO ADMINISTRATIVO. CONTRADITÓRIO E AMPLA DEFESA. PENALIDADE. NOTIFICAÇÃO. RECURSO PERANTE A DRT. EXIGÊNCIA DO DEPÓSITO PRÉVIO DA MULTA. PRESSUPOSTO DE ADMISSIBILIDADE E GARANTIA RECURSAL. AFRONTA AO ART. 5º, LV, CF. INEXISTÊNCIA. 1. Processo administrativo. Imposição de multa. Prevê a legislação especial que, verificada a infração às normas trabalhistas e lavrado o respectivo auto, o infrator dispõe de dez dias, contados do recebimento da notificação, para apresentar defesa no processo administrativo (art. 629, § 3º, CLT). Considerada insubsistente a impugnação exsurge a aplicação da multa mediante decisão fundamentada (art. 635, CLT). Não observância ao princípio do contraditório e à ampla defesa: alegação improcedente. 2. Recurso administrativo perante a DRT. Exigência de comprovação do depósito prévio. Pressuposto de admissibilidade e garantia recursal. 2.1. Ao infrator, uma vez notificado da sanção imposta em processo administrativo regular, é facultada a interposição de recurso no prazo de dez dias, que somente será acolhido se instruído com a prova do depósito prévio da multa (art. 636, § 1º, CLT), exigência que constitui pressuposto de sua admissibilidade. 2.2. Violação ao art. 5º, LV, CF. Inexistência. Em processo administrativo regular, a legislação pertinente assegurou ao interessado o contraditório e a ampla defesa. A sua instrução com a prova do depósito prévio da multa não constitui óbice ao exercício do direito constitucional consagrado no art. 5º, LV por se tratar de pressuposto de admissibilidade e garantia recursal, dado que aferida a responsabilidade do infrator em decisão fundamentada. Recurso conhecido e provido. (RE 231320/SE, Rel. Min. Maurício Corrêa, Segunda Turma, DJ de 6.11.1998, p. 35).
>
> TRIBUTÁRIO. AGRAVO REGIMENTAL. RECURSO ORDINÁRIO EM MANDADO DE SEGURANÇA. DEPÓSITO PRÉVIO DE 30% PARA A INTERPOSIÇÃO DE RECURSO ADMINISTRATIVO. CABIMENTO.
>
> I — A exigência do depósito prévio vem sendo entendida como constitucional, o que infirma a pretensão do requerente de se abster da obrigação legal. Observe-se que a Constituição Federal não erigiu o duplo grau de jurisdição administrativa como garantia constitucional.
>
> II — O recurso administrativo não se confunde com o direito de petição, revestindo-se de caráter especial ante a imprevisão legal do instituto na esfera administrativa.
>
> III — Agravo regimental improvido.
>
> (AROMS 16277/RJ, Rel. Ministro Francisco Falcão, Primeira Turma do Superior Tribunal de Justiça, DJ de 9.12.2003, p. 210).
>
> CONSTITUCIONAL. ADMINISTRATIVO. RECURSO ADMINISTRATIVO: MULTA. DEPÓSITO PRÉVIO.
>
> I — Não ofende a Constituição o fato de a lei exigir o depósito prévio da multa como pressuposto de admissibilidade do recurso administrativo. II — Precedentes do STF: ADI 1.049/DF, RREE 210.246, 210.234, 210.369, 210.380 e 218.752, Min. Jobim p/ acórdão, Plenário, 12.11.97. III — Agravo não provido. (STF, AI 440362 AgR/RJ, Rel. Ministro Carlos Velloso,2ª Turma, DJ de 24.10.2003, p. 20).

MULTA POR INFRAÇÃO TRABALHISTA — RECURSO ADMINISTRATIVO — EXIGÊNCIA DE DEPÓSITO PRÉVIO — ART. 636, § 1º, CLT — CONSTITUCIONALIDADE — Não há qualquer ofensa ao princípio constitucional-processual do devido processo legal e corolários da ampla defesa e contraditório na regra prevista no art. 631, § 1º, CLT, que impõe a observância do prévio depósito do valor da multa como condição de procedibilidade de recurso administrativo interposto contra a ação fiscal trabalhista. Há reiteradas decisões do Supremo Tribunal Federal, guardião maior do texto constitucional, tanto em controle difuso como concentrado, destacando a plena conformidade do art. 631 da CLT com a Constituição vigente, legitimando, desta forma, o depósito prévio como pressuposto de admissibilidade do recurso administrativo em matéria de fiscalização trabalhista(114).

Em posição contrária, a jurisprudência também tem se manifestado pela inconstitucionalidade da referida exigência, no sentido do texto:

PROCESSUAL CIVIL. EMBARGOS DE DECLARAÇÃO. INEXATIDÃO MATERIAL. DEPÓSITO DO VALOR INTEGRAL DA MULTA, PARA FINS DE INTERPOSIÇÃO DE RECURSO ADMINISTRATIVO, PERANTE A DRT. A circunstância de haver sido proferido voto padronizado para hipóteses em que se controverte a exigibilidade do depósito prévio de 30% do débito fiscal, para fins de interposição de recurso administrativo, malgrado constar do relatório que o recurso objetiva reforma de r. sentença denegatória de segurança objetivando invalidar exigibilidade do valor integral da multa, para fins de interposição de recurso administrativo, perante a DRT, configura inexatidão material, suscetível, por construção pretoriana, de ser consertada, na via dos embargos de declaração. A exigência do depósito do valor integral da multa aplicada, para fins de interposição de recurso, perante a DRT, não incide, segundo entendimento do STF, em violência ao direito constitucional do art. 5º, LV, da Constitucional Federal. Recurso provido (Apelação em Mandado de Segurança, Rel. Desembargador Federal Rogério Carvalho, MS 200250010011114, 22 de junho de 2005).

CONSTITUCIONAL — DIREITO DE PETIÇÃO E O PROCESSO ADMINISTRATIVO — RECURSO — ADMISSIBILIDADE CONDICIONADA A DEPÓSITO PRÉVIO — LEI N. 9.639/98, ART. 10, § 1º — LEGISLAÇÃO INFRACONSTITUCIONAL DESTITUÍDA DE VALIDADE POR DESCONFORME COM OS DISPOSITIVOS CONTIDOS NO ART. 5º, XXXIV, 'A', E LV DA CONSTITUIÇÃO FEDERAL — GRATUIDADE DO RECURSO ADMINISTRATIVO — I — O mandamento constitucional instituidor do direito de petição é norma-matriz de regência do processo administrativo (CF, art. 5º, XXXIV, 'a'). II — O direito de petição é a garantia constitucional que agasalha o direito de agir de qualquer pessoa perante a administração pública, em defesa de seu direito. III — A petição é via instrumental. Ela provoca a instauração do processo administrativo. Seu recebimento e processamento não estão sujeitos a pagamento de qualquer natureza por parte do peticionário, em face da previsão estabelecida no art. 5º, XXXIV, da Constituição Federal. IV — A Constituição da República, em seu art. 5º, LV, assegura ao peticionário, em processo administrativo, a garantia constitucional-processual à ampla defesa, 'com os meios e recursos a ela inerentes'. V — O processo administrativo rege-se, conforme a constituição, pelo princípio da gratuidade, inclusive em sua fase recursal. VI — Como a norma contida no § 1º do art. 10 da Lei n. 9.639, de 25 de maio de 1998, instituinte da exigibilidade do depósito prévio como condição de admissibilidade de recurso administrativo, foi produzida em desconformidade com o normatizado no art. 5º, XXXIV, 'a', e LV, do texto constitucional, é de se reconhecer que o citado dispositivo legal não retirou seu fundamento de validade do sistema constitucional positivo. VII — Apelação provida(115).

---

(114) Disponível em: <http://www.trt22.gov.br/jurisprudencia/01216-2005-002-22-00-8—CAC3739.rtf>. Acesso em: 03 de dezembro de 2008.

(115) SÃO PAULO. Tribunal Regional Federal da 3ª Região. Apelação em Mandado de Segurança. AMS 262295/SP 2ª T. Relatora: Desembargadora Cecília Mello. São Paulo, 26. nov. 2004. *Diário da Justiça*, Brasília, p. 299, nov. 2004.

Diante destas divergências o STF publicou a Súmula Vinculante de n. 21 tornando inconstitucional a exigência de depósito ou arrolamento prévios de dinheiro ou bens para admissibilidade de recurso administrativo..

Súmula Vinculante n. 21

É inconstitucional a exigência de depósito ou arrolamento prévios de dinheiro ou bens para admissibilidade de recurso administrativo.

Data de Aprovação

Sessão Plenária de 29.10.2009

Fonte de Publicação

DJe n. 210 de 10.11.2009, p. 1.

DOU de 10.11.2009, p. 1.

Referência Legislativa

Constituição Federal de 1988, art. 5º, XXXIV, "a", e LV.

7.2.1. Recursos

A Constituição da República Federativa do Brasil de 1988, no seu art. 5º, LV, assegura o contraditório e a ampla defesa para os litigantes em *processo administrativo*.

Relata Hely Lopes Meirelles(116) (1997) que o recurso administrativo, "*como todo meio hábil a propiciar o reexame da atividade da Administração Pública, por seus próprios órgãos*", é uma das mais importantes manifestações do princípio do contraditório e da ampla defesa em que se caracteriza o conflito de interesses, e é nesse momento que o interessado apresenta sua resistência formal (HABLE, José, 2008).

Nosso ordenamento jurídico, através da Lei n. 9.784, de 29 de janeiro de 1999, que regula o processo administrativo no âmbito da Administração Pública Federal, estabelece:

> *"Art. 56. Das decisões administrativas cabe recurso, em face de razões de legalidade e de mérito.*
>
> *§ 1º O recurso será dirigido à autoridade que proferiu a decisão, a qual, se não a reconsiderar no prazo de cinco dias, o encaminhará à autoridade superior".*

No âmbito do processo administrativo do trabalho, a Portaria n. 148/1996, disciplina duas modalidades de recursos das decisões proferidas:

a) **Recurso Voluntário** — da decisão que impuser multa administrativa ou julgar procedente, total ou parcialmente débito para com o FGTS, caberá

(116) MEIRELLES, Hely Lopes. *Direito administrativo brasileiro*. 22 ed. São Paulo: Malheiros, 1997.

recurso à Secretaria de Fiscalização do Trabalho Ministério do Trabalho e Emprego — MTE, no prazo de 10 (dez) dias, contados da notificação da decisão (art. 33).

b) Recurso de Ofício[117] — de toda decisão que implicar arquivamento do processo, a autoridade prolatora recorrerá de ofício à autoridade competente de instância superior. Não havendo recurso de ofício, o servidor que verificar o fato, comunicará à autoridade julgadora, para cumprimento daquela formalidade. Persistindo a irregularidade, esta deverá ser comunicada à autoridade de instância superior (art. 36).

O recurso será interposto perante a autoridade que houver imposto a multa ou julgado o débito para com o FGTS e conterá os mesmos requisitos da defesa, no que couber.

O recurso da decisão que impuser multa administrativa será instruído com prova de seu depósito, sem a qual não terá prosseguimento.[118]

Esgotada a instância recursal o que ocorre após ser proferida a decisão pela autoridade competente, há ainda a possibilidade de o Ministro do Trabalho e Emprego avocar ao seu exame a decisão, no prazo de até 90 dias contados da data de arquivamento do processo administrativo consoante estabelece o art. 638 da Consolidação das Leis do Trabalho — CLT.

> ***Art. 638.*** *Ao Ministério do trabalho é facultado avocar ao seu exame e decisão, destro de 90 (noventa) dias do despacho final do assunto, ou no curso do processo, as questoes referentes à fiscalização dos preceitos estabelecidos nesta Consolidação.*

Asseveram Ronald Sharp Júnior e Luiz Marcelo Figueira de Góis (2007) que a avocação do processo pelo Ministro do Trabalho e Emprego trata-se de prerrogativa inerente ao ministro, e a legislação não contempla a possibilidade de o interessado provocar a avocação. Sem embargo, autores de peso posicionam-se no sentido de tal provocação ser possível, diante de uma questão de relevância que justifique a utilização do expediente, permanecendo na esfera discricionária do ministro acatar ou não a solicitação feita pelo interessado.

---

(117) **Art. 637 da CLT**. De todas as decisões que proferirem em processos de infração das leis de proteção ao trabalho e que impliquem arquivamento destes, observando o disposto no parágrafo único do art. 635 (As decisões serão sempre fundamentadas), deverão as autoridades prolatoras recorrer de ofício para autoridade competente de instância superior.

(118) **Súmula Vinculante n. 21, do STF** — PSV — DJe n. 223/2009 — Tribunal Pleno de 29.10.2009 — DJe n. 210, p. 1, em 10.11.2009 — DOU de 10.11.2009, p. 1.
Constitucionalidade — Exigência de Depósito ou Arrolamento Prévios de Dinheiro ou Bens para Admissibilidade de Recurso Administrativo.
É inconstitucional a exigência de depósito ou arrolamento prévios de dinheiro ou bens para admissibilidade de recurso administrativo.

8
AUTO DE INFRAÇÃO

Incumbe ao Ministério do Trabalho e Emprego, nos termos da previsão constitucional, a fiscalização do devido cumprimento das normas de proteção ao trabalho, cabendo ao agente de inspeção lavrar o **Auto de Infração**, sob pena de responsabilidade administrativa, quando verificar a existência de violação (art. 628 CLT[119].

A cada infração se atribui uma ementa específica, a qual é identificada por um código mencionado no auto de infração.

Todavia, com o propósito de instruir os responsáveis no cumprimento das leis trabalhistas, prescreve o art. 627 da CLT, que ele terá de observar o critério da dupla visita quando:

a) Ocorrer promulgação ou expedição de novas leis, regulamentos ou instruções ministeriais, sendo que, com relação exclusivamente a esses atos, será feita apenas a instrução dos responsáveis.

> **Nota**: decorrido o prazo de 90 (noventa) dias da vigência do ato, a autuação não dependerá de dupla visita, conforme prevê o art. 23, § 1º, do Decreto n. 4.552/2002.

b) Se tratar de primeira inspeção nos estabelecimentos ou locais de trabalho recentemente inaugurados ou empreendidos.

> **Nota**: decorrido o prazo de 90 (noventa) dias do efetivo funcionamento do novo estabelecimento ou local de trabalho, a autuação não dependerá de dupla visita, nos termos do art. 23, § 1º, do Decreto n. 4.552, de 27 de dezembro de 2002.

c) Tratar-se de estabelecimento ou local de trabalho com até 10 (dez) trabalhadores, salvo quando for constatada infração por falta de registro de empregado ou de anotação da CTPS, bem como na ocorrência de reincidência, fraude, resistência ou embaraço à fiscalização; e

d) Tratar-se de microempresa e empresa de pequeno porte, na forma da lei específica.

---

(119) **Art. 628 da CLT**. Salvo os dispostos nos arts. 627 e 627-A, a toda verificação em que o Auditor-Fiscal do Trabalho concluir pela existência de violação de preceito legal deve corresponder, sob pena de responsabilidade administrativa, a lavratura de auto de infração.

Nota: as microempresas e empresas de pequeno porte são aquelas definidas pela Lei Complementar n. 123/2006[(120)], de 14 de dezembro de 2006.

O Auto de Infração será lavrado no local da inspeção, salvo se houver motivo justificado que será declarado no próprio auto. O Auditor Fiscal do Trabalho poderá lavrar as notificações de débitos e outras decorrentes de ação fiscal, no local que lhe oferecer melhores condições.

A lavratura do Auto não depende da assinatura do infrator ou de testemunhas, tendo um prazo de 24 horas para ser lavrado, sob pena de responsabilidade. Uma vez lavrado, o auto não poderá ser inutilizado, nem sustará o curso do respectivo processo, devendo o agente da inspeção apresentá-lo à autoridade competente, mesmo se contiver erro (art. 629 CLT).

Não são todas as incorreções formais que ensejam o cancelamento do auto de infração. Como exemplo, podemos citar o caso previsto no art. 10 da Portaria n. 148/1996, segundo o qual a omissão ou incorreção no Auto de Infração não acarretará sua nulidade quando do processo constarem elementos suficientes para a caracterização da falta[(121)].

---

(120) Art. 51. As microempresas e as empresas de pequeno porte são dispensadas:
I — da afixação de Quadro de Trabalho em suas dependências;
II — da anotação das férias dos empregados nos respectivos livros ou fichas de registro;
III — de empregar e matricular seus aprendizes nos cursos dos Serviços Nacionais de Aprendizagem;
IV — da posse do livro intitulado "Inspeção do Trabalho"; e
V — de comunicar ao Ministério do Trabalho e Emprego a concessão de férias coletivas.
Art. 52. O disposto no art. 51 desta Lei Complementar não dispensa as microempresas e as empresas de pequeno porte dos seguintes procedimentos:
I — anotações na Carteira de Trabalho e Previdência Social — CTPS;
II — arquivamento dos documentos comprobatórios de cumprimento das obrigações trabalhistas e previdenciárias, enquanto não prescreverem essas obrigações;
III — apresentação da Guia de Recolhimento do Fundo de Garantia do Tempo de Serviço e Informações à Previdência Social — GFIP;
IV — apresentação das Relações Anuais de Empregados e da Relação Anual de Informações Sociais — RAIS e do Cadastro Geral de Empregados e Desempregados — CAGED.
Parágrafo único. (VETADO).
Art. 55. A fiscalização, no que se refere aos aspectos trabalhista, metrológico, sanitário, ambiental e de segurança, das microempresas e empresas de pequeno porte deverá ter natureza prioritariamente orientadora, quando a atividade ou situação, por sua natureza, comportar grau de risco compatível com esse procedimento.
§ 1º Será observado o critério de dupla visita para lavratura de autos de infração, salvo quando for constatada infração por falta de registro de empregado ou anotação da Carteira de Trabalho e Previdência Social — CTPS, ou, ainda, na ocorrência de reincidência, fraude, resistência ou embaraço à fiscalização.
§ 2º *(VETADO)*.
§ 3º Os órgãos e entidades competentes definirão, em 12 (doze) meses, as atividades e situações cujo grau de risco seja considerado alto, as quais não se sujeitarão ao disposto neste artigo.
§ 4º O disposto neste artigo não se aplica ao processo administrativo fiscal relativo a tributos, que se dará na forma dos arts. 39 e 40 desta Lei Complementar.
(121) Art. 10 — Portaria n. 148/1996. A omissão ou incorreção no AI não acarretará sua nulidade quando do processo constarem elementos suficientes para a caracterização da falta.

A apresentação de defesa do infrator deve ser dirigida ao Superintendente Regional do Trabalho e Emprego ou à autoridade delegada, no prazo de 10 (dez) dias, contados do recebimento do auto.

Após a decisão da autoridade mencionada, o autuado será notificado. A notificação fixará o valor da multa para depósito em 10 dias, na hipótese da decisão ser desfavorável (art. 629, § 3º da CLT).

O recolhimento dentro do prazo de 10 dias reduzirá a multa em 50% (cinquenta por cento) que será feito por meio de Documento de Arrecadação de Receitas Federais — DARF (art. 636, § 6º da CLT).

O empregador pode optar em recorrer da decisão. Nesta opção, terá que depositar o valor integral da multa dentro do prazo de 10 dias, utilizando o código 7309 no DARF (art. 636, § 1º da CLT)[122].

O recurso é dirigido ao Superintendente Regional do Trabalho e Emprego, que o encaminhará ao órgão do Ministério do Trabalho e Emprego competente para julgá-lo (atualmente Secretaria de Relações do Trabalho).

Caso os recursos administrativos forem desfavoráveis ao empregador, só restará ao mesmo, com base em fundamentos adequados, ingressar na Justiça do Trabalho com uma ação de anulação de débito.

8.1. Multas administrativas — Hipóteses de Incidência

As infrações às obrigações relativas ao recolhimento do FGTS e das CS ensejam a lavratura de autos de infração distintos.

Os autos de infração lavrados pelo não recolhimento das CS, ou seu recolhimento após o vencimento do prazo sem os acréscimos legais, deverão ser capitulados como a seguir:

I — rescisória: art. 1º da Lei Complementar n. 110, de 2001;

II — mensal: art. 2º da Lei Complementar n. 110, de 2001.

Os autos de infração lavrados pelo não recolhimento das CS, ou seu recolhimento após o vencimento do prazo sem os acréscimos legais devem conter, no histórico, o valor atualizado do débito das CS notificadas e o número da respectiva notificação de débito.

---

§ 1º Quando se tratar de omissão ou incorreção na capitulação da infração, o AI será declarado insubsistente.

§ 2º A constatação de mais de um tipo de irregularidade acarretará a lavratura de AIs distintos.

(122) **Súmula Vinculante n. 21.**

É inconstitucional a exigência de depósito ou arrolamento prévios de dinheiro ou bens para admissibilidade de recurso administrativo.

O Ementário[123] — elementos para lavratura de autos de infração (2008), aprovado pela Portaria n. 73, de 6 de novembro de 2008 — apresenta as seguintes hipóteses de incidência (Ementas) para a respectiva autuação do Auditor Fiscal do Trabalho acerca do FGTS e da Contribuição Social:

DO FUNDO DE GARANTIA DO TEMPO DE SERVIÇO (FGTS)

Lei n. 8.036, de 11 de maio de 1990

001414-1 — Deixar de comunicar mensalmente aos trabalhadores os valores recolhidos ao FGTS (art. 17, combinado com o art. 23, § 1º, inciso II, da Lei n. 8.036, de 11.5.1990).(*)

000978-4 — Deixar de depositar mensalmente o percentual referente ao FGTS (art. 23, § 1º, inciso I, da Lei n. 8.036, de 11.5.1990).(*)[124]

Notas:

I — Utiliza-se a ementa acima, também, para os casos de falta de depósitos referentes ao mês da rescisão e o imediatamente anterior.

II — A alíquota estabelecida para o aprendiz é de 2% (dois por cento), por força do art. 2º da Lei n. 10.097, de 19 de dezembro de 2000, que acrescentou o § 7º ao art. 15 da Lei n. 8.036, de 11 de maio de 1990.

III — Observar os percentuais, de 2% (dois por cento) a 8% (oito por cento), no período de 22 de janeiro de 1998 a 21 de janeiro de 2003, estabelecidos para os contratos por prazo determinado (Lei n. 9.601, de 21.1.1998).

IV — A Lei n. 10.208, de 23 de março de 2001, estendeu ao empregado doméstico o direito facultativo ao FGTS.

001416-8 — Deixar de depositar na conta vinculada do trabalhador, por ocasiao da rescisão do contrato de trabalho, os depósitos do mês da rescisão e ao imediatamente anterior, que ainda não houver sido recolhido, e a indenização compensatória do FGTS incidente sobre o montante de todos os depósitos realizados (art. 23, § 1º, inciso I, da Lei n. 8.036, de 11.5.1990).(*)

001415-0 — Omitir as informações sobre a conta vinculada do trabalhador (art. 23, § 1º, inciso II, da Lei n. 8.036, de 11.5.1990).(*)

000979-2 — Deixar de computar, para efeito de cálculo dos depósitos do FGTS, parcela integrante da remuneração (art. 23, § 1º, inciso IV, da Lei n. 8.036, de 11.5.1990).(*)

000980-6 — Deixar de efetuar os depósitos e os acréscimos legais, após notificado pela fiscalização (art. 23, § 1º, inciso V, da Lei n. 8.036, de 11.5.1990).(*)

DAS CONTRIBUIÇÕES SOCIAIS PARA O FGTS

000989-0 — Deixar de recolher, ou recolher após o vencimento sem os acréscimos legais, a contribuição social incidente sobre o montante de todos os depósitos devidos ao FGTS, corrigido e remunerado na forma da lei, relativos ao contrato de trabalho de empregado despedido sem justa causa, à alíquota de 10% (dez por cento) (art. 1º da Lei Complementar n. 110, de 29.6.2001).

---

(123) Ementário: elementos para lavratura de autos de infração — Brasília : MTE, SIT, 2008.
(124) (*)Nas infrações puníveis com multas *per capita*, as respectivas ementas estão identificadas com asterisco ao final de sua redação. Assim, torna-se imprescindível relacionar no histórico do Auto de Infração todos os empregados em situação irregular.

000990-3 — Deixar de recolher, ou recolher após o vencimento sem os acréscimos legais, a contribuição social incidente sobre a remuneração paga ou devida a cada empregado, à alíquota de 0,5% (cinco décimos por cento) (art. 2º da Lei Complementar n. 110, de 29.6.2001).

Notas:

I — As contribuições sociais passaram a ser exigíveis apenas quanto a fatos geradores ocorridos a partir de 28 de setembro de 2001.

II — Por ser elemento para cálculo da multa, deverá constar no histórico do AI o valor de débito atualizado até a data da lavratura do auto.

III — O percentual de 0,5% (cinco décimos por cento), a título de contribuição social, deixou de ser exigido a partir de 1º de janeiro de 2008.

8.1.1. Da Dívida para com o FGTS e da Cobrança das Multas administrativas

Decorrido o prazo de defesa da Notificação de Débito do Fundo de Garantia e da Contribuição Social — NDFC, sem a manifestação do devedor, consideradas improcedentes suas alegações nas defesas apresentadas, ou, ainda, esgotado o prazo recursal, o processo será encaminhado à Caixa Econômica Federal — CEF, que o preparará para inscrição na Dívida Ativa da União conforme prevê o art. 39(125) da Portaria n. 148/96.

Ultrapassado o prazo de defesa do Auto de Infração — AI, sem manifestação do autuado, julgadas improcedentes suas alegações, ou ainda, esgotado o prazo recursal, o processo será encaminhado à Procuradoria Geral da Fazenda Nacional — PGFN, para inscrição na Dívida Ativa da União e posterior cobrança nos termos do art. 40(126) da Portaria n. 148/96.

Em síntese, compete à Procuradoria-Geral da Fazenda Nacional — PGFN a inscrição em Dívida Ativa dos débitos para com o Fundo de Garantia do Tempo de Serviço — FGTS, bem como, diretamente ou por intermédio da Caixa Econômica Federal, mediante convênio, a representação judicial e extrajudicial do FGTS, para a correspondente cobrança(127).

---

(125) **Art. 39 da Portaria n. 148/96**. Decorrido o prazo de defesa da **NDFG**, sem a manifestação do devedor ou julgadas improcedentes suas razões ou esgotados os prazos recursais, encaminhar-se-á o processo à Caixa Econômica Federal que o preparará para inscrição em Dívida Ativa da União, competência esta da Procuradoria da Fazenda Nacional.

(126) **Art. 40 da Portaria n. 148/96**. Decorrido o prazo de defesa do **Auto de Infração**, sem a manifestação do autuado ou julgadas improcedentes suas razões ou esgotados os prazos recursais, encaminhar-se-á o processo de multa administrativa à Procuradoria da Fazenda Nacional.

(127) Art. 2º da Lei n. 8.844/94 — **Compete à Procuradoria-Geral da Fazenda Nacional a inscrição em Dívida Ativa dos débitos para com o Fundo de Garantia do Tempo de serviço — FGTS, bem como, diretamente ou por intermédio da Caixa Econômica Federal, mediante convênio, a representação Judicial e extrajudicial do FGTS**, para a correspondente cobrança, relativamente à contribuição e às multas e demais encargos previstos na legislação respectiva.

§ 1º O Fundo de Garantia do Tempo de Serviço fica isento de custas nos processos judiciais de cobrança de seus créditos.

8.2. Modelo de Auto de Infração

MINISTÉRIO DO TRABALHO

SISTEMA FEDERAL DE INSPEÇÃO DO TRABALHO

ENDEREÇO:

NÚMERO DV

000000000

CIF DV

NOME OU RAZÃO SOCIAL

MODELO

ENDEREÇO/BAIRRO/CIDADE

CNAE

Nº DE EMPREGADOS

CEP

CGC

COD. EMENTA/NR-DV

HORA

APRESENTAR UMA DEFESA PARA CADA AUTO-DE-INFRAÇÃO

DESCRIÇÃO EMENTA/NR:

HISTÓRICO:

CAPITULAÇÃO:

ELEMENTOS DE CONVICÇÃO:

Lavrei o presente Auto em três vias, sendo a 2ª entregue/remetida ao autuado, que fica notificado a apresentar defesa escrita ao Sr. Delegado Regional do Trabalho no prazo de dez (10) dias, contados da data do recebimento deste auto, devendo ser entregue no órgão local do Ministério do Trabalho, no endereço acima, sendo facultada a remessa da defesa, via postal, em porte registrado, postada até o último dia do prazo.

Recebi em: / /

LOCAL

DATA

---

§ 2º As despesas, inclusive as de sucumbência, que vierem a ser incorridas pela Procuradoria-Geral da Fazenda Nacional e pela Caixa Econômica Federal, para a realização da inscrição em Dívida Ativa, do ajuizamento e do controle e acompanhamento dos processos judiciais, serão efetuadas a débito do Fundo de Garantia do Tempo de Serviço.

§ 3º Os créditos relativos ao FGTS gozam dos mesmos privilégios atribuídos aos créditos trabalhistas.

§ 4º Na cobrança judicial dos créditos do FGTS, incidirá encargo de 10% (dez por cento), que reverterá para o Fundo, para ressarcimento dos custos por ele incorridos, o qual será reduzido para 5% (cinco por cento), se o pagamento se der antes do ajuizamento da cobrança.

Com a edição da Portaria/MTE n. 1.725 de 22.10.2012, aprova os modelos de formulário de Auto de Infração para uso pela Auditoria-Fiscal do Trabalho.

A Portaria apresenta como novidade o Auto de Infração eletrônico utilizado pelos Agentes de Inspeção do Trabalho terá as seguintes características técnicas:

Formulário 1ª, 2 ª e 3ª vias:

Papel Comum

DIMENSÕES — 297x210mm.

Impressão indelével em impressora jato-de-tinta ou *laser*

NUMERAÇÃO

nove dígitos, sendo o último verificador.

DISPOSITIVO DE SEGURANÇA

Controle eletrônico centralizado de numeração

Geração de formulário preenchido em arquivo PDF

Transmissão do inteiro teor do documento pela Internet, em comunicação criptografada ao servidor central da Secretaria de Inspeção do Trabalho.

8.3. Modelo de Análise de Auto de Infração

INFRAÇÃO: xxx
AUTUADO: xxx

Senhor Chefe,

A firma acima foi autuada pela fiscalização desta Regional por infringência ao artigo 23, § 1º, inciso I, da Lei n. 8.036, de 11.5.1990, de conformidade com a descrição contida no corpo do Auto de Infração de folhas 01 a 02.

Às folhas 04 a 06, apresentou, tempestivamente, defesa escrita.

Procuração às folhas 07.

É o breve relatório.

Imputação do fisco e alegações da defendente

À empresa foi imputada a seguinte conduta típica: ***deixar de depositar mensalmente o percentual referente ao FGTS relativo às competências***

de janeiro de 2008 a maio de 2010, constituindo-se parte integrante da referida imputação o detalhamento fático narrado no histórico do auto de infração.

Em sua defesa alegou, *em síntese, que já efetuou vários recolhimentos de FGTS relativos às competências de janeiro de 2008 a maio de 2010, os quais foram simplesmente desconsiderados pelo autuante. Junta cópias de guias de recolhimentos às folhas 12 a 17. Que foram indevidamente incluídos como base de cálculo do FGTS e da Contribuição Social os prêmios pagos por liberalidade do empregador, como recompensa por um trabalho realizado satisfatoriamente. Que os prêmios pagos foram anuais e semestrais, e não mensais como menciona o Auditor Fiscal do Trabalho no histórico do auto de infração. Que a doutrina, bem como a jurisprudência, não deixam dúvidas de que para atender à pretensão da fiscalização a habitualidade é fato preponderante, situação inversa a dos autos. Que desde que não haja uma regularidade nos pagamentos as importâncias atribuídas como prêmio não são parte integrante do salário e devem ser retirados da base de cálculo do FGTS e da Contribuição Social. Que quanto às parcelas realmente devidas do FGTS e da Contribuição Social (que deverão ser apuradas com a exclusão dos prêmios da base de cálculo), a falta dos referidos depósitos se deu por impossibilidade, pois vem passando por dificuldades financeiras. Que protocolizou no dia 14.12.2010 acordo com proposta de parcelamento dos débitos para com o FGTS. Que, para a comprovação da existência de parcelamento, junta cópia da solicitação protocolada junto à Caixa Econômica Federal. Que as solicitações de parcelamento de débitos perante o Agente Operador (Caixa Econômica Federal) são suficientes para o reconhecimento da suspensão da exigibilidade do débito. Requer a desconsideração do auto de infração, isentando de multa e transformando-a em advertência, ou, a redução da multa ao valor mínimo.*

Aspectos formais da autuação

Foram observados os requisitos acerca da lavratura do auto de infração na esfera da Auditoria Fiscal do trabalho, contidos no artigo 629, *caput*, da Consolidação das Leis do Trabalho, bem como, as instruções a que se refere o Texto Consolidado, especialmente o art. 9º da Portaria MTE número 148, de 25.1.1996.

Tópicos sintéticos das alegações e apreciação fundamentada

Guias de recolhimento trazidas juntamente com a defesa.

As cópias simples de guias de recolhimento trazidas às folhas 12 a 17 não atendem ao disposto no art. 24, § 2º, da Portaria n. 148/96, onde consta que as provas, quando trazidas por cópias, devem estar autenticadas. Despiciendo, no caso vertente, abrir prazo para que a defendente supra a sua falha formal, pois as referidas guias foram pagas após a realização do levantamento do débito para com o FGTS e a Contribuição Social, e, também, após a emissão do auto de infração em análise (as guias de folhas 12 a 17 foram pagas entre os dias 17 e 24.1.2011, ao passo que o auto de infração foi lavrado em 14.1.2011), de modo que em nada interfeririam na decisão de mérito, ainda que apresentadas fossem em original ou cópia autenticada.

Prêmios pagos por liberalidade. Alegada ausência de habitualidade. Tese de não integração da verba denominada "prêmio" na base de cálculo do FGTS e da Contribuição Social.

Sustenta a empresa que foi indevida a inclusão como base de cálculo no levantamento do FGTS devido, no período indicado no histórico do auto de infração, da parcela remuneratória que pagou aos seus empregados a título de prêmio (eficiência, produção e metas), alegando que tal pagamento não se dava de forma habitual ou regular, além de argumentar que os pagamentos eram anuais e semestrais, e não mensais como narrado pelo autuante.

O auto de infração, enquanto ato administrativo, desfruta das presunções legais de veracidade e legitimidade.

A presunção de legitimidade do ato administrativo induz à percepção de que este fora expedido com observância aos ditames da lei. Já da presunção de veracidade resulta que as afirmações de fatos pelos Auditores Fiscais do Trabalho serão tidas, de forma *iuris tantum*, como verdadeiras.

Consta com clareza meridiana no histórico do auto de infração a assertiva do autuante de que, após exame das folhas de pagamento e recibos de pagamento atinentes ao período de 01/2008 a 05/2010, constatou que a empresa pagou remuneração variável mensalmente (eficiência e produção) e semestralmente (metas), razão pela qual tais remunerações habituais foram incluídas pelo fisco trabalhista como base de cálculo do FGTS e da Contribuição Social, cuja inadimplência alicerçou o presente auto de infração.

A empresa, com a pretensão de retirar a verba remuneratória denominada prêmio (eficiência, produção e metas) da referida base de cálculo, meramente alega ausência de habitualidade e de regularidade nos pagamentos de tal verba variável, sem, no entanto, nada comprovar, sendo certo que as provas deveriam ter vindo juntamente com a defesa, a teor do disposto no art. 23, da Portaria n. 148/96, *verbis*:

> *"Art. 23 — A defesa, formalizada por escrito e instruída com documentos que a fundamentarem, será apresentada à Delegacia Regional do Trabalho no prazo de dez dias, contados do recebimento do Auto de Infração ou da NDFG."*

Tampouco prova a defendente, documentalmente ou por outro meio hábil, sua alegação de que não ocorriam pagamentos mensais da verba "eficiência e produção", e, ainda que assim não fosse, cabe dizer, *ad argumentandum*, que mesmo que o pagamento das aludidas verbas tivesse ocorrido semestral e anualmente com habitualidade (o que é intuitivo pois os pagamento ocorreram continua e regularmente de 01/2008 a 05/2010), isto não retiraria a sua natureza salarial.

À míngua de qualquer prova de que os pagamentos da verba variável "prêmio" não ocorriam com a habitualidade e periodicidade afirmadas pelo autuante, durante o período de 01/2008 a 05/2010, prevalece a versão do fisco, como já fundamentado acima, revestida das presunções legais de veracidade e legitimidade.

Sendo habitual o pagamento das verbas variáveis mencionadas, é pacífica a jurisprudência no sentido de sua integração ao salário para todos os efeitos, inclusive o cálculo do FGTS e a Contribuição Social, senão vejamos:

"PRÊMIO PRODUTIVIDADE. NATUREZA JURÍDICA. Na presente hipótese, registrou-se que a parcela denominada incentivo à produtividade, embora variável, era paga com habitualidade ao empregado. Em circunstâncias que tais, a jurisprudência desta Corte superior tem-se inclinado no sentido de que as parcelas variáveis pagas ao empregado, com habitualidade, sejam a que título for, e independente da denominação dada pelo empregador, ostentam natureza salarial. Precedentes desta Corte uniformizadora. Agravo de instrumento a que se nega provimento." (AIRR-1070/2005-022-03-40.3, 1ª Turma, Rel. Min. Lelio Bentes Corrêa, DJ 1º.8.2008)."

"RECURSO DE REVISTA — VERBAS SALARIAIS — PRÊMIOS — GRATIFICAÇÃO POR METAS — INTEGRAÇÃO. A habitualidade no pagamento de gratificação e prêmio pela empresa evidencia a natureza jurídica salarial da parcela, que deve integrar o salário do empregado a teor do art. 457, § 1º, da CLT.

Processo: RR — 1982400-13.2000.5.09.0015 Data de Julgamento: 24.11.2010, Relator Ministro: Luiz Philippe Vieira de Mello Filho, 1ª Turma, Data de Publicação: DEJT 3.12.2010."

Escorreita, pois, a consideração dos pagamentos habituais da verba salarial variável denominada "prêmio" (eficiência, produção e metas) na base de cálculo do FGTS e Contribuição Social inadimplidos pela autuada no período de 01/2008 a 05/2010.

Dificuldades financeiras.

Sobre as dificuldades financeiras suscitadas, ainda que comprovadas e demonstrado o nexo causal com o descumprimento da norma trabalhista, não possuem o condão de tornar insubsistente o procedimento sob análise, por absoluta falta de amparo legal. Por força da legislação em vigor, tais circunstâncias residem no RISCO DA ATIVIDADE ECONÔMICA, o qual deve ser suportado integralmente pelo empregador, não podendo, em nenhuma hipótese, prejudicar direitos trabalhistas dos empregados, nos termos do art. 2º, *caput* da Consolidação das Leis do Trabalho:

"Art. 2º Considera-se empregador a empresa, individual ou coletiva, que, **assumindo os riscos da atividade econômica**, admite, assalaria e dirige a prestação pessoal de serviços." (grifou-se)

É nesse sentido também o posicionamento pacífico da jurisprudência pátria, sendo oportuno transcrever os seguintes julgados:

"Força maior — Inocorrência. Dificuldades financeiras não justificam a inadimplência das obrigações trabalhistas, tampouco configuram motivo de força maior, considerando que os riscos da atividade econômica não se transferem ao empregado (CLT, art. 2º). (TRT — 18ª R — Ac. n. 2911/96 — Rel. Juiz Heiler A. da Rocha — DJGO 4.9.96 — p. 46)"

"As dificuldades financeiras da empresa não constituem força maior que justifique o atraso no pagamento das verbas devidas ao empregado, porque o empregador é o responsável pelo risco do empreendimento, assim como é o beneficiário do seu lucro. (TRT — 2ª R — 9ª T — Ac. n. 02950256206 — Rel. Ildeu L. de Albuquerque — DJSP 11.7.95 — p. 24)".

Não é demais acrescentar, por analogia, que sobre o tema assim se posicionou a Secretaria de Inspeção do Trabalho do Ministério do Trabalho e Emprego, através do seguinte Precedente Administrativo, aprovado pelo Ato Declaratório n. 04, de 21.2.2002:

PREDECENTE ADMINISTRATIVO N. 35

SALÁRIO. PAGAMENTO FORA DO PRAZO LEGAL. DIFICULDADES ECONÔMICAS. Dificuldades econômicas do empregador, decorrentes do inadimplemento contratual de clientes, retração de mercado ou de outros transtornos inerentes à atividade empreendedora, não autorizam o atraso no pagamento dos salários, uma vez que, salvo exceções expressamente previstas em lei, os riscos do negócio devem ser suportados exclusivamente pelo empregador.

REFERÊNCIA NORMATIVA: art. 2º e art. 459, § 1º, da Consolidação das Leis do Trabalho — C.L.T.

Protocolização de pedido de parcelamento perante a Caixa Econômica Federal.

Ainda que se admita que houve o pedido de parcelamento do FGTS perante a Caixa Econômica Federal na data de 14.12.2010, conforme cópia simples de folha 24, isto não prejudica a procedência do presente auto de infração. Com efeito, a mera protocolização do Termo de Confissão de Dívida e Compromisso para Pagamento Integral de Débito junto ao FGTS ou Pedido de Parcelamento, não põe em risco a validade do levantamento de débito de FGTS e Contribuição Social, tampouco das respectivas autuações pela falta de pagamento tempestivo de tais encargos, pois, nos termos do art. 31, § 4º da Portaria n. 148/96, somente a efetiva concessão do parcelamento, que se caracteriza pela existência de Termo de Confissão de Dívida e Compromisso de Pagamento para com o FGTS devidamente assinado, com data anterior à autuação, teria o condão de desconstituir o auto de infração.

Essa matéria já se encontra pacificada no âmbito do Ministério do Trabalho, através do Precedente Administrativo n. 01, aprovado pelo Ato Declaratório DEFIT n. 04, de 21 de fevereiro de 2002 (Publicado no D.O.U. n. 36 de 22 de fevereiro de 2002, Seção 1, p. 66), *verbis:*

PRECEDENTE ADMINISTRATIVO N. 1

FGTS. PARCELAMENTO. FALTA DE RECOLHIMENTO DO PERCENTUAL DE 8% SOBRE PARTE DA REMUNERAÇÃO DEVIDA. A comprovação do recolhimento das competências notificadas ou da concessão de parcelamento de débito efetivados antes da lavratura da notificação acarreta sua declaração de insubsistência. Já o simples pedido de parcelamento do débito junto à Caixa Econômica Federal — CEF, sem a formalização de sua concessão, não impede o ato fiscalizador, tampouco a lavratura da notificação de débito.

Pedido de conversão da multa em advertência ou redução da multa ao valor mínimo.

Por absoluta ausência de endosso legal, inviável a conversão da multa que poderá decorrer do presente auto de infração em advertência. Por outro lado, quanto ao pedido de arbitramento no valor mínimo, cumpre dizer que a dosimetria da multa é de competência da autoridade regional, e, se variável, deverá seguir aos critérios objetivos previstos na Portaria n. 290, de 11.4.1997.

CONCLUSÃO

Pelo exposto, e considerando que sob o ponto de vista formal o Auto de Infração reúne os requisitos de validade legalmente exigidos, sugiro seja declarada a sua **PROCEDÊNCIA**, com o consequente arbitramento da multa aplicável à espécie.

É o parecer, s.m.j.

Vitória-ES, 29 de agosto de 2012.

José Américo Pereira
Auditor Fiscal do Trabalho — CIF 02751-0

9
MORA CONTUMAZ SALARIAL E DO FGTS

O ordenamento jurídico brasileiro, através do Decreto-Lei n. 368, de 19 de dezembro de 1968, estabeleceu em seu art. 2º, § 1º, o conceito de mora contumaz salarial, nos seguintes termos:

> ***Considera-se mora contumaz*** *o atraso ou sonegação de salários devidos aos empregados, por período igual ou superior a 3 (três) meses, sem motivo grave e relevante, excluídas as causas pertinentes ao risco do empreendimento.*

No entanto, o § 1º do art. 22, da Lei, n. 8.036, de 11 de maio de 1990, com redação dada pela Lei n. 9.964, de 10 de abril de 2000, determina a aplicabilidade dos preceitos constantes do Decreto-Lei n. 368/1968 aos empregadores em situação de inadimplemento do FGTS. A saber:

> *Art. 22. O empregador que não realizar os depósitos previstos nesta Lei, no prazo fixado no art. 15, responderá pela incidência da Taxa Referencial — TR sobre a importância correspondente.* (Redação dada pela Lei n. 9.964, de 2000)
>
> *§ 1º Sobre o valor dos depósitos, acrescido da TR, incidirão, ainda, juros de mora de 0,5% a.m. (cinco décimos por cento ao mês) ou fração e multa,* ***sujeitando-se, também, às obrigações e sanções previstas no Decreto-Lei n. 368, de 19 de dezembro de 1968****.* (Redação dada pela Lei n. 9.964, de 2000) *(negritamos).*

A Instrução Normativa do MTE n. 99, de 23.8.2012, dispôs em seu art. 51 o procedimento para apuração de mora do FGTS nos seguintes termos:

> *Art. 51. O AFT deve apresentar à sua chefia o relatório circunstanciado de que trata o art. 5º da Portaria n. 1.061*[(128)]*, de 1º de novembro de 1996, para dar cumprimento ao disposto no Decreto-lei n. 368, de 19 de dezembro de 1968, e no art. 22, § 1º, da Lei n. 8.036, de 1990* ***sempre que constatar débito de FGTS, por período****:*

---

(128) **Art. 5º** Concluída a fiscalização, o fiscal do trabalho apresentará em 48 (quarenta e oito) horas, relatório circunstanciado contendo o seguinte:

a) a qualificação e o endereço da empresa;

b) a qualificação e o endereço dos sócios da empresa;

c) o período do atraso dos salários ou da falta de recolhimento do FGTS;

d) comprovantes de pagamentos de honorários, gratificações, pro labore ou qualquer outro tipo de retribuição ou retirada, feitos a seus diretores, sócios, gerentes ou titulares no período citado no item anterior;

I — igual ou superior a três meses, independentemente da comprovação de retiradas pelos sócios;

II — inferior a três meses, quando comprovada retirada pelos sócios.

Parágrafo único. O procedimento de apuração de mora do FGTS deve ser instaurado quando a ação fiscal decorrer de denúncia de empregado ou de entidade sindical da respectiva categoria profissional.

A Portaria n. 1.061, de 1º de novembro de 1996, Instituiu os procedimentos para a organização e tramitação dos processos de débito salarial, mora do Fundo de Garantia do Tempo de Serviço — FGTS, mora contumaz salarial e **mora contumaz do Fundo de Garantia do Tempo de Serviço — FGTS**, e dá outras providências[(129)].

Para os efeitos desta Portaria, considera-se:

a) **débito salarial** — o não pagamento de salários no prazo legal e por período inferior a 3 (três) meses (Consolidação das Leis do Trabalho — CLT, art. 459, parágrafo único);

b) **mora do FGTS** — o não recolhimento das parcelas devidas ao Fundo, no prazo legal, por período inferior a 3 (três) meses (Lei n. 8.036/90, art. 15)

c) **mora contumaz salarial** — o atraso ou sonegação de salários devidos aos empregados, por período igual ou superior a 3 (três) meses, sem motivo grave ou relevantes, excluídas as causas pertinentes ao risco da atividade econômica (Decreto-lei n. 368/68, art. 2º, § 1º);

---

e) fundamentação específica do fato constatado, tratando-se de débito salarial, mora do FGTS, mora contumaz do salário ou mora contumaz do FGTS;

f) cópia do contrato ou estatuto social da empresa;

g) cópia autenticada do auto de infração, que deverá ser processado em apenso.

(129) A Portaria n. 1.061/1996, na parte que trata da mora do FGTS e mora contumaz do FGTS, nasceu desprovida de fundamento legal, pois a previsibilidade desses procedimentos só obtivera autorização legislativa em 2000, através da Lei n. 9.964.

Percebe-se, diante do exposto, que os arts. 50 a 52 acrescidos ao Decreto n. 99.684/1990, não sao normas em sentido material, mas, apenas, formal, uma vez que Os decretos *regulamentares* são atos normativos subordinados ou secundários. Os decretos são textos meramente explicativos editados pelos Chefes do Executivo (Presidente da República, Governadores e Prefeitos), não passando por qualquer processo legislativo, não exprimindo a vontade popular. Fica claro que os arts. 50 a 52 extrapolaram, sem suporte na lei, os limites da interpretação ou explicação, e avançado até onde não poderia ter ido, criou norma restritiva de direito.

Resta assim, configurada a possibilidade de **Declaração de Inconstitucionalidade sem redução de texto**, desses artigos até a edição da Lei n. 9.964/2000, pois, conforme Marcelo Novelino (2008), a utilização desta técnica de decisão judicial faz com que uma determinada hipótese de aplicação da lei (regulamento) seja declarada inconstitucional, sem que ocorra qualquer alteração de seu texto. Portanto, não há qualquer redução no texto da norma, mas apenas em seu âmbito de aplicação.

O dispositivo da decisão deverá conter, de forma resumida, a declaração a ser proferida nos seguintes termos: ***a norma X (art. 50 a 52 do Decreto n. 99.684/1990) é inconstitucional se aplicável a empresa em débito com o FGTS em âmbito geral, todavia, é constitucional em se tratando de entidade desportiva empregadora em mora contumaz com o FGTS***.

d) **mora contumaz do FGTS** — o não recolhimento de valores devidos ao FGTS, por período igual ou superior a 3 (três) meses, sem motivo grave ou relevante, excluídas as causas pertinentes ao risco do empreendimento (Decreto n. 99.684/90, art. 51, § 1º).

O processo de débito salarial, mora do FGTS, mora contumaz salarial e mora contumaz do FGTS iniciar-se-á por denúncia do empregado ou da entidade sindical, representativa da categoria, assinada pelo seu presidente e, ainda, incidentalmente por relatório da fiscalização, originário de denúncia feita pelas mesmas partes.

A denúncia deverá ser apresentada por escrito, em 2 (duas) vias, contendo os seguintes requisitos:

a) a qualificação do denunciante, e se possível, quando se tratar de empregado, o número e a série de sua Carteira de Trabalho;

b) a indicação do denunciado;

c) o fato objeto da denúncia;

d) a data e assinatura do denunciante.

Recebida a denúncia, a chefia da Seção de Fiscalização do Trabalho emitirá Ordem de Serviço, no prazo máximo de 48 (quarenta e oito) horas, designando auditor fiscal do trabalho para verificação acerca do teor da mesma, e constatada a irregularidade será lavrado o respectivo Auto de Infração com fundamento no art. 459, parágrafo único, da CLT ou art. 23, § 1º, I da Lei n. 8.036/90, conforme for o caso.

Concluída a fiscalização, o auditor fiscal do trabalho apresentará em 48 (quarenta e oito) horas, relatório circunstanciado contendo o seguinte:

a) a qualificação e o endereço da empresa;

b) a qualificação e o endereço dos sócios da empresa;

c) o período do atraso dos salários ou da falta de recolhimento do FGTS;

d) comprovantes de pagamentos de honorários, gratificações, *pro labore* ou qualquer outro tipo de retribuição ou retirada, feitos a seus diretores, sócios, gerentes ou titulares no período citado no item anterior;

e) fundamentação específica do fato constatado, tratando-se de débito salarial, mora do FGTS, mora contumaz do salário ou mora contumaz do FGTS;

f) cópia do contrato ou estatuto social da empresa;

g) cópia autenticada do auto de infração, que deverá ser processado em apenso.

9.1. Da Formalização do Processo de Mora Contumaz

A chefia da Seção da Fiscalização do Trabalho, de posse do relatório da ação fiscal executada, determinará a formalização do processo, no prazo de 48 (quarenta e oito) horas e, sendo procedente a denúncia, em igual prazo, notificará a empresa para que apresente sua defesa.

A defesa formalizada por escrito e instruída com os documentos que a fundamentarem, será apresentada à Superintendência Regional do Trabalho e Emprego, no prazo de 10 (dez) dias, contados do recebimento da notificação.

Não constatada a irregularidade pela Fiscalização, a chefia da Divisão de Fiscalização do Trabalho ou Setor de Fscalização do trabalho, sem prejuízo de novas diligências, proporá ao Superintendente Regional do Trabalho e Emprego o arquivamento do processo.

O não oferecimento de defesa no prazo legal importará em revelia, podendo o Superintendente Regional do Trabalho e Emprego dispensar diligências e concluir o processo para decisão.

O Superintendente Regional do Trabalho e Emprego determinará de ofício ou a requerimento do interessado, a realização de diligências que lhe parecerem necessárias à elucidação de fatos a serem apurados, inclusive a oitiva de testemunhas, indeferindo as que considerar procrastinatórias.

Após encerradas as diligências, a chefia da Divisão de Fiscalização do Trabalho, no prazo de 8 (oito) dias, dará parecer conclusivo a ser submetido à aprovação do Superintendente Regional do Trabalho e Emprego.

O parecer conclusivo deverá conter o resumo dos fatos denunciados e das razões da defesa, a apreciação das provas, os fundamentos da convicção e a conclusão pela procedência ou não da denúncia.

O Superintendente Regional do Trabalho e Emprego encaminhará o processo, no prazo de 8 (oito) dias à decisão do Senhor Ministro do Trabalho e Emprego.

Constatada a infração prevista no art. 1º, I e II, do Decreto-lei n. 368/68 e no art. 50, I e II, do Decreto n. 99.684/90, o Superintendente Regional do Trabalho e Emprego representará, sob pena de responsabilidade, ao Ministério Público, para a instauração da competente ação penal.

9.2. Da Decisão do Processo de Mora Contumaz

O Ministro do Trabalho e Emprego, antes de proferir sua decisão, poderá determinar diligências complementares.

Da decisão do processo será dada ciência às partes interessadas, pelo Superintendente Regional do Trabalho e Emprego.

Após a decisão do processo, o Superintendente Regional do Trabalho e Emprego, se for o caso, no prazo de 48 (quarenta e oito) horas, notificará a empresa para o pagamento da multa, no prazo de 10 (dez) dias, sob pena de encaminhamento do processo à cobrança judicial.

Da decisão que concluir pela mora contumaz salarial ou do FGTS, será expedida comunicação ao Senhor Ministro da Fazenda pelo Ministro do Trabalho e Emprego e às autoridades fazendárias locais municipal, estadual e federal, pelo Superintendente Regional do Trabalho e Emprego.

9.3. Modelo de Relatório de Mora Contumaz do FGTS

Ao
Chefe da Seção de Fiscalização do Trabalho — SFT

Senhor Chefe,

REFERÊNCIA — MORA CONTUMAZ DO FGTS

Consoante o que estabelece o art. 5º[(130)]da Portaria n. 1.061, de 1º de novembro de 1996, apresento-lhe **RELATÓRIO DE FISCALIZAÇÃO** efetuado na empresa abaixo, referente aos atributos: FGTS e *Pro labore*:

DADOS DA EMPRESA:

Nome: ALUMÍNIO FAZ DE CONTA LTDA
CNPJ: 32.439.188/0001-90
Endereço: Rua 02, Quadra VIII, lotes 60 a 70 — Bairro CIVIT I — Serra (ES)
Fone: 27-3841-0000 — CEP 29176-760
CNAE: 2532-201
N. de Empregados: 65

---

(130) **Art. 5º** Concluída a fiscalização, o fiscal do trabalho apresentará em 48 (quarenta e oito) horas, relatório circunstanciado contendo o seguinte:
a) a qualificação e o endereço da empresa;
b) a qualificação e o endereço dos sócios da empresa;
c) o período do atraso dos salários ou da falta de recolhimento do FGTS;
d) comprovantes de pagamentos de honorários, gratificações, *pro labore* ou qualquer outro tipo de retribuição ou retirada, feitos a seus diretores, sócios, gerentes ou titulares no período citado no item anterior;
e) fundamentação específica do fato constatado, tratando-se de débito salarial, mora do FGTS, mora contumaz do salário ou mora contumaz do FGTS;
f) cópia do contrato ou estatuto social da empresa;
g) cópia autenticada do auto de infração, que deverá ser processado em apenso.

QUALIFICAÇÃO DOS DIRETORES/SÓCIOS:

01 — **Lucas Bruno Santana** — Diretor Presidente, brasileiro, casado, administrador de empresa.
Endereço: Rua João da Cruz, 340 — Bairro Folclore — São Paulo — SP
CEP: 04809-000
CPF: 118.889.388-29
RG: 3.902.400 SSP/MG.

02 — **Antônio Carlos dos Santos** — Diretor Adjunto, brasileiro, casado, empresário.
Endereço: Rua Salvador, 79 — Bairro Barra 2 — Serra — ES
CEP: 29167-040
CPF: 618.343.412-70
RG: 800.441 SSP/MG.

DA FALTA DE RECOLHIMENTO DO FGTS:

A fiscalização abrangeu o período de outubro/2006 a abril/2008, ficando constatado que o Empregador não vinha recolhendo normalmente o FGTS de seus empregados, sendo verificado a existência de débito para as competências novembro/2007 a abril/2008. Foi o lavrado Auto de Infração n. 0000001-7, capitulado no art. 23, § 1º, inciso I, da Lei n. 8.036, de 11 de maio de 1990.

DOS COMPROVANTES DE PAGAMENTO DE *PRO LABORE*:

Foi constatado o pagamento de *pro labore* ao Diretor Adjunto **Antônio Carlos dos Santos** no importe total de R$ 7.982,72 (sete mil, novecentos e oitenta e dois reais e setenta e dois centavos), conforme comprovantes em anexo.

ELEMENTOS DE CONVICÇÃO:

Notificação Fiscal para Recolhimento do Fundo de Garantia e da Contribuição Social — NFGC(131), n. 506.000.000, de 15 de junho de 2008.

Comprovantes de pagamento de *pro labore*.

O não recolhimento de valores devido ao FGTS, por período igual ou superior a três meses(132), sem motivo grave ou relevante e o consequente pagamento de *pro labore* a diretor.

---

(131) Atualmente — NDFC — Notificação de Débito do Fundo de Garantia e da Contribuição Social
(132) **mora contumaz do FGTS** — o não recolhimento de valores devidos ao FGTS, por período igual ou superior a 3 (três) meses, sem motivo grave ou relevante, excluídas as causas pertinentes ao risco do empreendimento (Decreto n. 99.684/90, art. 51, — 1º).
Art. 22. Lei n. 8.036/1990 — O empregador que não realizar os depósitos previstos nesta Lei, no prazo fixado no art. 15, responderá pela incidência da Taxa Referencial — TR sobre a importância correspondente. *(Redação dada pela Lei n. 9.964, de 2000)*
§ 1º Sobre o valor dos depósitos, acrescido da TR, incidirão, ainda, juros de mora de 0,5% a.m. (cinco décimos por cento ao mês) ou fração e multa, **sujeitando-se, também, às obrigações e sanções previstas no *Decreto-Lei no 368, de 19 de dezembro de 1968*.** *(Redação dada pela Lei n. 9.964, de 2000)* (grifamos).

CONCLUSÃO:

Tendo em vista a constatação de pagamento de *pro labore* ao Diretor Presidente, conforme documentos anexos, e com fundamento no art. 2º, *d*, da Portaria n. 1.061, de 1º.11.1996, combinado com o art. 5º, propomos a **INSTAURAÇÃO DO PROCESSO DE MORA CONTUMAZ DO FGTS** sedimentado aos dispostos nos arts. 50 e 51[(132)] do Decreto n. 59.684, de 8.11.1990 e art. 1º[(133)] do Decreto-Lei n. 368, de 19.12.1968.

Propomos, ainda, o encaminhamento de cópia do processo ao Ministério Público do Trabalho (17ª região) para as providências que entenderem necessárias.

À sua apreciação.

Serra/ES, 20 de junho de 2008.

---

(132) Art. 50. O empregador em mora para com o FGTS não poderá, sem prejuízo de outras disposições legais (Decreto-Lei n. 368, de 14 de dezembro de 1968, art. 1º):
I — pagar honorário, gratificação, *pro labore*, ou qualquer tipo de retribuição ou retirada a seus diretores, sócios, gerentes ou titulares de firma individual; e
II — distribuir quaisquer lucros, bonificações, dividendos ou interesses a seus sócios, titulares, acionistas, ou membros de órgãos dirigentes, fiscais ou consultivos.
Art. 51. O empregador em mora contumaz com o FGTS não poderá receber qualquer benefício de natureza fiscal, tributária ou financeira, por parte de órgão da União, dos Estados, do Distrito Federal ou dos Municípios, ou de que estes participem (Decreto-Lei n. 368, de 1968, art. 2º).
§ 1º Considera-se mora contumaz o não pagamento de valores devidos ao FGTS por período igual ou superior a três meses, sem motivo grave ou relevante , excluídas as causas pertinentes ao risco do empreendimento.
§ 2º Não se incluem na proibição deste artigo as operações destinadas à liquidação dos débitos existentes para com o FGTS, o que deverá ser expressamente consignado em documento firmado pelo responsável legal da empresa, como justificação do crédito.
Art. 52. Pela infração ao disposto nos incisos I e II do art. 50, os diretores, sócios, gerentes, membros de órgãos fiscais ou consultivos, titulares de firma individual ou quaisquer outros dirigentes de empresa estão sujeitos à pena de detenção de um mês a um ano (Decreto-Lei n. 368, de 1968, art. 4º).
Parágrafo único. Apurada a infração prevista neste artigo, a autoridade competente do INSS representará, sob pena de responsabilidade, ao Ministério Público, para a instauração da competente ação penal.
(133) Art. 1º — A empresa em débito salarial com seus empregados não poderá:
I — pagar honorário, gratificação, *pro labore* ou qualquer outro tipo de retribuição ou retirada a seus diretores, sócios, gerentes ou titulares da firma individual;
II — distribuir quaisquer lucros, bonificações, dividendos ou interesses a seus sócios, titulares, acionistas, ou membros de órgãos dirigentes, fiscais ou consultivos;
III — ser dissolvida.
Parágrafo único. Considera-se em débito salarial a empresa que não paga, no prazo e nas condições da lei ou do contrato, o salário devido a seus empregados.

9.4. Modelo de Análise de Processo de Mora Contumaz

ASSUNTO: MORA CONTUMAZ DO FGTS
EMPRESA: INDÚSTRIA DE MÁQUINAS BOM LUGAR LTDA.
ORIGEM: ES

Senhor Coordenador,

Originou-se o presente procedimento administrativo do relatório fiscal de folhas 02 (complementado às folhas 73), onde restou evidenciada a ocorrência de mora contumaz do FGTS a que se refere o art. 22, § 1º, da Lei n. 8.036/90, combinado com o art. 1º, inciso I, do Decreto-Lei n. 368/68 e art. 50, inciso I, do Decreto n. 99.684/90.

Acolhendo a denúncia, a Chefia da Fiscalização do Trabalho na instância regional promoveu, às folhas 75, a notificação à empresa envolvida em atendimento ao disposto no art. 6º da Portaria n. 1.061/96.

A empresa apresentou sua defesa escrita às folhas 77 a 80, onde alega, em síntese, que tem enfrentado dificuldades financeiras para efetuar o pagamento do FGTS e que efetuou parcelamento de débito junto à Caixa Econômica Federal.

Mediante adoção do parecer de folhas 102, que concluiu pela caracterização da mora contumaz do FGTS, determinou a Chefia da Seção de Fiscalização do Trabalho (por delegação de competência conferida do Superintende Regional do Trabalho e Emprego) o encaminhamento do processo a esta instância para os fins do artigo 10 da Portaria n. 1.061/96.

É o breve relatório.

APRECIAÇÃO DAS ALEGAÇÕES DA DEFESA

A alegação de dificuldades financeiras, ainda que comprovada e demonstrado o nexo causal com o descumprimento da norma trabalhista, não possui o condão de elidir o procedimento sob análise por absoluta falta de ampara legal. Por força da legislação em vigor, tais circunstâncias residem no RISCO DA ATIVIDADE ECONÔMICA, o qual deve ser suportado integralmente pelo empregador, não podendo, em nenhuma hipótese, prejudicar direitos trabalhistas dos empregados, nos termos do art. 2º, *caput* da Consolidação das Leis do Trabalho:

> *"Art. 2º Considera-se empregador a empresa, individual ou coletiva, que,* ***assumindo os riscos da atividade econômica****, admite, assalaria e dirige a prestação pessoal de serviços." (grifou-se)*

É nesse sentido também o posicionamento pacífico da jurisprudência pátria, senão vejamos os seguintes julgados:

> *"Força maior — Inocorrência. Dificuldades financeiras não justificam a inadimplência das obrigações trabalhistas, tampouco configuram motivo de força maior, considerando que os*

riscos da atividade econômica não se transferem ao empregado (CLT, art. 2º). (TRT — 18ª R — Ac. n. 2911/96 — Rel. Juiz Heiler A. da Rocha — DJGO 4.9.96 — p. 46)"

"As dificuldades financeiras da empresa não constituem força maior que justifique o atraso no pagamento das verbas devidas ao empregado, porque o empregador é o responsável pelo risco do empreendimento, assim como é o beneficiário do seu lucro. (TRT — 2ª R — 9ª T — Ac. n. 02950256206 — Rel. Ildeu L. de Albuquerque — DJSP 11.7.95 — p. 24)".

O ingresso de pedido de parcelamento junto à C.E.F. representa, apenas, a busca de regularização posterior de infração já consolidada no tempo (falta de depósito do FGTS no prazo legal), não tendo o condão de descaracterizar a ocorrência, de fato, da mora contumaz para com o FGTS no período indicado na NDFG.

Temos, pois, como configurada a **falta de depósito do FGTS no período de 05/1999 a 06/2000**, nos termos da NDFG[(135)] de folha 01, bem como, o **pagamento de *pro labore* a Diretores da empresa no período de 05/1999 a 05/2000**, conforme demonstram os recibos de folhas 19 a 69 (cópias devidamente autenticadas).

Já no que concerne aos requisitos formais para a viabilidade do presente processo, constata-se que:

a) a qualificação e o endereço da empresa encontram-se expostos à folha 73;

b) a qualificação e o endereço dos dirigentes da empresa constam às folhas 04;

c) o período de atraso no recolhimento do FGTS devido, configurou-se na NDFG de folha 01;

d) o pagamento de *pro labore* aos diretores da empresa no período da mora consta dos recibos de folhas 19 a 69;

e) a fundamentação específica do fato constatado encontra-se no relatório de folhas 73, no qual se patenteou a ocorrência da mora contumaz do FGTS de que trata o art. 22, § 1º, da Lei n. 8.036/90, combinado com o art. 1º, inciso I, do Decreto-Lei n. 368/68 e art. 50, inciso I, do Decreto n. 99.684/90;

f) a cópia do contrato social da empresa encontra-se às folhas 04 a 18;

g) finalmente, às folhas 74, encontra-se cópia autenticada dos auto de infração número 00000001, lavrado pela falta de depósito do FGTS no período acima mencionado, capitulado no art. 23, § 1º, inciso I, da Lei n. 8.036/90.

Considerando que o processo se encontra devidamente formalizado e que restou caracterizada a falta injustificada de recolhimentos de valores devidos ao FGTS por período superior a 03 (três) meses, com o intercorrente pagamento de

(135) Atualmente NDFC — Notificação de Débito do Fundo de Garantia e da Contribuição Social

pro labore a diretores, **lícita é a declaração da ocorrência da mora contumaz do FGTS** no caso vertente, **qualificada pela ofensa ao art. 1º, inciso I, do Decreto-lei n. 368/68**, combinado com o art. 22, § 1º, da Lei n. 8.036/90 e art. 50, inciso I, do Decreto n. 99.684/90, ensejando, caso seja acatado nosso parecer, a expedição por esta instância de **comunicação ao Excelentíssimo Senhor Ministro da Fazenda**, para posterior **retorno dos autos à Delegacia de origem visando ao cumprimento das providências a seu encargo** (arts. 11, 13, 14 e 15 da Portaria n. 1.061/96).

É o parecer, s.m.j.

José Américo Pereira
Auditor Fiscal do Trabalho — CIF 02751-0

10
PAGAMENTO DIRETO DO FGTS — AVALIAÇÃO JURÍDICA E CONTEXTUAL[(136)]

Tem sido prática bastante usual em sentenças judiciais e — principalmente — em acordos judicialmente homologados, a determinação de pagamento direto do FGTS ao empregado, desatendidas as exigências do art. 26, parágrafo único, da Lei n. 8.036/1990, não raro implicando transação sobre os valores devidos.

Por um lado, argumentos utilizados para a defesa da prática são:

a) o art. 26, parágrafo único, da Lei n. 8.036/90 é meramente burocrático;

b) se privilegia o interesse do trabalhador, pois recebe a verba mais rapidamente;

c) é possível ao trabalhador transacionar a verba;

d) o Sistema Federal de Inspeção do Trabalho — SFIT deveria agir de forma preventiva para evitar que débitos chegassem às ações judiciais.

Por outro, lado, O Tribunal Superior do Trabalho — TST divulga permanentemente em seu sítio na internet estatísticas sobre ações judiciais em seu âmbito[(137)]. Extraindo dali os respectivos dados, pode-se elaborar a seguinte projeção quanto a apenas uma parte das perdas que os acordos envolvendo créditos do FGTS têm representado para o respectivo patrimônio:

(136) REIS, Jair Teixeira dos; BASTOS, Edmar Menezes. Pagamento Direito do FGTS — Avaliação Jurídica e Contextual. *In: Suplemento Trabalho LTr* n. 046/11. p. 221-229. São Paulo: LTr, 2011.

(137) Informação SIT/MTE com base no *site:* <http://www.tst.jus.br/Sseest/index.html>.

Tabela 1 — Projeção da evasão fiscal do FGTS de encargos sobre acordos firmados

(1)	(2)	(3)	(4)	(5)	(6)
Ano	**Valor acordado**	**Valor do FGTS**	**JAM**	**SUB-TOTAL**	**MULTA**
2010	1.828.533.815,11	146.282.705,21	959.132,06	147.241.837,26	16.182.698,80
2009	3.192.355.055,45	255.388.404,44	6.941.217,75	262.329.622,18	32.821.579,97
2008	3.157.915.396,30	252.633.231,70	16.544.594,94	269.177.826,64	40.278.767,92
2007	2.456.221.466,66	196.497.717,33	22.673.684,53	219.171.401,86	37.533.556,70
2006	1.975.007.704,41	158.000.616,35	26.140.800,68	184.141.417,03	35.176.850,46
2005	1.924.721.821,52	153.977.745,72	34.624.346,23	188.602.091,95	39.323.247,86
2004	1.768.254.553,39	141.460.364,27	42.063.331,52	183.523.695,79	41.078.080,77
2003	1.460.667.249,95	116.853.380,00	42.133.095,73	158.986.475,72	37.767.318,65
				SOMA (R$)	**280.162.101,13**
				MULTA 40%	**112.064.840,45**
Estimativa da evasão do FGTS sobre os valores resultantes dos acordos					**392.226.941,58**

(1) ano a que se referem os acordos. Os encargos foram aplicados considerando os valores como tendo sido pagos no mês de dezembro, à exceção de 2010, quando se computou a partir da competência julho, até a qual se referem os respectivos valores obtidos

(2) valor pago aos empregados em acordos judiciais trabalhistas — fonte: TST;

(3) Valor do FGTS, estimado em 8% dos valores resultantes dos acordos;

(4) JAM incidentes sobre os valores do FGTS calculados sobre o acordado.

(6) Multa calculada sobre o principal + JAM

Tabela 2 — Projeção da evasão fiscal do FGTS em relação ao total dos créditos do FGTS quitados em juízo (acordos e sentenças judiciais) com base no INSS recolhido

(1)	(2)	(3)	(4)	(5)	(6)
Ano	**Valor pago aos reclamantes**	**Valor do FGTS**	**JAM**	**SUB-TOTAL**	**MULTA**
2010	6.182.844.616,87	494.627.569,34	3.243.125,43	497.870.694,77	54.718.765,00
2009	10.327.683.988,96	826.214.719,11	22.455.742,62	848.670.461,73	106.182.081,87
2008	9.880.897.356,68	790.471.788,53	51.766.885,40	842.238.673,93	126.029.459,79
2007	9.893.591.226,38	791.487.298,11	91.328.965,81	882.816.263,92	151.184.114,41
2006	8.215.089.906,88	657.207.192,55	108.733.260,82	765.940.453,37	146.318.917,41
2005	7.186.296.442,77	574.903.715,42	129.276.248,33	704.179.963,75	146.820.445,95
2004	5.921.228.231,09	473.698.258,48	140.854.485,92	614.552.744,40	137.555.246,83
2003	5.038.809.649,29	403.104.771,94	145.344.978,02	548.449.749,96	130.284.518,70
				SOMA (R$)	**999.093.549,96**
				MULTA 40%	**399.637.419,98**
Estimativa da evasão do FGTS sobre valores quitados em juízo					**1.398.730.969,94**

Isto, claro, sem contar a evasão de FGTS devido aos empregados e objeto de renúncia no período, com clara perda de direitos dos trabalhadores e, também, ao sistema FGTS.

Tabela 3 — Comparação valores pagos ao trabalhador em conciliações/sentenças — Ano Base 2009

	Conciliações	Procedente em parte	Procedente	Execução	Conciliação
número total %	849.983 **42,8%**	496.323 **25,0%**	62.732 **3,2%**		
valor total (R$)				7.086.478.163,18	3.142.361.393,03
valor unitário (R$)				12.675,82	3.696,97
Δ total (R$)					7.631.870.118,03
FGTS (R$)					610.549.609,44
multa fundiária (R$)					244.219.843,78
Estimativa da evasão do FGTS em 2009 via renúncia nos acordos					**854.769.444,22**

No quadro *supra* verifica-se que há uma grande diferença entre os valores pagos aos trabalhadores nas hipóteses de conciliação e execução de sentenças, aqui entendidas como aquelas procedentes e procedentes em parte.

Com efeito, por cada acordo efetuado em 2009 foram pagos R$ 3.696,97 a cada reclamante, enquanto no caso das sentenças esse valor quase quadruplica, chegando aos R$ 12.675,82 por trabalhador.

Com todas as ressalvas cabíveis em face de um rápido exercício aqui efetuado com uma série de aproximações, obtém-se, como ordem de grandeza, que — na ausência de acordos ou sendo eles realizados com menor grau de renúncia, seriam pagos a mais aos trabalhadores — mantidas a média das sentenças — R$ 7.631.870.118,03 somente em relação ao ano de 2009, em todo Brasil.

Em tal cenário, sem cômputo de JAM e multas, só de evasão de FGTS/multa fundiária teríamos algo em torno de R$ 850.000.000,00, repita-se, só no ano de 2009.

A magnitude dos valores apresentados na tabela 3 parece indicar ser a situação merecedora de, no mínimo, mais aprofundado estudo.

Apenas um exemplo para eventual análise, no ano de 2009, 63,6% dos valores pagos a trabalhadores na 1ª Região, o foram via acordos, enquanto na 2ª Região tal valor foi equivalente a 9,7% do total.

Outro dado interessante é que, também em 2009, a indústria correspondeu a 24,7% das ações ajuizadas, enquanto 17,2% o foram pelo setor de serviços, em ambos os casos pouco factível a predominância de pequenas e microempresas.

As tabelas do TST das quais foram extraídos os dados da tabela 03 estão disponíveis em anexo.

10.1. Desenvolvimento

10.1.1. Da avaliação jurídica

Ocorre haver específico dispositivo de lei determinando o depósito da devida conta vinculada, *in verbis*:

> ***Art. 26 da Lei n. 8.036/90.*** *É competente a Justiça do Trabalho para julgar os dissídios entre os trabalhadores e os empregadores decorrentes da aplicação desta lei, mesmo quando a Caixa Econômica Federal e o Ministério do Trabalho e da Previdência Social figurarem como litisconsortes.*
>
> *Parágrafo único. Nas reclamatórias trabalhistas que objetivam o ressarcimento de parcelas relativas ao FGTS, ou que, direta ou indiretamente, impliquem essa obrigação de fazer, o juiz determinará que a empresa sucumbente proceda ao recolhimento imediato das importâncias devidas a tal título.*

De observar que o texto do parágrafo único refere-se a reclamatórias trabalhistas, sem qualquer eventual diferenciação referente a sentenças ou acordos.

Neste sentido, convergência dos seguintes dispositivos consolidados, ambos do art. 832:

> ***§ 4º A União será intimada das decisões homologatórias de acordos que contenham parcela indenizatória, na forma do art. 20 da Lei n. 11.033, de 21 de dezembro de 2004[138], facultada a interposição de recurso relativo aos tributos que lhe forem devidos.***
>
> ...
>
> *§ 6º O acordo celebrado após o trânsito em julgado da sentença ou após a elaboração dos cálculos de liquidação de sentença não prejudicará* ***os créditos*** *da União*

Ora, se o FGTS como um todo tem natureza jurídica controversa, a multa cobrada certamente é crédito da União e como tal a ser respeitado.

No mesmo sentido, e de forma analógica, redação do art. 831 da mesma CLT:

> **Parágrafo único. No caso de conciliação, o termo que for lavrado valerá como decisão irrecorrível, salvo para a Previdência Social quanto às contribuições que lhe forem devidas.**

Não há, no texto supra, menção direta ao FGTS pelo simples motivo de inexistir previsão legal de pagamento direto de seus valores como já visto no texto do art. 26, parágrafo único, da Lei n. 8.036/90 e, em especial após o advento da Lei n. 9.491/97, que alterou a redação do art. 18 da Lei n. 8.036/90[139].

---

(138) Art. 20. As intimações e notificações de que tratam os *arts. 36 a 38 da Lei Complementar no 73, de 10 de fevereiro de 1993*, inclusive aquelas pertinentes a processos administrativos, quando dirigidas a Procuradores da Fazenda Nacional, dar-se-ão pessoalmente mediante a entrega dos autos com vista.

(139) Art. 18. Ocorrendo rescisão do contrato de trabalho, por parte do empregador, ficará este obrigado a depositar na conta vinculada do trabalhador no FGTS os valores relativos aos depósitos referentes ao mês da rescisão e ao imediatamente anterior, que ainda não houver sido recolhido, sem prejuízo das cominações legais. *(Redação dada pela Lei n. 9.491, de 1997)*

A base jurídica até então aqui provida aponta, como consequência, sólida jurisprudência do STJ e do TST.

10.1.2. Das competências

Com efeito, para a execução das contribuições devidas pelo empregador para o FGTS entende-se o STJ competente a Justiça Federal, a teor de sua Súmula n. 349

STJ Súmula n. 349 *— 11.6.2008 — DJe 19.6.2008*

Competência — Julgamento das Execuções Fiscais de Contribuições Devidas pelo Empregador ao FGTS

Compete à Justiça Federal ou aos juízes com competência delegada o julgamento das execuções fiscais ***de contribuições devidas pelo empregador ao FGTS.***

De observar que aqui se trata de execução também relativa aos depósitos devidos na conta vinculada do trabalhador e não apenas valores da Contribuição Social[(140)].

Desse modo, resta pacificado o eventual conflito de competência entre a Justiça do Trabalho e a Justiça Federal, ficando reservado, para a primeira, a cobrança do FGTS quando decorrente de litígio entre as partes (empregado e empregador) e para a segunda a cobrança do mesmo objeto quando decorrente de execução fiscal promovida pela Caixa Econômica Federal ou Fazenda Nacional.

E o STJ, com base na legislação aqui já mencionada, já pacificou seu entendimento no que se refere ao pagamento direto dos valores devidos de FGTS, conforme o acórdão adiante, datado de 7.8.2007.

---

§ 1º Na hipótese de despedida pelo empregador sem justa causa, depositará este, na conta vinculada do trabalhador no FGTS, importância igual a quarenta por cento do montante de todos os depósitos realizados na conta vinculada durante a vigência do contrato de trabalho, atualizados monetariamente e acrescidos dos respectivos juros. *(Redação dada pela Lei n. 9.491, de 1997)*

...

§ 3º As importâncias de que trata este artigo deverão constar da documentação comprobatória do recolhimento dos valores devidos a título de rescisão do contrato de trabalho, observado o disposto no art. 477 da CLT, eximindo o empregador, exclusivamente, quanto aos valores discriminados. *(Redação dada pela Lei n. 9.491, de 1997)*

(140) CONFLITO NEGATIVO DE COMPETÊNCIA ESTABELECIDO ENTRE JUIZOS DO TRABALHO E ESTADUAL. EC N. 45/04. ART. 109, § 3º DA CF/88 C/C ART. 15, I, DA LEI N. 5.010/66 E SÚMULA N. 40/TFR.

1. Os juízos federais são competentes para julgar causas em que a União, entidade autárquica ou empresa pública federal forem autoras, rés ou oponentes.

2. ...

3. A jurisprudência desta Corte sinaliza para a adoção do entendimento de que as alterações promovidas pela EC n. 45/2004 no art. 114 da Carta Maior não afastaram a competência da Justiça Federal para apreciar as execuções promovidas pela CEF visando à cobrança de contribuições devidas pelos empregadores ao FGTS. Apenas na hipótese do domicílio do devedor não haver sede dessa Vara especializada, caberá o processamento do feito ao Juízo de Direito da comarca por delegação federal,...

4. Conflito Negativo de Competência conhecido para declarar competente o JUÍZO DE DIREITO DA VARA DE EXECUÇÕES CRIMINAIS E FISCAIS DE TEÓFILO OTONI — MG (CC 64.199/MG, Rel. Ministro Luiz Fux, Primeira Seção, julgado em 11.4.2007, DJ 30.4.2007).

RECURSO ESPECIAL N. 754.538 — RS (2005/0088597-1)

RELATORA: MINISTRA ELIANA CALMON

RECORRENTE: CAIXA ECONÔMICA FEDERAL — CEF

ADVOGADO: ELZA OLIVEIRA DOS SANTOS E OUTRO(S)

RECORRIDO: LEGIÃO DA CRUZ DE LIVRAMENTO

ADVOGADO: ROBERTO MEZA PEREIRA E OUTRO(S)

EMENTA

FGTS — EMBARGOS À EXECUÇÃO FISCAL — ACORDO REALIZADO

NA JUSTIÇA TRABALHISTA — PARCELAS PAGAS PELO EMPREGADOR

DIRETAMENTE AO EMPREGADO — COBRANÇA PELA CEF.

1. Até o advento da Lei n. 9.491/97, o art. 18 da Lei n. 8.036/90 permitia que se pagasse diretamente ao empregado as seguintes parcelas: depósito do mês da rescisão, depósito do mês imediatamente anterior (se ainda não vencido o prazo para depósito) e 40% do montante de todos os depósitos realizados durante a vigência do contrato de trabalho, em caso de demissão sem justa causa ou 20%, em caso de culpa recíproca ou força maior.

2. Com a alteração da Lei n. 9.491/97, nada mais pode ser pago diretamente ao empregado, devendo o empregador depositar todas as parcelas devidas na conta vinculada do FGTS.

3. Hipótese dos autos em que parte do pagamento direto ocorreu, de forma ilegítima. Legalidade da exigência de tais parcelas em execução fiscal.

4. Recurso especial provido em parte.

Dúvida não paira, adiante um trecho do voto que redundou no acórdão *supra*.

...

Por essas razões, considero legítima a exigência da CEF, cobrando por meio de execução fiscal, os valores pagos diretamente aos empregados de forma contrária à lei.

...

Portanto, no âmbito do STJ parece não caber discussão sobre a impossibilidade a jurídica de pagamentos diretos de FGTS ao empregado.

Resta a questão sobre o destino os valores, ainda assim depositados, se deveriam ou não ser considerados.

De observar que aqui se discute se os valores pagos diretamente deveriam ou não ser abatidos em eventual levantamento de débito, ainda que de forma parcial.

A jurisprudência do STJ sinaliza para a adoção de solução mista, a depender da data da rescisão em relação à entrada em vigor da Lei n. 9.491/97. Valores pagos diretamente ao empregado com vínculo rescindido em data anterior deveriam, no todo ou em parte ser considerados na execução fiscal, consequentemente no levantamento de débito. Após a entrada em vigor na lei em tela, nem isso.[141]

Quanto ao TST, sinaliza a jurisprudência no mesmo sentido

NÚMERO ÚNICO: RR — 102741-38.1999.5.04.0028

PUBLICAÇÃO: DEJT — 13.8.2010

AGRAVO DE INSTRUMENTO. FGTS. PAGAMENTO DIRETO AO EMPREGADO. IMPOSSIBILIDADE.

2 — FGTS. PAGAMENTO DIRETO AO EMPREGADO. IMPOSSIBILIDADE

...

O reclamante alega que é cabível o pagamento direto ao trabalhador dos valores relativos ao FGTS, restringindo a aplicação do preceito do art. 26, parágrafo único, da Lei n. 8.036/90, à hipótese em que o empregado não tem direito à movimentação da conta vinculada. Indica ofensa ao art. 20, I, da Lei n. 8.036/90 e traz arestos para o cotejo de teses.

O último aresto de fl. 238, ao defender tese de que não há óbice que o FGTS seja pago diretamente ao trabalhador, haja vista que o art. 20, I, da Lei n. 8.036/90 autoriza a movimentação da conta vinculada do FGTS na hipótese de dispensa sem justa causa, contrapõe-se ao posicionamento do acórdão regional, demonstrando, assim, divergência jurisprudencial apta a promover a admissibilidade do recurso.

Conheço , por divergência jurisprudencial.

Mérito

O art. 25 da Lei n. 8.036/90 permite que o trabalhador acione diretamente a empresa, perante a Justiça do Trabalho, para compeli-la a efetuar os depósitos do FGTS eventualmente devidos.

Por sua vez, o parágrafo único do art. 26 da Lei n. 8.036/90 prevê expressamente que, nas reclamações trabalhistas, "o juiz determinará que a empresa sucumbente proceda ao recolhimento imediato das importâncias devidas a tal título " . Vale dizer, o juiz deve determinar que os valores relativos ao FGTS sejam depositados diretamente na conta vinculada do empregado.

Apesar de o art. 20, I, da Lei n. 8.036/90 autorizar a movimentação da conta vinculada do trabalhador na hipótese de dispensa sem justa causa, tal dispositivo legal não autoriza que os

---

(141) NA JUSTIÇA TRABALHISTA — PARCELAS PAGAS PELO EMPREGADOR DIRETAMENTE AO EMPREGADO — COBRANÇA PELA CEF — VIOLAÇÃO DO ART. 26 DA LEI N. 8.036/90.
1. Até o advento da Lei n. 9.491/97, o art. 18 da Lei n. 8.036/90 permitia que se pagasse diretamente ao empregado as seguintes parcelas: depósito do mês da rescisão, depósito do mês imediatamente anterior (se ainda não vencido o prazo para depósito) e 40% do montante de todos os depósitos realizados durante a vigência do contrato de trabalho, em caso de demissão sem justa causa ou 20%, em caso de culpa recíproca ou força maior.
2. Com a alteração procedida pela Lei n. 9.491/97, nada mais poderia ser pago diretamente ao empregado, devendo o empregador depositar todas as parcelas devidas na conta vinculada do FGTS.
3. Hipótese dos autos em que o pagamento direto ocorreu, de forma ilegítima, quando já em vigor a Lei n. 9.491/97. Legalidade da exigência de tais parcelas em execução fiscal.
4. Ofensa ao art. 26, parágrafo único, da Lei n. 8.036/90.
5. Recurso especial provido.
(REsp 632125/RS, Rel. Ministra ELIANA CALMON, SEGUNDA TURMA, julgado em 1º.9.2005, DJ 19.9.2005 p. 273)

valores dos depósitos do FGTS decorrentes da condenação judicial sejam pagos diretamente ao empregado, pois **as ações trabalhistas que envolvem recolhimentos fundiários englobam direitos não só do trabalhador, mas também do órgão gestor do FGTS, relativamente à multa pelo atraso nos recolhimentos, razão pela qual o depósito na conta vinculada deve ser observado.**

...

Nego provimento.

...

AUGUSTO CESAR LEITE DE CARVALHO
Ministro Relator

Existem outros julgados do TST não tão recentes, mas que convergentes de todo[(142)].

Portanto, dúvida parece não restar sobre a pertinência da desconsideração dos valores pagos diretamente, dado que incapazes de serem admitidos como cumprimento da obrigação de depósito de FGTS.

Um argumento que poderia — e frequentemente o é — ser oposto à conclusão *supra* é que a jurisprudência aqui tratada refere-se a sentenças e não a acordos judiciais.

Ora, de pronto há de se ressaltar que a redação do art. 26, parágrafo único, da Lei n. 8.036/90 trata de reclamação trabalhista e não faz qualquer diferenciação entre sentença e acordos judiciais.

O termo "sucumbente" utilizado no texto deverá ter a mesma interpretação extensiva que se dá á palavra "empresa", igualmente utilizada no texto *supra* referido, conforme a ampla jurisprudência aqui trazida.

Por outro lado, o § 4º, do art. 832 da CLT, conforme transcrito de fls. 03, refere-se expressamente a acordos judiciais.

---

(142) "FGTS. PAGAMENTO DIRETO DOS VALORES DEVIDOS. Nas ações trabalhistas que envolvem recolhimentos fundiários, engloba direitos não só do trabalhador, mas também do Órgão Gestor do FGTS, relativamente à multa pelo atraso nos recolhimentos, razão pela qual o depósito na conta vinculada é medida que se impõe. **A impossibilidade do pagamento direto ao trabalhador dos valores do FGTS pleiteados em juízo, goza de precedentes dessa Corte**. Recurso de Revista conhecido e não provido." (RR-160340-98.2000.5.04.0221, 6ª Turma, Rel. Juiz Convocado Luiz Antonio Lazarim, DJ 19.12.2006).
"DIFERENÇAS DE FGTS — PAGAMENTO DIRETO AO TRABALHADOR — IMPOSSIBILIDADE — DEPÓSITO EM CONTA VINCULADA
Nos casos em que o empregado ajuíza Reclamação Trabalhista pretendendo a percepção de parcelas relativas ao FGTS, o valor respectivo deve ser depositado em conta vinculada, e, não, pago diretamente ao trabalhador (inteligência do art. 26, parágrafo único, da Lei n. 8.036/90). Recurso de Revista conhecido parcialmente e provido." (RR-646194-41.2000.5.06.555 5, 3ª Turma, Rel. Min. Maria Cristina Irigoyen Peduzzi, DJ 23.9.2005).

A Súmula n. 349 do STJ tampouco excepciona acordos e — ao revés — a jurisprudência do STJ de fls. 05 diretamente dele trata, englobando no que dispõe.

Já a jurisprudência do TST trata de sentenças, certamente por ausência de recursos dos acordos judiciais, a serem interpostos em execução fiscal perante a Justiça Federal.

Mas, inobstante isso, utiliza como fundamentos teses que também se aplicam aos acordos, como o interesse do órgão gestor do FGTS.

Nesse quadro, parece pouco provável pugnar-se pela viabilidade jurídica do pagamento direto do FGTS ao empregado, seja sentença ou acordo.

Mas, questões ainda restam a serem enfrentadas.

10.1.3. Do trânsito em julgado

Não parece ser cabível alegação de trânsito em julgado de alguma prestação jurisdicional (decisão interlocutória ou terminativa) quanto à parte que sequer foi citada.

Se trânsito em julgado houvesse, esse seria relativo à pretensão do reclamante, não alcançada a pretensão do Estado e tampouco o seu direito de cobrança, dado que sequer partícipe da lide trabalhista, em inobservância ao disposto no art. 832 da CLT.

Neste sentido, disposição do art. 472 do CPC(143), cuja aplicabilidade é garantida pelo parágrafo único do art. 8º da CLT.

Nulidade do ato também estabelecida pelo art. 166, VI, do Código Civil.(144)

De resto, essencial notar que aqui não se trata de eventual pleito do reclamante e sim da ação do Estado.

Hipótese análoga se encontra no instituto da prescrição — igualmente atingindo a pretensão — do próprio FGTS. Cabíveis, com ressalvas, prescrições bienal e quinquenal à pretensão do empregado, mas preservada a prescrição trintenária no que se refere à ação fiscal para exigência dos depósitos e sua eventual execução judicial.

STJ Súmula n. 210 — 27.5.1998 — DJ 5.6.1998

Ação de Cobrança — FGTS — Prescrição

A ação de cobrança das contribuições para o FGTS prescreve em trinta (30) anos

---

(143) Art. 472. A sentença faz coisa julgada às partes entre as quais é dada, *não beneficiando, nem prejudicando terceiros*. Nas causas relativas ao estado de pessoa, se houverem sido citados no processo, em litisconsórcio necessário, todos os interessados, a sentença produz coisa julgada em relação a terceiros.

(144) Art. 166 É nulo o negócio jurídico quando:

...

VI — tiver como objetivo fraudar lei imperativa.

Observadas decadência e prescrição quinquenal quanto aos tributos e eventuais penalidades impostas.

Ora, quanto à prescrição — salvo quanto a tributos — sabe-se agir sobre o direito de ação e não sobre o direito em si, fazendo com que, bem sucedido o Estado na sua execução fiscal, o valor a si devido haverá de ser garantido ao trabalhador.

É certo que se tem na hipótese um caso "*sui generis*" no qual um litisconsorte passivo — necessário no caso, dado o envolvimento de direito seu na lide — poderia se opor em sede da demanda trabalhista aos interesses das partes, mas, não tendo sido citado, não o faz.

Em geral, tal fato imputaria nulidade à decisão tomada, por infração ao direito de defesa, como teria de ser reconhecido pela jurisprudência dominante[145].

A cominação de nulidade da decisão tomada na Justiça do Trabalho no caso específico é eventualmente desnecessária dada a competência de outro órgão do Poder Judiciário — a Justiça Federal para repor o que eventualmente deixou de ser garantido pela decisão judicial trabalhista.

Quanto aos acordos trabalhistas, pacifica a jurisprudência no sentido de obrigar apenas os envolvidos e nos seus estritos termos[146], como decorrência do art. 468 do CPC, *in verbis*:

---

(145) Em vez de ação rescisória, que exige a existência de decisao de mérito com trânsito em julgado, a nulidade por falta de citação deve ser suscitada por meio de ação declaratória denominada *querella nullitatis*, que não possui prazo para sua propositura. Com esse entendimento, a Seção, por maioria, extinguiu a ação rescisória sem julgamento de mérito. No caso dos autos, a ação principal tramitou sem que houvesse citação válida de litisconsorte passivo necessário. Esse vício, segundo o Min. Relator, atinge a eficácia do processo em relação ao réu e a validade dos atos processuais subsequentes, por afrontar o princípio do contraditório. Assevera que aquela decisão transitada em julgado não atinge o réu que não integrou o polo passivo da ação. Trata-se, nesses casos, de sentenças tidas como nulas de pleno direito, que ainda são consideradas inexistentes, que ocorrem, por exemplo, quando as sentenças são proferidas sem assinatura ou sem dispositivo, ou ainda quando prolatadas em processo em que falta citação válida ou quando o litisconsorte necessário não integrou o polo passivo. Assim, essas sentenças não se enquadrariam nas hipóteses de admissão da ação rescisória (art. 485, I a IX, §§ 1º e 2º), pois não há previsão quanto à inexistência jurídica da própria sentença atingida de vício insanável. Observa, ainda, o Min. Relator que este Superior Tribunal, em questão análoga, decidiu no mesmo sentido e o Supremo Tribunal Federal também entende que a existência da coisa julgada é condição essencial para o cabimento da ação rescisória, motivo pelo qual, ausente ou sendo nula a citação, *é cabível a qualquer tempo* a ação declaratória de nulidade, em vez da ação rescisória prevista no art. 485 do CPC. Por fim, ressalta não desconhecer a existência de respeitável doutrina e jurisprudência que defendem a admissibilidade da ação rescisória na hipótese, no entanto posiciona-se em sentido diverso. Precedentes citados do STF: RE 96.374-GO, DJ 30/8/1983; do STJ: REsp 62.853-GO, DJ 1º.8.2005, e AR 771-PA, DJ 26.2.2007. ***AR 569-PE*, Rel. Min. Mauro Campbell Marques, julgada em 22.9.2010.**

(146) ACORDO HOMOLOGADO. COISA JULGADA. EFEITOS. De lege lata a coisa julgada faz lei entre as partes, dentro dos limites das questões decididas (art. 468 do CPC). A transação homologada pelo Estado-Juiz, nos termos do parágrafo primeiro do art. 831 da CLT, assume vestes de decisão irrecorrível e, por isso, vincula as partes pactuantes nos limites em que acordado. Se por ocasião da primeira

A sentença, que julgar total ou parcialmente a lide, tem força de lei nos limites da lide e das questões decididas.

Ainda neste tema coisa julgada — sentença ou acordo — de extrema relevância a observação do disposto no art. 475 do CPC, conforme segue.

Art. 475. Está sujeita ao duplo grau de jurisdição, não produzindo efeito senão depois de confirmada pelo tribunal, a sentença: *(Redação dada pela Lei n. 10.352, de 26.12.2001)*

I — proferida contra a União, o Estado, o Distrito Federal, o Município, e as respectivas autarquias e fundações de direito público; *(Redação dada pela Lei n. 10.352, de 26.12.2001)*

...

§ 1º Nos casos previstos neste artigo, o juiz ordenará a remessa dos autos ao tribunal, haja ou não apelação; não o fazendo, deverá o presidente do tribunal avocá-los. *(Incluído pela Lei n. 10.352, de 26.12.2001)*

E, ao fim, reza o art.25 da Lei n. 8.036/90:

Art. 25. Poderá o próprio trabalhador, seus dependentes e sucessores, ou ainda o Sindicato a que estiver vinculado, acionar diretamente a empresa por intermédio da Justiça do Trabalho, para compeli-la a efetuar o depósito das importâncias devidas nos termos desta lei.

Parágrafo único. **A Caixa Econômica Federal e o Ministério do Trabalho e da Previdência Social deverão ser notificados da propositura da reclamação.**

Parece, destarte, inquestionável, que, além das limitações já expostas em face de disposição sobre o direito de terceiros em geral e, em especial dadas as circunstâncias relativas à execução fiscal, ao desconsiderar crédito da União a decisão de pagamento direto é, também, incapaz de transitar em julgado na primeira instância trabalhista.

10.1.4. Da avaliação contextual

Mas para além da impossibilidade jurídica do pagamento direto do FGTS, que parece já ter sido comprovada, este trabalho se volta agora para a avaliação — extra jurídica — do interesse do trabalhador.

Ora, parece estar claro que o Fundo de Garantia do Tempo de Serviço — e por extensão o Estado — são prejudicados por decisão que permite o pagamento direto do FGTS.

Cumpre agora verificar os efeitos de tal procedimento no que se refere ao trabalhador.

---

reclamatória a Autora, assistida por advogado, deu quitação plena, geral e irrevogável, não só dos pedidos da inicial, mas, de todos os direitos oriundos do extinto contrato de emprego, permitiu que se operasse a coisa julgada sobre estes, não podendo agora perseguir direito já abarcado pelo acordo *judicial* homologado, sob pena de violar a segurança e a estabilidade das relações jurídicas. A hipótese é de incidência do art. 267, V, do CPC. (TRT23. RO — 00056.2008.031.23.00-2. Publicado em: 28.5.08. 1ª Turma. Relator: DESEMBARGADOR TARCÍSIO VALENTE)

Em primeiro lugar, como todo brasileiro, o trabalhador já é prejudicado pela evasão de valores devidos ao FGTS.

Neste sentido, carente de esteio jurídico eventual decisão que, eventualmente, visasse beneficiar o empregado em detrimento do interesse público, nos termos do *caput* art. 8º da CLT, *in fine*(147).

Mas sequer há direito individual atendido.

Com efeito, pouco compreensível a tese de que seria o trabalhador beneficiado por depósito direto, no que se refere à agilidade de recepção dos valores.

Muito em contrário, ao sinalizar a admissão de pagamentos diretos em sentenças e, em especial, acordos, inafastável é o incentivo ao mau empregador para inadimplir os depósitos devidos daquele empregado com o fito de, mais tarde, reduzir seu ônus em acordo judicial que engloba uma série de outras circunstâncias, não raro em sede de lide simulada.

A rigor, ter seus depósitos feitos em atraso — não disponibilizados os valores a tempo para movimentação da conta vinculada nos termos do art. 20 da Lei n. 8.036/90 — ter reduzido os valores devidos em face de acordos, de forma declarada ou mitigada por falta de verificação adequada sobre as bases adotadas pelo empregador, dificilmente se constituiriam vantagem para o trabalhador, tanto que tal procedimento vem sendo largamente proposto por empregadores.

Se pressa há para receber os valores devidos, o seria em funçao da fragilidade do trabalhador dispensado, agudizada, não raro propositadamente, pelo empregador. Isso não ocorreria tivessem sido pagas as verbas devidas no tempo legal.

Mas, com alguma complacência ao raciocínio aqui contestado, registre-se que ao receber as outras verbas, não se configura nenhum dano ao trabalhador a espera de apenas alguns dias para receber corretamente seu FGTS.

Provada a falta de benefício ao trabalhador diretamente envolvido, muito em contrário aqui se constatou, há ainda a deletéria mensagem divulgada para o mesmo empregador, outros que busquem a mesma senda, diretamente ou "aconselhados" por prestadores de serviços.

Não depositar o FGTS passa a ser vantajoso. O único risco é ser fiscalizado pelo SFIT — Sistema Federal de Inspeção do Trabalho. Ultrapassada tal possibilidade, tudo se resolve em acordo judicial, que se pode até provocar e tutelar.

---

(147) Art. 8º — As autoridades administrativas e a Justiça do Trabalho, na falta de disposições legais ou contratuais, decidirão, conforme o caso, pela jurisprudência, por analogia, por eqüidade e outros princípios e normas gerais de direito, principalmente do direito do trabalho, e, ainda, de acordo com os usos e costumes, o direito comparado, mas sempre de maneira que nenhum interesse de classe ou particular prevaleça sobre o interesse público.

Efeito "boca a boca" que tende a tornar o procedimento cada vez mais frequente. Trata-se de um processo de retroalimentação.

É óbvio que ideal seria que o SFIT conseguisse evitar toda a inadimplência — total ou parcial — do FGTS. Mais ainda, que não houvesse tal inadimplência.

Atingimos aí o campo da utopia face às complexidades inerentes ao sistema, sendo que o pagamento direto nada faz para auxiliar a redução de inadimplência, muito em contrário.

Que se amplie a ação do Estado, para reprimir — preventivamente, tanto quanto possível — a inadimplência.

Isso está sendo feito, como demonstra o próximo item, e a discussão aqui travada, com a adequada resolução do problema posto é, sem dúvida, uma das frentes de trabalho de grande relevo para o aperfeiçoamento do sistema.

Por outro lado, e apenas para que se frise, pouco contundente o argumento de que, apesar de tudo quanto o exposto, ainda assim seria direito do trabalhador firmar acordos trabalhistas que visassem mitigar seus direitos salariais.

Alguém — no seu perfeito juízo — só abre mão de direitos se premido por grave circunstância, como a necessidade econômica, ou por falta de conhecimento. Em qualquer das hipóteses, configurado vício de consentimento e anulável o negócio jurídico nos termos do art. 171 do Código Civil[(148)].

Além disso, vigente no Direito do Trabalho os Princípios da Proteção e da Irrenunciabilidade dos Direitos[(149)].

Ao fim, parece ter restado provado que, longe de ser burocrático, o dispositivo do art. 26, parágrafo único, da Lei n. 8.036/90, ao contrário, comando de defesa do interesse do trabalhador e do Estado.

Portanto, nem tal razão poderia ser avocada para a desconsideração do expresso comando legal, em indevida usurpação de papel legislativo, aliás, em sentido diametralmente oposto á jurisprudência consolidada das altas cortes competentes para o tema.

---

(148) Art. 171 Além dos casos expressamente declarados em lei, é anulável o negócio jurídico:

...

II — por vício resultante de erro, dolo, coação, estado de perigo...

(149) Este princípio está bem claro no art. 9º da CLT, combinado com o art. 7º VI da CF/88 que aliás traz a única ressalva a ele:

Art. 9º CLT — Serão nulos de pleno direito os atos praticados com o objetivo de desvirtuar, impedir ou fraudar a aplicação dos preceitos contidos na presente Consolidação. Art. 7º São direitos dos trabalhadores urbanos e rurais, além de outros que visem à melhoria de sua condição social. (...) VI — *irredutibilidade do salário*, salvo o disposto em convenção ou acordo coletivo;

10.1.5. Da evolução da ação do SFIT na fiscalização do FGTS

Intensa tem sido a ação do Sistema Federal de Inspeção do Trabalho — SFIT — parte integrante do MTE para a evolução da redução de evasão de FGTS.

10.1.5.1. Fontes de dados.

Não há uma fonte única para a aquisição da correta informação da remuneração dos trabalhadores celetistas.

Dados dispersos entre distintos sistemas, a exemplo da RAIS, do CAGED, do SEFIP-RE com fontes de pesquisa também distintas.

Está em curso intenso e bem sucedido esforço para equacionamento do fornecimento dessas informações de forma ágil e confiável, de forma a poder ser confrontadas com os dados obtidos diretamente nos estabelecimentos dos empregadores.

Por outro lado, ainda não há padronização dos programas de folhas de pagamento, ocasionando grande esforço atual para a inserção dessas informações — o que já é possível — nos sistemas de tratamento de dados do SFIT.

Possibilidade de padronização para futuro próximo, assim como, em horizonte ainda mais próximo aquisição e tratamento de dados relativos ao registro eletrônico de ponto — REP.

10.1.5.2. Tratamento dos dados obtidos

Apesar das dificuldades quanto às fontes, recentemente tornou-se possível o adequado tratamento dos dados obtidos — em sistemas de informação e nas empresas — através de programas do SFIT.

Tais programas visam a recomposição da folha de pagamento real e — ao fim e ao cabo — a determinação dos valores devidos de FGTS e todas as suas repercussões, com a individualização dos valores para cada empregado, por competência devida.

10.1.5.3. Da adequação normativa

Publicada em 23.8.2012 a Instrução Normativa SIT/MTE n. 99, em substituição à IN 84/2010, atualizando aspectos relativos à fiscalização do FGTS, dentre outros a exigência de individualização do débito, por trabalhador e por competência.

10.1.5.4. Treinamento de pessoal

Em 2010 e 2011 foi executado intenso programa de elevação da qualificação dos Auditores Fiscais do Trabalho no o correto levantamento de eventuais débitos de FGTS, tendo como foco os sistemas mencionados nos itens anteriores.

Procedimento a ser continuado e ampliado nos anos subsequentes, visando inclusive à maximização do efeito indireto de uma ação fiscal mais precisa e contundente.

10.1.6. Conclusão

Este trabalho, longe de ter a pretensão de esgotar o tema, tentou abordar todas as questões e teses que envolvem o pagamento direto do FGTS.

Em decorrência dos aspectos aqui analisados, parecem ser cabíveis de discussão — no todo ou em parte as seguintes linhas de ação.

1. Publicação de estudos relativos ao assunto, para acesso ao público externo e interno do SFIT. Inclui a análise do instituto do acordo judicial na Justiça do Trabalho e suas principais circunstâncias.

2. Tentativa, a partir do TST de preferência, de convencimento dos magistrados trabalhistas de 1º Grau.

3. Em comum acordo com os órgãos judicantes, estabelecer estruturas provisórias do SFIT em todos TRT's com acesso a todos os julgados — inclusive acordos — que mitiguem créditos da União e que deverão — necessária implantação — obedecer ao disposto no art. 475 do CPC (fls.10). Possível fonte de informação para busca de empresas inadimplentes. Inclui lavraturas de autos de infração mesmo para depósitos efetuados em conta vinculada, mas em atraso.

4. Normatização da elaboração de levantamentos de débito sem contemplação de qualquer pagamento direto ao trabalhador efetuado após a vigência da Lei n. 9.491/97, considerando a inexistência de trânsito em julgado de sentenças neste sentido (inclusive homologatórias de acordos).

5. Criação de Grupo de Trabalho conjunto SFIT/MTE e AGU para em auxílio à CGR/SIT avaliação das decisões tomadas pelo Judiciário na matéria e para uniformização das bases jurídicas para os recursos cabíveis, que deverão ser obrigatoriamente interpostos, até para a provocação da discussão da matéria nas instâncias superiores, se necessário for.

6. Como estratégia de reserva, negociação junto aos magistrados trabalhistas, em havendo pagamento direto de verbas de FGTS, ressalvar tais valores para efeito de quitação do vínculo.

11 PARCELAMENTO DE DÉBITO DO FGTS E DAS CONTRIBUIÇÕES SOCIAIS

O inciso IX do art. 5º da Lei n. 8.036, de 11 de maio de 1990 dá competência ao Conselho Curador do FGTS — CCFGTS para fixar critérios para parcelamento de recolhimentos em atraso.

A empresa em débito com o FGTS pode celebrar acordo com a Caixa Econômica Federal — CEF para parcelamento da dívida, com base em regras estabelecidas pelo Conselho Curador do FGTS e dentro de parâmetros que atendam a sua capacidade de pagamento.

As Contribuições Sociais (CSM e CSR) instituídas pela Lei Complementar n. 110, de 29 de junho de 2001, também podem ser objeto de parcelamento junto à Caixa, observadas a legislação e a regulamentação específica, distintas daquelas do FGTS. A Portaria do MF n. 250, de 11.10.2007, regulamenta o parcelamento de débitos de Contribuições Sociais instituídas pela LC n. 110/2001.

O parcelamento dos débitos relativos às contribuições sociais é regido pela Lei n. 10.522/2002. Reza o art. 10, que — *os débitos de qualquer natureza para com a Fazenda Nacional* ***poderão ser parcelados em até sessenta parcelas mensais,*** *a exclusivo critério da autoridade fazendária, na forma e condições previstas nesta Lei.*

Segundo o art. 13-A desta última norma, este parcelamento é requerido diretamente perante a Caixa Econômica Federal — CEF, que tem competência para deferimento do pedido se o débito ainda não estiver inscrito em dívida ativa. Passada esta fase, a competência para a concessão do parcelamento passa a ser da Procuradoria-Geral da Fazenda Nacional — PGFN. *Verbis*:

> *Art. 13-A. O parcelamento dos débitos decorrentes das contribuições sociais instituídas pelos arts. 1º e 2º da Lei Complementar n. 110, de 29 de junho de 2001, será requerido perante a Caixa Econômica Federal, aplicando-se-lhe o disposto no* caput *do art. 10, nos arts. 11 e 12, no § 2º do art. 13 e nos arts. 14 e 14-B desta Lei.* (Redação dada pela Lei n. 11.941, de 2009)
>
> *§ 1º O valor da parcela será determinado pela divisão do montante do débito consolidado pelo número de parcelas.* (Incluído pela Lei n. 11.345, de 2006)

§ 2º Para fins do disposto no § 1º deste artigo, o montante do débito será atualizado e acrescido dos encargos previstos na Lei n. 8.036, de 11 de maio de 1990, *e, se for o caso, no* Decreto-Lei n. 1.025, de 21 de outubro de 1969. (Incluído pela Lei n. 11.345, de 2006)

§ 3º O Ministro de Estado da Fazenda poderá, nos limites do disposto neste artigo, delegar competência para regulamentar e autorizar o parcelamento dos débitos não inscritos em dívida ativa da União. (Incluído pela Lei n. 11.345, de 2006)

§ 4º A concessão do parcelamento dos débitos a que se refere este artigo inscritos em dívida ativa da União compete privativamente à Procuradoria-Geral da Fazenda Nacional. (Incluído pela Lei n. 11.345, de 2006)

§ 5º É vedado o reparcelamento de débitos a que se refere o caput, exceto quando inscritos em Dívida Ativa da União. (Incluído pela Lei n. 11.941, de 2009)

O Parcelamento de débitos está regulamentado na legislação relacionada a seguir:

- Lei n. 8.036, de 11/05/1990, regulamentada pelo Decreto n. 99.684, de 8.11.1990, alterado pelo Decreto n. 1.522, de 13.6.1995;
- Circular CAIXA n. 459, de 20.1.2009, que trata do parcelamento dos débitos de contribuição ao FGTS, ainda não inscritos em Dívida Ativa;
- Resolução do CCFGTS n. 615/2009, de 15.12.2009;
- Circular CAIXA n. 460, de 20.1.2009, que trata do parcelamento dos débitos de contribuição ao FGTS, inscritos em Dívida Ativa, ajuizados ou não;
- Lei Complementar n. 77, de 13.7.1993, que trata de utilização de recursos do Fundo de Participação dos Municípios — FPM e Fundo de Participação dos Estados — FPE para amortização de dívidas junto ao FGTS pelos Municípios e Estados;
- Decreto n. 894, de 16.8.1993, utilização de recursos do FPM e FPE para amortização de dívidas junto ao FGTS pelos municípios e estados;
- Decreto n. 2.109, de 26.12.1996, que altera o art. 1º do Decreto n. 894, de 16.8.1993, com relação ao limite temporal para a solicitação de parcelamento;
- Lei Complementar n. 110, de 29.6.2001, institui contribuições sociais para recolhimento pelo empregador;
- Portaria do MF n. 250, de 11.10.2007, que regulamenta sobre o parcelamento de débitos de Contribuições Sociais instituídas pela LC n. 110/2001;
- Resolução do CCFGTS n. 587, de 19.12.2008, que permite carência de pagamento em parcelamento de débitos para com o FGTS por empregadores públicos e privados domiciliados em municípios ou em estado de calamidade pública;
- Lei n. 10.522, de 19 de julho de 2002, que dispõe sobre o Cadastro Informativo dos créditos não quitados de órgãos e entidades federais e dá outras providências;
- Lei n. 11.345, de 14.9.2006, que institui o concurso de prognóstico da Timemania e o parcelamento com condições especiais para clubes de futebol e entidades filantrópicas;
- Lei n. 11.941, de 28.5.2009, que reabre o prazo da Lei n. 11.345/06 para a solicitação de parcelamento em 180 dias pelas Santas Casas e Hospitais de reabilitação física e acrescenta os Clubes Sociais como beneficiários das condições especiais de parcelamento;

- Lei n. 11.945, de 4.6.2009, que reabre o prazo da Lei n. 11.345/06 para solicitação de parcelamento em 60 dias pelas Entidades Desportivas da modalidade de futebol;

- Circular CAIXA n. 478, de 30.6.2009 que Disciplina condições para parcelamento de débito de contribuições devidas ao FGTS inscrito em Dívida Ativa ou não, ajuizado ou não, com base na Lei n. 11.941/09 e na Lei n. 11.945/09.

O parcelamento de débito de contribuições devidas ao Fundo de Garantia do Tempo de Serviço — FGTS não inscrito em Dívida Ativa e inscrito em Dívida Ativa, ajuizado ou não, está regulado pela Resolução do CCFGTS n. 615, de 12 de dezembro de 2009.

O débito de contribuição devida ao FGTS, independentemente de sua fase de cobrança, origem e época de ocorrência, poderá ser objeto de parcelamento nas condições definidas na presente Resolução. Não poderão ser objeto de parcelamento na forma desta Resolução as dívidas relativas às Contribuições Sociais instituídas pela Lei Complementar n. 110/2001.

Atualmente, contamos com os seguintes tipos de parcelamento:

— Parcelamento de débitos de contribuições FGTS não inscritos em dívida ativa e inscritos em dívida ativa, ajuizados ou não;

— Parcelamento de débitos de contribuições FGTS, devidos por Prefeituras Municipais ou pelos Estados, com amortização por meio de repasse de cota do FPM à Caixa Econômica Federal pela Secretaria do Tesouro Nacional — STN;

— Parcelamento de débitos de Contribuições Sociais não inscritos em dívida ativa e inscritos em dívida ativa, ajuizados ou não.

Para as contribuições devidas ao FGTS na forma da Lei n. 8.036/90 e da Resolução n. 615/09 são estipulados os seguintes valores mínimos de parcela:

- R$ 100,00 (cem reais) para débitos que atualizados e consolidados para a data do acordo resultem em valores até R$ 5.000,00 (cinco mil reais);

- R$ 200,00 (duzentos reais) para débitos que atualizados e consolidados para a data do acordo resultem em valores entre R$ 5.000,01 (cinco mil reais e um centavo) e R$ 20.000,00 (vinte mil reais), inclusive;

- R$ 250,00 (duzentos e cinquenta reais) para débitos que atualizados e consolidados para a data do acordo resultem em valores entre R$ 20.000,01 (vinte mil reais e um centavo) e R$ 45.000,00 (quarenta e cinco mil reais), inclusive.

Para débitos que atualizados e consolidados para a data do acordo resultem em valor a partir de R$ 45.000,01 (quarenta e cinco mil reais e um centavo), inclusive, não se aplica valor mínimo da parcela, podendo ser aplicadas 180 parcelas mensais e consecutivas. Os valores serão atualizados sempre no mês de janeiro de cada ano a partir de 2011 com base no índice de remuneração das contas vinculadas, acumulado no exercício anterior.

O parcelamento dos débitos fundiários poderá ser concedido em até 180 (cento e oitenta) parcelas mensais e sucessivas.

Prescreve a Lei n. 11.345, de 14 de setembro de 2006, em seu art. art. 4º que as **entidades desportivas poderão parcelar, mediante comprovação da celebração do instrumento de adesão** a que se refere o art. 3º[(150)] desta Lei, seus débitos vencidos até a data de publicação do decreto que regulamenta esta Lei, com a Secretaria da Receita Federal do Brasil, com o Instituto Nacional de Seguro Social — INSS, com a Procuradoria-Geral da Fazenda Nacional e com o **Fundo de Garantia do Tempo de Serviço — FGTS**, inclusive os relativos às contribuições instituídas pela Lei Complementar n. 110, de 29 de junho de 2001.

Os parcelamentos de que tratam o **caput** e os §§ 12 e 13 do art. 3º serão pagos em **240 (duzentas e quarenta) prestações mensais** com a redução, sob condição resolutória de cumprimento do parcelamento, de 50% (cinquenta por cento) das multas que incidem sobre os débitos parcelados.

(150) Art. 3º da Lei n. 11.345/2006— A participação da entidade desportiva no concurso de que trata o art. 1º desta Lei condiciona-se à celebração de instrumento instituído pela Caixa Econômica Federal, do qual constará:

I — a adesão aos termos estabelecidos nesta Lei e em regulamento;

II — a autorização para a destinação, diretamente pela Caixa Econômica Federal, da importância da remuneração de que trata o inciso II do art. 2º desta Lei para pagamento de débitos com os órgãos e entidades credores a que se refere o art. 4º desta Lei;

III — a cessão do direito de uso de sua denominação, emblema, hino, marca ou de seus símbolos durante o período estipulado no instrumento de adesão de que trata o *caput* deste artigo, que não poderá ser inferior ao prazo máximo de parcelamento fixado no art. 4º desta Lei.

12 REFERÊNCIAS BIBLIOGRÁFICAS

BARROS, Alice Monteiro de. *Curso de direito do trabalho*. 3. ed. São Paulo: LTr, 2007.

BOMFIM, Vólia. *Direito do trabalho*. 7. ed. Rio de Janeiro: Forense; São Paulo: Método, 2012.

CAMINO, Carmen. *Direito individual do trabalho*. 4. ed. Porto Alegre: Síntese, 2004.

CASSAR, Volia Bomfim. *Direito do trabalho*. Niterói: Impetus, 2007.

DELGADO, Maurício Godinho. *Curso de direito do trabalho*. 11. ed. São Paulo: LTr, 2012.

GARCIA, Gustavo Filipe Barbosa. *Manual de direito do trabalho*. 5. ed. Rio de Janeiro: Forense; São Paulo: Método, 2012.

GARCIA, Gustavo Filipe Barbosa. *Curso de direito do trabalho*. 6. ed. Rio de Janeiro: Forense, 2012.

JANTALIA, Fabiano. *Fundo de Garantia do Tempo de Serviço*. São Paulo: LTr, 2008.

JORGE NETO, Francisco Ferreira; CAVALCANTE, Jouberto de Quadros Pessoa. *Manual de direito do trabalho*. 2. ed. Rio de Janeiro: Lumen Juris, 2004. T. I.

________. *Curso de direito do trabalho*. 2. ed. São Paulo: Atlas, 2011.

LEITE, Carlos Henrique Bezerra. *Direito do trabalho e processo trabalhista*: temas controvertidos. Belo Horizonte: RTM, 1997.

________. *Direito do trabalho*: primeiras linhas. Curitiba: Juruá, 1997.

________. *Ministério Público do Trabalho*: Doutrina, Jurisprudência e Prática. 3. ed. São Paulo: LTr, 2006.

MARANHÃO, Délio. *Direito do trabalho*. 16. ed. Rio de Janeiro: Fundação Getúlio Vargas, 1993.

MARTINEZ, Luciano. *Curso de direito do trabalho*. 3. ed. São Paulo: Saraiva, 2012.

MARTINS, Sérgio Pinto. *Direito do trabalho*. 28. ed. São Paulo: Atlas, 2012.

________. *Manual do FGTS*. 4. ed. São Paulo: Atlas, 2010.

MEDAUAR, Odete. *Direito administrativo moderno*. 8. ed. São Paulo: RT, 2004.

MEIRELLES, Hely Lopes. Direito Administrativo Brasileiro. 22 ed. São Paulo: Malheiros, 1997.

MIRANDA, Henrique Savonitti. *Curso de direito constitucional*. 5. ed. Brasília: Senado Federal, 2007.

NASCIMENTO, Amauri Mascaro. *Curso de direito do trabalho*. 25. ed. São Paulo: Saraiva, 2010.

________. *Iniciação ao direito do trabalho*. 34. ed. São Paulo: LTr, 2009.

NOVELINO, Marcelo. *Teoria da Constituição e controle de constitucionalidade*. Podivm: Salvador, 2008.

OLIVEIRA, Bertrand Rocha de. *Controle externo*. Brasília: Vestcon, 2004.

REIS, Jair Teixeira dos. *Manual de rescisão de contrato de trabalho*. 5. ed. São Paulo: LTr, 2012.

________. *Processo administrativo do trabalho*. São Paulo: LTr, 2009.

REIS, Jair Teixeira dos; BASTOS, Edmar Menezes. Pagamento Direito do FGTS — Avaliação Jurídica e Contextual. In: *Suplemento Trabalho LTr*, n. 046/11. p. 221-229. São Paulo: LTr, 2011.

RESENDE, Ricardo. *Direito do trabalho esquematizado*. 2. ed. Rio de Janeiro: Forense; São Paulo: Método, 2012.

SAAD, Eduardo Gabriel. *Comentários à Lei do Fundo de Garantia por Tempo de Serviço*. 3. ed. São Paulo: LTr, 1995.

SANTOS, Julio Simão dos. A inspeção do trabalho e a nova competência da Justiça do Trabalho. *Jus Navigandi*, Teresina, ano 11, n. 1258, 11 dez. 2006. Disponível em: <http://jus2.uol.com.br/doutrina/texto.asp?id=9270>. Acesso em: 30 nov. 2008.

SARAIVA, Renato. *Direito do trabalho*: versão universitária. 4. ed. Rio de Janeiro: Forense; São Paulo: Método, 2011.

SHARP JÚNIOR, Ronald Amaral. *Ação fiscalizadora e processo administrativo-trabalhista*. Rio de Janeiro: Forense Universitária, 2007.

SÜSSEKIND, Arnaldo. *Curso de direito do trabalho*. 2. ed. Rio de Janeiro: Renovar, 2004.

VIANNA, Cláudia Salles Vilela. *Manual prático das relações trabalhistas*. 8. ed. São Paulo: LTr, 2007.

ANEXOS

1. LEI N. 8.844/1994

LEI N. 8.844, DE 20 DE JANEIRO DE 1994.

Conversão da Medida Provisória n. 393. de 1993

Dispõe sobre a fiscalização, apuração e cobrança judicial as contribuições e multas devidas ao Fundo de Garantia do Tempo de Serviço (FGTS).

Faço saber que o **Presidente da República** adotou a Medida Provisória n. 393, de 1993, que o Congresso Nacional aprovou, e eu, **HUMBERTO LUCENA Presidente do Senado Federal**, para os efeitos do disposto no parágrafo único do art. 62 da Constituição Federal, promulgo a seguinte lei:

Art. 1º Compete ao Ministério do Trabalho a fiscalização e a apuração das contribuições ao Fundo de Garantia do Tempo de Serviço (FGTS), bem assim a aplicação das multas e demais encargos devidos

Parágrafo único. A Caixa Econômica Federal (CEF) e a rede arrecadadora prestarão ao Ministério do Trabalho as informações necessárias ao desempenho dessas atribuições.

Art. 2º Compete à Procuradoria-Geral da Fazenda Nacional a inscrição em Dívida Ativa dos débitos para com o Fundo de Garantia do Tempo de serviço — FGTS, bem como, diretamente ou por intermédio da Caixa Econômica Federal, mediante convênio, a representação Judicial e extrajudicial do FGTS, para a correspondente cobrança, relativamente à contribuição e às multas e demais encargos previstos na legislação respectiva. *(Redação dada pela Lei n. 9.467, de 1997)*

§ 1º O Fundo de Garantia do Tempo de Serviço fica isento de custas nos processos judiciais de cobrança de seus créditos. *(Incluído pela Lei n. 9.467, de 1997)*

§ 2º As despesas, inclusive as de sucumbência, que vierem a ser incorridas pela Procuradoria-Geral da Fazenda Nacional e pela Caixa Economica Federal, para a realização da inscrição em Dívida Ativa, do ajuizamento e do controle e acompanhamento dos processos judiciais, serão efetuadas a débito do Fundo de Garantia do Tempo de Servico. *(Incluído pela Lei n. 9.467, de 1997)*

§ 3º Os créditos relativos ao FGTS gozam dos mesmos privilégios atribuídos aos créditos trabalhistas. *(Incluído pela Lei n. 9.467, de 1997)*

§ 4º Na cobrança judicial dos créditos do FGTS, incidirá encargo de 10% (dez por cento), que reverterá para o Fundo, para ressarcimento dos custos por ele incorridos, o qual será reduzido para 5% (cinco por cento), se o pagamento se der antes do ajuizamento da cobrança. *(Redação dada pela Lei n. 9.964, de 2000)*

Art. 3º Esta lei entra em vigor na data de sua publicação.

Senado Federal, 20 de janeiro de 1994; 173º da Independência e 106º da República.

SENADOR HUMBERTO LUCENA

Este texto não substitui o publicado no D.O.U. de 21.1.1994

2. LEI N. 8.036/1990

Presidência da República
Casa Civil
Subchefia para Assuntos Jurídicos

LEI N. 8.036, DE 11 DE MAIO DE 1990

Conversão da Medida Provisória n. 177/90
Vide Decreto n. 99.684, de 1990
Vide Lei n. 9.012, de 1995

Dispõe sobre o Fundo de Garantia do Tempo de Serviço, e dá outras providências.

O PRESIDENTE DA REPÚBLICA, faço saber que o Congresso Nacional decreta e eu sanciono a seguinte lei:

Art. 1º O Fundo de Garantia do Tempo de Serviço (FGTS), instituído pela Lei n. 5.107, de 13 de setembro de 1966, passa a reger-se por esta lei.

Art. 2º O FGTS é constituído pelos saldos das contas vinculadas a que se refere esta lei e outros recursos a ele incorporados, devendo ser aplicados com atualização monetária e juros, de modo a assegurar a cobertura de suas obrigações.

§ 1º Constituem recursos incorporados ao FGTS, nos termos do *caput* deste artigo:

a) eventuais saldos apurados nos termos do art. 12, § 4º;

b) dotações orçamentárias específicas;

c) resultados das aplicações dos recursos do FGTS;

d) multas, correção monetária e juros moratórios devidos;

e) demais receitas patrimoniais e financeiras.

§ 2º As contas vinculadas em nome dos trabalhadores são absolutamente impenhoráveis.

Art. 3º O FGTS será regido por normas e diretrizes estabelecidas por um Conselho Curador, composto por representação de trabalhadores, empregadores e órgãos e entidades governamentais, na forma estabelecida pelo Poder Executivo. *(Redação dada pela Medida Provisória n. 2.216-37, de 2001) (Vide Decreto n. 3.101, de 2001)*

I — Ministério do Trabalho; *(Incluído pela Lei n. 9.649, de 1998)*

II — Ministério do Planejamento e Orçamento; *(Incluído pela Lei n. 9.649, de 1998)*

III — Ministério da Fazenda; *(Incluído pela Lei n. 9.649, de 1998)*

IV — Ministério da Indústria, do Comércio e do Turismo; *(Incluído pela Lei n. 9.649, de 1998)*

V — Caixa Econômica Federal; *(Incluído pela Lei n. 9.649, de 1998)*

VI — Banco Central do Brasil. *(Incluído pela Lei n. 9.649, de 1998)*

§ 1º A Presidência do Conselho Curador será exercida pelo representante do Ministério do Trabalho e da Previdência Social.

§ 2º *(Revogado pela Medida Provisória n. 2.216-37, de 2001)*

§ 3º Os representantes dos trabalhadores e dos empregadores e seus respectivos suplentes serão indicados pelas respectivas centrais sindicais e confederações nacionais e nomeados pelo Ministro do Trabalho e da Previdência Social, e terão mandato de 2 (dois) anos, podendo ser reconduzidos uma única vez.

§ 4º O Conselho Curador reunir-se-á ordinariamente, a cada bimestre, por convocação de seu Presidente. Esgotado esse período, não tendo ocorrido convocação, qualquer de seus membros poderá fazê-la, no prazo de 15 (quinze) dias. Havendo necessidade, qualquer membro poderá convocar reunião extraordinária, na forma que vier a ser regulamentada pelo Conselho Curador.

§ 5º As decisões do Conselho serão tomadas com a presença da maioria simples de seus membros, tendo o Presidente voto de qualidade. *(Redação dada pela Medida Provisória n. 2.216-37, de 2001)*

§ 6º As despesas porventura exigidas para o comparecimento às reuniões do Conselho constituirão ônus das respectivas entidades representadas.

§ 7º As ausências ao trabalho dos representantes dos trabalhadores no Conselho Curador, decorrentes das atividades desse órgão, serão abonadas, computando-se como jornada efetivamente trabalhada para todos os fins e efeitos legais.

§ 8º Competirá ao Ministério do Trabalho e da Previdência Social proporcionar ao Conselho Curador os meios necessários ao exercício de sua competência, para o que contará com uma Secretaria Executiva do Conselho Curador do FGTS.

§ 9º Aos membros do Conselho Curador, enquanto representantes dos trabalhadores, efetivos e suplentes, é assegurada a estabilidade no emprego, da nomeação até um ano após o término do mandato de representação, somente podendo ser demitidos por motivo de falta grave, regularmente comprovada através de processo sindical.

Art. 4º A gestão da aplicação do FGTS será efetuada pelo Ministério da Ação Social, cabendo à Caixa Econômica Federal (CEF) o papel de agente operador.

Art. 5º Ao Conselho Curador do FGTS compete:

I — estabelecer as diretrizes e os programas de alocação de todos os recursos do FGTS, de acordo com os critérios definidos nesta lei, em consonância com a política nacional de desenvolvimento urbano e as políticas setoriais de habitação popular, saneamento básico e infra-estrutura urbana estabelecidas pelo Governo Federal;

II — acompanhar e avaliar a gestão econômica e financeira dos recursos, bem como os ganhos sociais e o desempenho dos programas aprovados;

III — apreciar e aprovar os programas anuais e plurianuais do FGTS;

IV — pronunciar-se sobre as contas do FGTS, antes do seu encaminhamento aos órgãos de controle interno para os fins legais;

V — adotar as providências cabíveis para a correção de atos e fatos do Ministério da Ação Social e da Caixa Econômica Federal, que prejudiquem o desempenho e o cumprimento das finalidades no que concerne aos recursos do FGTS;

VI — dirimir dúvidas quanto à aplicação das normas regulamentares, relativas ao FGTS, nas matérias de sua competência;

VII — aprovar seu regimento interno;

VIII — fixar as normas e valores de remuneração do agente operador e dos agentes financeiros;

IX — fixar critérios para parcelamento de recolhimentos em atraso;

X — fixar critério e valor de remuneração para o exercício da fiscalização;

XI — divulgar, no Diário Oficial da União, todas as decisões proferidas pelo Conselho, bem como as contas do FGTS e os respectivos pareceres emitidos.

XII — fixar critérios e condições para compensação entre créditos do empregador, decorrentes de depósitos relativos a trabalhadores não optantes, com contratos extintos, e débitos resultantes de competências em atraso, inclusive aqueles que forem objeto de composição de dívida com o FGTS. *(Incluído pela Lei n. 9.711, de 1998)*

XIII — em relação ao Fundo de Investimento do Fundo de Garantia do Tempo de Serviço — FI-FGTS: *(Incluído pela Lei n. 11.491, de 2007)*

a) aprovar a política de investimento do FI-FGTS por proposta do Comitê de Investimento; *(Incluído pela Lei n. 11.491, de 2007)*

b) decidir sobre o reinvestimento ou distribuição dos resultados positivos aos cotistas do FI-FGTS, em cada exercício; *(Incluído pela Lei n. 11.491, de 2007)*

c) definir a forma de deliberação, de funcionamento e a composição do Comitê de Investimento; *(Incluído pela Lei n. 11.491, de 2007)*

d) estabelecer o valor da remuneração da Caixa Econômica Federal pela administração e gestão do FI-FGTS, inclusive a taxa de risco; *(Incluído pela Lei n. 11.491, de 2007)*

e) definir a exposição máxima de risco dos investimentos do FI-FGTS; *(Incluído pela Lei n. 11.491, de 2007)*

f) estabelecer o limite máximo de participação dos recursos do FI-FGTS por setor, por empreendimento e por classe de ativo, observados os requisitos técnicos aplicáveis; *(Incluído pela Lei n. 11.491, de 2007)*

g) estabelecer o prazo mínimo de resgate das cotas e de retorno dos recursos à conta vinculada, observado o disposto no § 19 do art. 20 desta Lei; (*Incluído pela Lei n. 11.491, de 2007)*

h) aprovar o regulamento do FI-FGTS, elaborado pela Caixa Econômica Federal; e *(Incluído pela Lei n. 11.491, de 2007)*

i) autorizar a integralização de cotas do FI-FGTS pelos trabalhadores, estabelecendo previamente os limites globais e individuais, parâmetros e condições de aplicação e resgate. *(Incluído pela Lei n. 11.491, de 2007)*

Art. 6º Ao Ministério da Ação Social, na qualidade de gestor da aplicação do FGTS, compete:

I — praticar todos os atos necessários à gestão da aplicação do Fundo, de acordo com as diretrizes e programas estabelecidos pelo Conselho Curador;

II — expedir atos normativos relativos à alocação dos recursos para implementação dos programas aprovados pelo Conselho Curador;

III — elaborar orçamentos anuais e planos plurianuais de aplicação dos recursos, discriminando-os por Unidade da Federação, submetendo-os até 31 de julho ao Conselho Curador do Fundo;

IV — acompanhar a execução dos programas de habitação popular, saneamento básico e infraestrutura urbana, decorrentes de aplicação de recursos do FGTS, implementados pela CEF;

V — submeter à apreciação do Conselho Curador as contas do FGTS;

VI — subsidiar o Conselho Curador com estudos técnicos necessários ao aprimoramento operacional dos programas de habitação popular, saneamento básico e infraestrutura urbana;

VII — definir as metas a serem alcançadas nos programas de habitação popular, saneamento básico e infraestrutura urbana.

Art. 7º À Caixa Econômica Federal, na qualidade de agente operador, cabe:

I — centralizar os recursos do FGTS, manter e controlar as contas vinculadas, e emitir regularmente os extratos individuais correspondentes às contas vinculadas e participar da rede arrecadadora dos recursos do FGTS;

II — expedir atos normativos referentes aos procedimentos adiministrativo-operacionais dos bancos depositários, dos agentes financeiros, dos empregadores e dos trabalhadores, integrantes do sistema do FGTS;

III — definir os procedimentos operacionais necessários à execução dos programas de habitação popular, saneamento básico e infra-estrutura urbana, estabelecidos pelo Conselho Curador com base nas normas e diretrizes de aplicação elaboradas pelo Ministério da Ação Social;

IV — elaborar as análises jurídica e econômico-financeira dos projetos de habitação popular, infra-estrutura urbana e saneamento básico a serem financiados com recursos do FGTS;

V — emitir Certificado de Regularidade do FGTS;

VI — elaborar as contas do FGTS, encaminhando-as ao Ministério da Ação Social;

VII — implementar os atos emanados do Ministério da Ação Social relativos à alocação e aplicação dos recursos do FGTS, de acordo com as diretrizes estabelecidas pelo Conselho Curador.

VIII — *(VETADO) (Incluído pela Lei n. 9.491, de 1997)*

IX — garantir aos recursos alocados ao FI-FGTS, em cotas de titularidade do FGTS, a remuneração aplicável às contas vinculadas, na forma do caput do art. 13 desta Lei. *(Incluído pela Lei n. 11.491, de 2007)*

Parágrafo único. O Ministério da Ação Social e a Caixa Econômica Federal deverão dar pleno cumprimento aos programas anuais em andamento, aprovados pelo Conselho Curador, sendo que eventuais alterações somente poderão ser processadas mediante prévia anuência daquele colegiado.

Art. 8º O Ministério da Ação Social, a Caixa Econômica Federal e o Conselho Curador do FGTS serão responsáveis pelo fiel cumprimento e observância dos critérios estabelecidos nesta lei.

Art. 9º As aplicações com recursos do FGTS poderão ser realizadas diretamente pela Caixa Econômica Federal e pelos demais órgãos integrantes do Sistema Financeiro da Habitação — SFH, exclusivamente segundo critérios fixados pelo Conselho Curador do FGTS, em operações que preencham os seguintes requisitos: *(Redação dada pela Lei 10.931, de 2004)*

I — Garantias: *(Redação dada pela Lei n. 9.467, de 1997)*

a) hipotecária; *(Incluída pela Lei n. 9.467, de 1997)*

b) caução de Créditos hipotecários próprios, relativos a financiamentos concedidos com recursos do agente financeiro; *(Incluída pela Lei n. 9.467, de 1997)*

c) caução dos créditos hipotecários vinculados aos imóveis objeto de financiamento; *(Incluída pela Lei n. 9.467, de 1997)*

d) hipoteca sobre outros imóveis de propriedade do agente financeiro, desde que livres e desembaraçados de quaisquer ônus; *(Incluída pela Lei n. 9.467, de 1997)*

e) cessão de créditos do agente financeiro, derivados de financiamentos concedidos com recursos próprios, garantidos por penhor ou hipoteca; *(Incluída pela Lei n. 9.467, de 1997)*

f) hipoteca sobre imóvel de propriedade de terceiros; *(Incluída pela Lei n. 9.467, de 1997)*

g) seguro de crédito; *(Incluída pela Lei n. 9.467, de 1997)*

h) garantia real ou vinculação de receitas, inclusive tarifárias, nas aplicações contratadas com pessoa jurídica de direito público ou de direito privado a ela vinculada; *(Incluída pela Lei n. 9.467, de 1997)*

i) aval em nota promissória; *(Incluída pela Lei n. 9.467, de 1997)*

j) fiança pessoal; *(Incluída pela Lei n. 9.467, de 1997)*

l) alienação fiduciária de bens móveis em garantia; *(Incluída pela Lei n. 9.467, de 1997)*

m) fiança bancária; *(Incluída pela Lei n. 9.467, de 1997)*

n) outras, a critério do Conselho Curador do FGTS; *(Incluída pela Lei n. 9.467, de 1997)*

II — correção monetária igual à das contas vinculadas;

III — taxa de juros média mínima, por projeto, de 3 (três) por cento ao ano;

IV — prazo máximo de trinta anos. *(Redação dada pela Lei n. 8.692, de 1993)*

§ 1º A rentabilidade média das aplicações deverá ser suficiente à cobertura de todos os custos incorridos pelo Fundo e ainda à formação de reserva técnica para o atendimento de gastos eventuais não previstos, sendo da Caixa Econômica Federal o risco de crédito.

§ 2º Os recursos do FGTS deverão ser aplicados em habitação, saneamento básico e infraestrutura urbana. As disponibilidades financeiras devem ser mantidas em volume que satisfaça as condições de liquidez e remuneração mínima necessária à preservação do poder aquisitivo da moeda.

§ 3º O programa de aplicações deverá destinar, no mínimo, 60 (sessenta) por cento para investimentos em habitação popular.

§ 4º Os projetos de saneamento básico e infraestrutura urbana, financiados com recursos do FGTS, deverão ser complementares aos programas habitacionais.

§ 5º As garantias, nas diversas modalidades discriminadas no inciso I do caput deste artigo, serão admitidas singular ou supletivamente, considerada a suficiência de cobertura para os empréstimos e financiamentos concedidos. *(Redação dada pela Lei n. 9.467, de 1997)*

§ 6º Mantida a rentabilidade média de que trata o § 1º, as aplicações em habitação popular poderão contemplar sistemática de desconto, direcionada em função da renda familiar do beneficiário, onde o valor do benefício seja concedido mediante redução no valor das prestações a serem pagas pelo mutuário ou pagamento de parte da aquisição ou construção de imóvel, dentre outras, a critério do Conselho Curador do FGTS. *(Incluído pela Medida Provisória n. 2.197-43, de 2001)*

§ 7º Os recursos necessários para a consecução da sistemática de desconto serão destacados, anualmente, do orçamento de aplicação de recursos do FGTS, constituindo reserva específica, com contabilização própria. *(Incluído pela Medida Provisória n. 2.197-43, de 2001)*

§ 8º É da União o risco de crédito nas aplicações efetuadas até 1º de junho de 2001 pelos demais órgãos integrantes do Sistema Financeiro da Habitação — SFH e pelas entidades credenciadas pelo Banco Central do Brasil como agentes financeiros, subrogando-se nas garantias prestadas à Caixa Econômica Federal. *(Incluído pela Medida Provisória n. 2.196-3, de 2001)*

Art. 10. O Conselho Curador fixará diretrizes e estabelecerá critérios técnicos para as aplicações dos recursos do FGTS, visando:

I — exigir a participação dos contratantes de financiamentos nos investimentos a serem realizados;

II — assegurar o cumprimento, por parte dos contratantes inadimplentes, das obrigações decorrentes dos financiamentos obtidos;

III — evitar distorções na aplicação entre as regiões do País, considerando para tanto a demanda habitacional, a população e outros indicadores sociais.

Art. 11. Os depósitos feitos na rede bancária, a partir de 1º de outubro de 1989, relativos ao FGTS, serão transferidos à Caixa Econômica Federal no segundo dia útil subsequente à data em que tenham sido efetuados.

Art. 12. No prazo de um ano, a contar da promulgação desta lei, a Caixa Econômica Federal assumirá o controle de todas as contas vinculadas, nos termos do item I do art. 7º, passando os demais estabelecimentos bancários, findo esse prazo, à condição de agentes recebedores e pagadores do FGTS, mediante recebimento de tarifa, a ser fixada pelo Conselho Curador.

1º Enquanto não ocorrer a centralização prevista no *caput* deste artigo, o depósito efetuado no decorrer do mês será contabilizado no saldo da conta vinculada do trabalhador, no primeiro dia útil do mês subsequente.

2º Até que a Caixa Econômica Federal implemente as disposições do *caput* deste artigo, as contas vinculadas continuarão sendo abertas em estabelecimento bancário escolhido pelo empregador, dentre os para tanto autorizados pelo Banco Central do Brasil, em nome do trabalhador.

3º Verificando-se mudança de emprego, até que venha a ser implementada a centralização no *caput* deste artigo, a conta vinculada será transferida para o estabelecimento bancário da escolha do novo empregador.

4º Os resultados financeiros auferidos pela Caixa Econômica Federal no período entre o repasse dos bancos e o depósito nas contas vinculadas dos trabalhadores destinar-se-ão à cobertura das despesas de administração do FGTS e ao pagamento da tarifa aos bancos depositários, devendo os eventuais saldos ser incorporados ao patrimônio do Fundo nos termos do art. 2º, § 1º.

5º Após a centralização das contas vinculadas, na Caixa Econômica Federal, o depósito realizado no prazo regulamentar passa a integrar o saldo da conta vinculada do trabalhador a partir do dia 10 (dez) do mês de sua ocorrência. O depósito realizado fora do prazo será contabilizado no saldo no dia 10 (dez) subsequente após atualização monetária e capitalização de juros.

Art. 13. Os depósitos efetuados nas contas vinculadas serão corrigidos monetariamente com base nos parâmetros fixados para atualização dos saldos dos depósitos de poupança e capitalização juros de (três) por cento ao ano.

1º Até que ocorra a centralização prevista no item I do art. 7º, a atualização monetária e a capitalização de juros correrão à conta do Fundo e o respectivo crédito será efetuado na conta vinculada no primeiro dia útil de cada mês, com base no saldo existente no primeiro dia útil do mês anterior, deduzidos os saques ocorridos no período.

2º Após a centralização das contas vinculadas, na Caixa Econômica Federal, a atualização monetária e a capitalização de juros correrão à conta do Fundo e o respectivo crédito será efetuado na conta vinculada, no dia 10 (dez) de cada mês, com base no saldo existente no dia 10 (dez) do mês anterior ou no primeiro dia útil subsequente, caso o dia 10 (dez) seja feriado bancário, deduzidos os saques ocorridos no período.

3º Para as contas vinculadas dos trabalhadores optantes existentes à data de 22 de setembro de 1971, a capitalização dos juros dos depósitos continuará a ser feita na seguinte progressão, salvo no caso de mudança de empresa, quando a capitalização dos juros passará a ser feita à taxa de 3 (três) por cento ao ano:

I — 3 (três) por cento, durante os dois primeiros anos de permanência na mesma empresa;

II — 4 (quatro) por cento, do terceiro ao quinto ano de permanência na mesma empresa;

III — 5 (cinco) por cento, do sexto ao décimo ano de permanência na mesma empresa;

IV — 6 (seis) por cento, a partir do décimo primeiro ano de permanência na mesma empresa.

4º O saldo das contas vinculadas é garantido pelo Governo Federal, podendo ser instituído seguro especial para esse fim.

Art. 14. Fica ressalvado o direito adquirido dos trabalhadores que, à data da promulgação da Constituição Federal de 1988, já tinham o direito à estabilidade no emprego nos termos do *Capítulo V do Título IV da CLT.*

1º O tempo do trabalhador não optante do FGTS, anterior a 5 de outubro de 1988, em caso de rescisão sem justa causa pelo empregador, reger-se-á pelos dispositivos constantes dos *arts. 477, 478* e *497 da CLT.*

2º O tempo de serviço anterior à atual Constituição poderá ser transacionado entre empregador e empregado, respeitado o limite mínimo de 60 (sessenta) por cento da indenização prevista.

3º É facultado ao empregador desobrigar-se da responsabilidade da indenização relativa ao tempo de serviço anterior à opção, depositando na conta vinculada do trabalhador, até o último dia útil do mês previsto em lei para o pagamento de salário, o valor correspondente à indenização, aplicando-se ao depósito, no que couber, todas as disposições desta lei.

4º Os trabalhadores poderão a qualquer momento optar pelo FGTS com efeito retroativo a 1º de janeiro de 1967 ou à data de sua admissão, quando posterior àquela.

Art. 15. Para os fins previstos nesta lei, todos os empregadores ficam obrigados a depositar, até o dia 7 (sete) de cada mês, em conta bancária vinculada, a importância correspondente a 8 (oito) por cento da remuneração paga ou devida, no mês anterior, a cada trabalhador, incluídas na remuneração as parcelas de que tratam os *arts. 457* e *458 da CLT* e a gratificação de Natal a que se refere a *Lei n. 4.090, de 13 de julho de 1962*, com as modificações da *Lei n. 4.749, de 12 de agosto de 1965.*

§ 1º Entende-se por empregador a pessoa física ou a pessoa jurídica de direito privado ou de direito público, da administração pública direta, indireta ou fundacional de qualquer dos Poderes, da União, dos Estados, do Distrito Federal e dos Municípios, que admitir trabalhadores a seu serviço, bem assim aquele que, regido por legislação especial, encontrar-se nessa condição ou figurar como fornecedor ou tomador de mão-de-obra, independente da responsabilidade solidária e/ou subsidiária a que eventualmente venha obrigar-se.

§ 2º Considera-se trabalhador toda pessoa física que prestar serviços a empregador, a locador ou tomador de mão-de-obra, excluídos os eventuais, os autônomos e os servidores públicos civis e militares sujeitos a regime jurídico próprio.

§ 3º Os trabalhadores domésticos poderão ter acesso ao regime do FGTS, na forma que vier a ser prevista em lei.

§ 4º Considera-se remuneração as retiradas de diretores não empregados, quando haja deliberação da empresa, garantindo-lhes os direitos decorrentes do contrato de trabalho de que trata o art. 16. *(Incluído pela Lei n. 9.711, de 1998)*

§ 5º O depósito de que trata o *caput* deste artigo é obrigatório nos casos de afastamento para prestação do serviço militar obrigatório e licença por acidente do trabalho. *(Incluído pela Lei n. 9.711, de 1998)*

§ 6º Não se incluem na remuneração, para os fins desta Lei, as parcelas elencadas no *§ 9º do art. 28 da Lei n. 8.212, de 24 de julho de 1991. (Incluído pela Lei n. 9.711, de 1998)*

§ 7º Os contratos de aprendizagem terão a alíquota a que se refere o caput deste artigo reduzida para dois por cento. *(Incluído pela Lei n. 10.097, de 2000)*

Art. 16. Para efeito desta lei, as empresas sujeitas ao regime da legislação trabalhista poderão equiparar seus diretores não empregados aos demais trabalhadores sujeitos ao regime do FGTS. Considera-se diretor aquele que exerça cargo de administração previsto em lei, estatuto ou contrato social, independente da denominação do cargo.

Art. 17. Os empregadores se obrigam a comunicar mensalmente aos trabalhadores os valores recolhidos ao FGTS e repassar-lhes todas as informações sobre suas contas vinculadas recebidas da Caixa Econômica Federal ou dos bancos depositários.

Art. 18. Ocorrendo rescisão do contrato de trabalho, por parte do empregador, ficará este obrigado a depositar na conta vinculada do trabalhador no FGTS os valores relativos aos depósitos referentes ao mês da rescisão e ao imediatamente anterior, que ainda não houver sido recolhido, sem prejuízo das cominações legais. *(Redação dada pela Lei n. 9.491, de 1997)*

§ 1º Na hipótese de despedida pelo empregador sem justa causa, depositará este, na conta vinculada do trabalhador no FGTS, importância igual a quarenta por cento do montante de todos os depósitos realizados na conta vinculada durante a vigência do contrato de trabalho, atualizados monetariamente e acrescidos dos respectivos juros. *(Redação dada pela Lei n. 9.491, de 1997)*

§ 2º Quando ocorrer despedida por culpa recíproca ou força maior, reconhecida pela Justiça do Trabalho, o percentual de que trata o § 1º será de 20 (vinte) por cento.

§ 3º As importâncias de que trata este artigo deverão constar da documentação comprobatória do recolhimento dos valores devidos a título de rescisão do contrato de trabalho, observado o disposto no *art. 477 da CLT*, eximindo o empregador, exclusivamente, quanto aos valores discriminados. *(Redação dada pela Lei n. 9.491, de 1997)*

Art. 19. No caso de extinção do contrato de trabalho prevista no art. 14 desta lei, serão observados os seguintes critérios:

I — havendo indenização a ser paga, o empregador, mediante comprovação do pagamento daquela, poderá sacar o saldo dos valores por ele depositados na conta individualizada do trabalhador;

II — não havendo indenização a ser paga, ou decorrido o prazo prescricional para a reclamação de direitos por parte do trabalhador, o empregador poderá levantar em seu favor o saldo da respectiva conta individualizada, mediante comprovação perante o órgão competente do Ministério do Trabalho e da Previdência Social.

Art. 19-A. É devido o depósito do FGTS na conta vinculada do trabalhador cujo contrato de trabalho seja declarado nulo nas hipóteses previstas no art. 37, § 2º, da Constituição Federal, quando mantido o direito ao salário. *(Incluído pela Medida Provisória n. 2.164-41, de 2001)*

Parágrafo único. O saldo existente em conta vinculada, oriundo de contrato declarado nulo até 28 de julho de 2001, nas condições do *caput*, que não tenha sido levantado até essa data, será liberado ao trabalhador a partir do mês de agosto de 2002. *(Incluído pela Medida Provisória n. 2.164-41, de 2001)*

Art. 20. A conta vinculada do trabalhador no FGTS poderá ser movimentada nas seguintes situações:

I — despedida sem justa causa, inclusive a indireta, de culpa recíproca e de força maior; *(Redação dada pela Medida Provisória n. 2.197-43, de 2001)*

II — extinção total da empresa, fechamento de quaisquer de seus estabelecimentos, filiais ou agências, supressão de parte de suas atividades, declaração de nulidade do contrato de trabalho nas condições do art. 19-A, ou ainda falecimento do empregador individual sempre que qualquer dessas ocorrências implique rescisão de contrato de trabalho, comprovada por declaração escrita da empresa, suprida, quando for o caso, por decisão judicial transitada em julgado; *(Redação dada pela Medida Provisória n. 2.164-41, de 2001)*

III — aposentadoria concedida pela Previdência Social;

IV — falecimento do trabalhador, sendo o saldo pago a seus dependentes, para esse fim habilitados perante a Previdência Social, segundo o critério adotado para a concessão de pensões por morte. Na falta de dependentes, farão jus ao recebimento do saldo da conta vinculada os seus sucessores previstos na lei civil, indicados em alvará judicial, expedido a requerimento do interessado, independente de inventário ou arrolamento;

V — pagamento de parte das prestações decorrentes de financiamento habitacional concedido no âmbito do Sistema Financeiro da Habitação (SFH), desde que:

a) o mutuário conte com o mínimo de 3 (três) anos de trabalho sob o regime do FGTS, na mesma empresa ou em empresas diferentes;

b) o valor bloqueado seja utilizado, no mínimo, durante o prazo de 12 (doze) meses;

c) o valor do abatimento atinja, no máximo, 80 (oitenta) por cento do montante da prestação;

VI — liquidação ou amortização extraordinária do saldo devedor de financiamento imobiliário, observadas as condições estabelecidas pelo Conselho Curador, dentre elas a de que o financiamento seja concedido no âmbito do SFH e haja interstício mínimo de 2 (dois) anos para cada movimentação;

VII — pagamento total ou parcial do preço de aquisição de moradia própria, ou lote urbanizado de interesse social não construído, observadas as seguintes condições: *(Redação dada pela Lei n. 11.977, de 2009)*

a) o mutuário deverá contar com o mínimo de 3 (três) anos de trabalho sob o regime do FGTS, na mesma empresa ou empresas diferentes;

b) seja a operação financiável nas condições vigentes para o SFH;

VIII — quando o trabalhador permanecer três anos ininterruptos, a partir de 1º de junho de 1990, fora do regime do FGTS, podendo o saque, neste caso, ser efetuado a partir do mês de aniversário do titular da conta. *(Redação dada pela Lei n. 8.678, de 1993)*

IX — extinção normal do contrato a termo, inclusive o dos trabalhadores temporários regidos pela *Lei n. 6.019, de 3 de janeiro de 1974*;

X — suspensão total do trabalho avulso por período igual ou superior a 90 (noventa) dias, comprovada por declaração do sindicato representativo da categoria profissional.

XI — quando o trabalhador ou qualquer de seus dependentes for acometido de neoplasia maligna. *(Incluído pela Lei n. 8.922, de 1994)*

XII — aplicação em quotas de Fundos Mútuos de Privatização, regidos pela *Lei n. 6.385, de 7 de dezembro de 1976*, permitida a utilização máxima de 50% (cinquenta por cento) do saldo existente e disponível em sua conta vinculada do Fundo de Garantia do Tempo de Serviço, na data em que exercer a opção. *(Incluído pela Lei n. 9.491, de 1997) (Vide Decreto n. 2.430, 1997)*

XIII — quando o trabalhador ou qualquer de seus dependentes for portador do vírus HIV; *(Incluído pela Medida Provisória n. 2.164-41, de 2001)*

XIV — quando o trabalhador ou qualquer de seus dependentes estiver em estágio terminal, em razão de doença grave, nos termos do regulamento; *(Incluído pela Medida Provisória n. 2.164-41, de 2001)*

XV — quando o trabalhador tiver idade igual ou superior a setenta anos. *(Incluído pela Medida Provisória n. 2.164-41, de 2001)*

XVI — necessidade pessoal, cuja urgência e gravidade decorra de desastre natural, conforme disposto em regulamento, observadas as seguintes condições: *(Incluído pela Lei n. 10.878, de 2004) Regulamento Regulamento*

a) o trabalhador deverá ser residente em áreas comprovadamente atingidas de Município ou do Distrito Federal em situação de emergência ou em estado de calamidade pública, formalmente reconhecidos pelo Governo Federal; *(Incluído pela Lei n. 10.878, de 2004)*

b) a solicitação de movimentação da conta vinculada será admitida até 90 (noventa) dias após a publicação do ato de reconhecimento, pelo Governo Federal, da situação de emergência ou de estado de calamidade pública; e *(Incluído pela Lei n. 10.878, de 2004)*

c) o valor máximo do saque da conta vinculada será definido na forma do regulamento. *(Incluído pela Lei n. 10.878, de 2004)*

XVII – integralização de cotas do FI-FGTS, respeitado o disposto na alínea *i* do inciso XIII do art. 5º desta Lei, permitida a utilização máxima de 30% (trinta por cento) do saldo existente e disponível na data em que exercer a opção. *(Redação dada pela Lei n. 12.087, de 2009)*

§ 1º A regulamentação das situações previstas nos incisos I e II assegurar que a retirada a que faz jus o trabalhador corresponda aos depósitos efetuados na conta vinculada durante o período de vigência do último contrato de trabalho, acrescida de juros e atualização monetária, deduzidos os saques.

§ 2º O Conselho Curador disciplinará o disposto no inciso V, visando beneficiar os trabalhadores de baixa renda e preservar o equilíbrio financeiro do FGTS.

§ 3º O direito de adquirir moradia com recursos do FGTS, pelo trabalhador, só poderá ser exercido para um único imóvel.

§ 4º O imóvel objeto de utilização do FGTS somente poderá ser objeto de outra transação com recursos do fundo, na forma que vier a ser regulamentada pelo Conselho Curador.

§ 5º O pagamento da retirada após o período previsto em regulamento, implicará atualização monetária dos valores devidos.

§ 6º Os recursos aplicados em cotas de fundos Mútuos de Privatização, referidos no inciso XII, serão destinados, nas condições aprovadas pelo CND, a aquisições de valores mobiliários, no âmbito do Programa Nacional de Desestatização, de que trata a *Lei n. 9.491, de 1997*, e de programas estaduais de desestatização, desde que, em ambos os casos, tais destinações sejam aprovadas pelo CND. *(Redação dada pela Lei n. 9.635, de 1998)*

§ 7º Ressalvadas as alienações decorrentes das hipóteses de que trata o § 8º, os valores mobiliários a que se refere o parágrafo anterior só poderão ser integralmente vendidos, pelos respectivos Fundos, seis meses após a sua aquisição, podendo ser alienada em prazo inferior parcela equivalente a 10% (dez por cento) do valor adquirido, autorizada a livre aplicação do produto dessa alienação, nos termos da *Lei n. 6.385, de 7 de dezembro de 1976. (Redação dada pela Lei n. 9.635, de 1998)*

§ 8º As aplicações em Fundos Mútuos de Privatização e no FI-FGTS são nominativas, impenhoraveis e, salvo as hipóteses previstas nos incisos I a XI e XIII a XVI do *caput* deste artigo, indisponíveis por seus titulares. *(Redação dada pela Lei n. 11.491, de 2007)*

§ 9º Decorrido o prazo mínimo de doze meses, contados da efetiva transferência das quotas para os Fundos Mútuos de Privatização, os titulares poderão optar pelo retorno para sua conta vinculada no Fundo de Garantia do Tempo de Serviço. *(Incluído pela Lei n. 9.491, de 1997)*

§ 10. A cada período de seis meses, os titulares das aplicações em Fundos Mútuos de Privatização poderão transferi-las para outro fundo de mesma natureza. *(Incluído pela Lei n. 9.491, de 1997)*

§ 11. O montante das aplicações de que trata o § 6° deste artigo ficará limitado ao valor dos créditos contra o Tesouro Nacional de que seja titular o Fundo de Garantia do Tempo de Serviço. *(Incluído pela Lei n. 9.491, de 1997)*

§ 12. Desde que preservada a participação individual dos quotistas, será permitida a constituição de clubes de investimento, visando a aplicação em quotas de Fundos Mútuos de Privatização. *(Incluído pela Lei n. 9.491, de 1997)*

§ 13. A garantia a que alude o § 4º do art. 13 desta Lei não compreende as aplicações a que se referem os incisos XII e XVII do caput deste artigo. *(Redação dada pela Lei n. 11.491, de 2007)*

§ 14. Ficam isentos do imposto de renda: *(Redação dada pela Lei n. 11.491, de 2007)*

I — a parcela dos ganhos nos Fundos Mútuos de Privatização até o limite da remuneração das contas vinculadas de que trata o art. 13 desta Lei, no mesmo período; e *(Incluído pela Lei n. 11.491, de 2007)*

II — os ganhos do FI-FGTS e do Fundo de Investimento em Cotas — FIC, de que trata o § 19 deste artigo. *(Incluído pela Lei n. 11.491, de 2007)*

§ 15. A transferência de recursos da conta do titular no Fundo de Garantia do Tempo de Serviço em razão da aquisição de ações, nos termos do inciso XII do caput deste artigo, ou de cotas do FI-FGTS não afetará a base de cálculo da multa rescisória de que tratam os §§ 1º e 2º do art. 18 desta Lei. *(Redação dada pela Lei n. 11.491, de 2007)*

§ 16. Os clubes de investimento a que se refere o § 12 poderão resgatar, durante os seis primeiros meses da sua constituição, parcela equivalente a 5% (cinco por cento) das cotas adquiridas, para atendimento de seus desembolsos, autorizada a livre aplicação do produto dessa venda, nos termos da *Lei n. 6.385, de 7 de dezembro de 1976. (Incluído pela Lei n. 9.635, de 1998)*

§ 17. Fica vedada a movimentação da conta vinculada do FGTS nas modalidades previstas nos incisos V, VI e VII deste artigo, nas operações firmadas, a partir de 25 de junho de 1998, no caso em que o adquirente já seja proprietário ou promitente comprador de imóvel localizado no Município onde resida, bem como no caso em que o adquirente já detenha, em qualquer parte do País, pelo menos um financiamento nas condições do SFH. *(Incluído pela Medida Provisória n. 2.197-43, de 2001)*

§ 18. É indispensável o comparecimento pessoal do titular da conta vinculada para o pagamento da retirada nas hipóteses previstas nos incisos I, II, III, VIII, IX e X deste artigo, salvo em caso de grave moléstia comprovada por perícia médica, quando será paga a procurador especialmente constituído para esse fim. *(Incluído pela Medida Provisória n. 2.197-43, de 2001)*

§ 19. A integralização das cotas previstas no inciso XVII do *caput* deste artigo será realizada por meio de Fundo de Investimento em Cotas — FIC, constituído pela Caixa Econômica Federal especificamente para essa finalidade. *(Incluído pela Lei n. 11.491, de 2007)*

§ 20. A Comissão de Valores Mobiliários estabelecerá os requisitos para a integralização das cotas referidas no § 19 deste artigo, devendo condicioná-la pelo menos ao atendimento das seguintes exigências: *(Incluído pela Lei n. 11.491, de 2007)*

I — elaboração e entrega de prospecto ao trabalhador; e *(Incluído pela Lei n. 11.491, de 2007)*

II — declaração por escrito, individual e específica, pelo trabalhador de sua ciência quanto aos riscos do investimento que está realizando. *(Incluído pela Lei n. 11.491, de 2007)*

§ 21. As movimentações autorizadas nos incisos V e VI do caput serão estendidas aos contratos de participação de grupo de consórcio para aquisição de imóvel residencial, cujo bem já tenha sido adquirido pelo consorciado, na forma a ser regulamentada pelo Conselho Curador do FGTS. *(Incluído pela Lei n. 12.058, de 2009)*

Art. 21. Os saldos das contas não individualizadas e das contas vinculadas que se conservem ininterruptamente sem créditos de depósitos por mais de cinco anos, a partir de 1º de junho de 1990, em razão de o seu titular ter estado fora do regime do FGTS, serão incorporados ao patrimônio do fundo, resguardado o direito do beneficiário reclamar, a qualquer tempo, a reposição do valor transferido. *(Redação dada pela Lei n. 8.678, de 1993)*

Parágrafo único. O valor, quando reclamado, será pago ao trabalhador acrescido da remuneração prevista no § 2º do art. 13 desta lei. *(Incluído pela Lei n. 8.678, de 1993)*

Art. 22. O empregador que não realizar os depósitos previstos nesta Lei, no prazo fixado no art. 15, responderá pela incidência da Taxa Referencial — TR sobre a importância correspondente. *(Redação dada pela Lei n. 9.964, de 2000)*

§ 1º Sobre o valor dos depósitos, acrescido da TR, incidirão, ainda, juros de mora de 0,5% a.m. (cinco décimos por cento ao mês) ou fração e multa, sujeitando-se, também, às obrigações e sanções previstas no *Decreto-Lei n. 368, de 19 de dezembro de 1968. (Redação dada pela Lei n. 9.964, de 2000)*

§ 2º A incidência da TR de que trata o *caput* deste artigo será cobrada por dia de atraso, tomando-se por base o índice de atualização das contas vinculadas do FGTS. *(Redação dada pela Lei n. 9.964, de 2000)*

§ 2º-A. A multa referida no § 1º deste artigo será cobrada nas condições que se seguem: *(Incluído pela Lei n. 9.964, de 2000)*

I — 5% (cinco por cento) no mês de vencimento da obrigação; *(Incluído pela Lei n. 9.964, de 2000)*

II — 10% (dez por cento) a partir do mês seguinte ao do vencimento da obrigação. *(Incluído pela Lei n. 9.964, de 2000)*

§ 3º Para efeito de levantamento de débito para com o FGTS, o percentual de 8% (oito por cento) incidirá sobre o valor acrescido da TR até a data da respectiva operação. *(Redação dada pela Lei n. 9.964, de 2000)*

Art. 23. Competirá ao Ministério do Trabalho e da Previdência Social a verificação, em nome da Caixa Econômica Federal, do cumprimento do disposto nesta lei, especialmente quanto à apuração dos débitos e das infrações praticadas pelos empregadores ou tomadores de serviço, notificando-os para efetuarem e comprovarem os depósitos correspondentes e cumprirem as demais determinações legais, podendo, para tanto, contar com o concurso de outros órgãos do Governo Federal, na forma que vier a ser regulamentada.

§ 1º Constituem infrações para efeito desta lei:

I — não depositar mensalmente o percentual referente ao FGTS, bem como os valores previstos no art. 18 desta Lei, nos prazos de que trata o § 6º do art. 477 da Consolidação das Leis do Trabalho — CLT; *(Redação dada pela Medida Provisória n. 2.197-43, de 2001)*

II — omitir as informações sobre a conta vinculada do trabalhador;

III — apresentar as informações ao Cadastro Nacional do Trabalhador, dos trabalhadores beneficiários, com erros ou omissões;

IV — deixar de computar, para efeito de cálculo dos depósitos do FGTS, parcela componente da remuneração;

V — deixar de efetuar os depósitos e os acréscimos legais, após notificado pela fiscalização.

§ 2º Pela infração do disposto no § 1º deste artigo, o infrator estará sujeito às seguintes multas por trabalhador prejudicado:

a) de 2 (dois) a 5 (cinco) BTN, no caso dos incisos II e III;

b) de 10 (dez) a 100 (cem) BTN, no caso dos incisos I, IV e V.

§ 3º Nos casos de fraude, simulação, artifício, ardil, resistência, embaraço ou desacato à fiscalização, assim como na reincidência, a multa especificada no parágrafo anterior será duplicada, sem prejuízo das demais cominações legais.

§ 4º Os valores das multas, quando não recolhidas no prazo legal, serão atualizados monetariamente até a data de seu efetivo pagamento, através de sua conversão pelo BTN Fiscal.

§ 5º O processo de fiscalização, de autuação e de imposição de multas reger-se-á pelo disposto no *Título VII da CLT*, respeitado o privilégio do FGTS à prescrição trintenária.

§ 6º Quando julgado procedente o recurso interposto na forma do *Título VII da CLT*, os depósitos efetuados para garantia de instância serão restituídos com os valores atualizados na forma de lei.

§ 7º A rede arrecadadora e a Caixa Econômica Federal deverão prestar ao Ministério do Trabalho e da Previdência Social as informações necessárias à fiscalização.

Art. 24. Por descumprimento ou inobservância de quaisquer das obrigações que lhe compete como agente arrecadador, pagador e mantenedor do cadastro de contas vinculadas, na forma que vier a ser regulamentada pelo Conselho Curador, fica o banco depositário sujeito ao pagamento de multa equivalente a 10 (dez) por cento do montante da conta do empregado, independentemente das demais cominações legais.

Art. 25. Poderá o próprio trabalhador, seus dependentes e sucessores, ou ainda o Sindicato a que estiver vinculado, acionar diretamente a empresa por intermédio da Justiça do Trabalho, para compeli-la a efetuar o depósito das importâncias devidas nos termos desta lei.

Parágrafo único. A Caixa Econômica Federal e o Ministério do Trabalho e da Previdência Social deverão ser notificados da propositura da reclamação.

Art. 26. É competente a Justiça do Trabalho para julgar os dissídios entre os trabalhadores e os empregadores decorrentes da aplicação desta lei, mesmo quando a Caixa Econômica Federal e o Ministério do Trabalho e da Previdência Social figurarem como litisconsortes.

Parágrafo único. Nas reclamatórias trabalhistas que objetivam o ressarcimento de parcelas relativas ao FGTS, ou que, direta ou indiretamente, impliquem essa obrigação de fazer, o juiz determinará que a empresa sucumbente proceda ao recolhimento imediato das importâncias devidas a tal título.

Art. 27. A apresentação do Certificado de Regularidade do FGTS, fornecido pela Caixa Econômica Federal, é obrigatória nas seguintes situações:

a) habilitação e licitação promovida por órgão da Administração Federal, Estadual e Municipal, direta, indireta ou fundacional ou por entidade controlada direta ou indiretamente pela União, Estado e Município;

b) obtenção, por parte da União, Estados e Municípios, ou por órgãos da Administração Federal, Estadual e Municipal, direta, indireta, ou fundacional, ou indiretamente pela União, Estados ou Municípios, de empréstimos ou financiamentos junto a quaisquer entidades financeiras oficiais; *(Vide Medida Provisória n. 526, de 2011) (Vide Lei n. 12.453, de 2011)*

c) obtenção de favores creditícios, isenções, subsídios, auxílios, outorga ou concessão de serviços ou quaisquer outros benefícios concedidos por órgão da Administração Federal, Estadual e Municipal, salvo quando destinados a saldar débitos para com o FGTS;

d) transferência de domicílio para o exterior;

e) registro ou arquivamento, nos órgãos competentes, de alteração ou distrato de contrato social, de estatuto, ou de qualquer documento que implique modificação na estrutura jurídica do empregador ou na sua extinção.

Art. 28. São isentos de tributos federais os atos e operações necessários à aplicação desta lei, quando praticados pela Caixa Econômica Federal, pelos trabalhadores e seus dependentes ou sucessores, pelos empregadores e pelos estabelecimentos bancários.

Parágrafo único. Aplica-se o disposto neste artigo às importâncias devidas, nos termos desta lei, aos trabalhadores e seus dependentes ou sucessores.

Art. 29. Os depósitos em conta vinculada, efetuados nos termos desta lei, constituirão despesas dedutíveis do lucro operacional dos empregadores e as importâncias levantadas a seu favor implicarão receita tributável.

Art. 29-A. Quaisquer créditos relativos à correção dos saldos das contas vinculadas do FGTS serão liquidados mediante lançamento pelo agente operador na respectiva conta do trabalhador. *(Incluído pela Medida Provisória n. 2.197-43, de 2001)*

Art. 29-B. Não será cabível medida liminar em mandado de segurança, no procedimento cautelar ou em quaisquer outras ações de natureza cautelar ou preventiva, nem a tutela antecipada prevista nos arts. 273 e 461 do Código de Processo Civil que impliquem saque ou movimentação da conta vinculada do trabalhador no FGTS. *(Incluído pela Medida Provisória n. 2.197-43, de 2001)*

Art. 29-C. Nas ações entre o FGTS e os titulares de contas vinculadas, bem como naquelas em que figurem os respectivos representantes ou substitutos processuais, não haverá condenação em honorários advocatícios. *(Incluído pela Medida Provisória n. 2.164-41, de 2001) (Vide ADI n. 2.736)*

Art. 29-D. A penhora em dinheiro, na execução fundada em título judicial em que se determine crédito complementar de saldo de conta vinculada do FGTS, será feita mediante depósito de recursos do Fundo em conta vinculada em nome do exequente, à disposição do juízo. *(Incluído pela Medida Provisória n. 2.164-41, de 2001)*

Parágrafo único. O valor do depósito só poderá ser movimentado, após liberação judicial, nas hipóteses previstas no art. 20 ou para reversão ao Fundo. *(Incluído pela Medida Provisória n. 2.164-41, de 2001)*

Art. 30. Fica reduzida para 1 1/2 (um e meio) por cento a contribuição devida pelas empresas ao Serviço Social do Comércio e ao Serviço Social da Indústria e dispensadas estas entidades da subscrição compulsória a que alude o *art. 21 da Lei n. 4.380, de 21 de agosto de 1964*.

Art. 31. O Poder Executivo expedirá o Regulamento desta lei no prazo de 60 (sessenta) dias a contar da data de sua promulgação.

Art. 32. Esta lei entra em vigor na data de sua publicação, revogada a *Lei n. 7.839, de 12 de outubro de 1989*, e as demais disposições em contrário.

Brasília, 11 de maio de 1990; 169º da Independência e 102º da República.

FERNANDO COLLOR
Zélia M. Cardoso de Mello
Antonio Magri
Margarida Procópio

Este texto não substitui o publicado no DOU de 14.5.1990 *retificado em 15.5.1990*

3. DECRETO N. 99.684/1990

Presidência da República
Casa Civil
Subchefia para Assuntos Jurídicos

DECRETO N. 99.684, DE 8 DE NOVEMBRO DE 1990.

Consolida as normas regulamentares do Fundo de Garantia do Tempo de Serviço (FGTS).

O PRESIDENTE DA REPÚBLICA, no uso da atribuição que lhe confere o art. 84, inciso IV, da Constituição,

DECRETA:

Art . 1º Fica aprovado o Regulamento Consolidado do Fundo de Garantia do Tempo de Serviço, que com este baixa.

Art. 2º Este decreto entra em vigor na data de sua publicação .

Art. 3º Revogam-se as disposições em contrário, em especial os Decretos ns.:

I — 59.820, de 20 de dezembro de 1966;

II — 61.405, de 28 de setembro de 1967;

III — 66.619, de 21 de maio de 1970;

IV — 66.819, de 1º de julho de 1970;

V — 66.867, de 13 de julho de 1970;

VI — 66.939 de 22 de julho de 1970;

VII — 69.265 de 22 de setembro de 1971;

VIII — 71.636, de 29 de dezembro de 1972;

IX — 72.141, de 26 de abril de 1973;

X — 73.423, de 7 de janeiro de 1974;

XI — 76.218, de 9 de setembro de 1975;

XII — 76.750, de 5 de dezembro de 1975;

XIII — 77.357, de 1º de abril de 1976;

XIV — 79.891, de 29 de junho de 1977;

XV — 84.509, de 25 de fevereiro de 1980;

XVI — 87.567 de 16 de setembro de 1982;

XVII — 90.408, de 7 de novembro de 1984;

XVIII — *92.366, de 4 de fevereiro de 1986*;

XIX — *97.848, de 20 de junho de 1989*; e

XX — *98.813, de 10 de janeiro de 1990*.

Brasília, 8 de novembro de 1990; 169º da Independência e 102º da República.

FERNANDO COLLOR
Antonio Magri

Este texto não substitui o publicado no DOU de 12.11.1990

REGULAMENTO DO FUNDO DE GARANTIA DO TEMPO DE SERVIÇO (FGTS)

CAPÍTULO I
Das Disposições Preliminares

Art. 1º Nas relações jurídicas pertinentes ao Fundo de Garantia do Tempo de Serviço (FGTS) será observado o disposto neste regulamento.

Art. 2º Para os efeitos deste regulamento considera-se:

I — empregador, a pessoa natural ou jurídica de direito público ou privado, da Administração Pública direta, indireta ou fundacional de qualquer dos Poderes, da União, dos Estados, do Distrito Federal e dos Municípios, que admitir trabalhadores a seu serviço, bem assim aquele que, regido por legislação especial, encontrar-se nessa condição ou figurar como fornecedor ou tomador de mão-de-obra;

II — trabalhador, a pessoa natural que prestar serviços a empregador, excluídos os eventuais, os autônomos e os servidores públicos civis e militares sujeitos a regime jurídico próprio.

CAPÍTULO II
Do Direito ao FGTS

Art. 3º A partir de 5 de outubro de 1988, o direito ao regime do FGTS é assegurado aos trabalhadores urbanos e rurais, exceto aos domésticos, independentemente de opção.

Parágrafo único. Os trabalhadores domésticos poderão ter acesso ao regime do FGTS, na forma que vier a ser prevista em lei.

Art. 4º A opção pelo regime de que trata este regulamento somente é admitida para o tempo de serviço anterior a 5 de outubro de 1988, podendo os trabalhadores, a qualquer tempo, optar pelo FGTS com efeito retroativo a 1º de janeiro de 1967, ou à data de sua admissão, quando posterior.

Parágrafo único. O disposto neste artigo não se aplica ao trabalhador rural (Lei n. 5.889, de 8 de junho de 1973), bem assim àquele:

a) que tenha transacionado com o empregador o direito à indenização, quanto ao período que foi objeto da transação; ou

b) cuja indenização pelo tempo anterior à opção já tenha sido depositada na sua conta vinculada.

Art. 5º A opção com efeito retroativo será feita mediante declaração escrita do trabalhador, com indicação do período de retroação.

§ 1º O empregador, no prazo de quarenta e oito horas, fará as devidas anotações na Carteira de Trabalho e Previdência Social e no registro do trabalhador, comunicando ao banco depositário.

§ 2º O valor da conta vinculada em nome do empregador e individualizada em relação ao trabalhador, relativo ao período abrangido pela retroação, será transferido pelo banco depositário para conta vinculada em nome do trabalhador.

Art. 6º O tempo de serviço anterior à opção ou a 5 de outubro de 1988 poderá ser transacionado entre empregador e empregado, respeitado o limite mínimo de sessenta por cento da indenização simples ou em dobro, conforme o caso.

Parágrafo único. Na hipótese de que trata este artigo, a transação deverá ser homologada pelo sindicato da categoria profissional, mesmo quando não houver extinção do contrato de trabalho.

Art. 7º O direito ao FGTS se estende aos diretores não empregados de empresas públicas e sociedades controladas direta ou indiretamente pela União (Lei n. 6.919, de 2 de junho de 1981).

Art. 8º As empresas sujeitas ao regime da legislação trabalhista poderão equiparar seus diretores não empregados aos demais trabalhadores sujeitos ao regime do FGTS.

Parágrafo único. Considera-se diretor aquele que exerça cargo de administração previsto em lei, estatuto ou contrato social, independentemente da denominação do cargo.

CAPÍTULO III
Dos Efeitos da Rescisão ou Extinção do Contrato de Trabalho

Art. 9º Ocorrendo despedida sem justa causa, ainda que indireta, com culpa recíproca por força maior ou extinção normal do contrato de trabalho a termo, inclusive a do trabalhador temporário, deverá o empregador depositar, na conta vinculada do trabalhador no FGTS, os valores relativos aos depósitos referentes ao mês da rescisão e, ao imediatamente anterior, que ainda não houver sido recolhido, sem prejuízo das cominações legais cabíveis. *(Redação dada pelo Decreto n. 2.430, de 1997)*

§ 1º No caso de despedida sem justa causa, ainda que indireta, o empregador depositará na conta vinculada do trabalhador no FGTS, importância igual a quarenta por cento do montante de todos os depósitos realizados na conta vinculada durante a vigência do contrato de trabalho atualizados monetariamente e acrescidos dos respectivos juros, não sendo permitida, para este fim a dedução dos saques ocorridos. *(Redação dada pelo Decreto n. 2.430, de 1997)*

§ 2º Ocorrendo despedida por culpa recíproca ou força maior, reconhecida pela Justiça do Trabalho, o percentual de que trata o parágrafo precedente será de vinte por cento.

§ 3º Na determinação da base de cálculo para a aplicação dos percentuais de que tratam o parágrafos precedentes, serão computados os valores dos depósitos relativos aos meses da rescisão e o imediatamente anterior, recolhidas na forma do *caput* deste artigo. *(Redação dada pelo Decreto n. 2.430, de 1997)*

§ 4º O recolhimento das importâncias de que trata este artigo deverá ser comprovada quando da homologação das rescisões contratuais que exijam o pagamento da multa rescisória bem como quando da habilitação ao saque, sempre que não for devida a homologação da rescisão observado o disposto no art. 477 da Consolidação das Leis do Trabalho — CLT, eximindo o empregador, exclusivamente, quanto aos valores discriminados. *(Redação dada pelo Decreto n. 2.430, de 1997)*

§ 5º Os depósitos de que tratam o *caput* e os §§ 1º e 2º deste artigo deverão ser efetuado nos seguintes prazos: *(Redação dada pelo Decreto n. 2.582 de 1998)*

a) até o primeiro dia útil imediato ao término do contrato; ou *(Incluído pelo Decreto n. 2.582 de 1998)*

b) até o décimo dia, contado da data da notificação da demissão, quando da ausência do aviso prévio, indenização do mesmo ou dispensa de seu cumprimento. *(Incluído pelo Decreto n. 2.582 de 1998)*

§ 6º O empregador que não realizar os depósitos previstos neste artigo, no prazo especificado no parágrafo anterior, sujeitar-se-á às cominações previstas no art. 30. *(Incluído pelo Decreto n. 2.430, de 1997)*

§ 7º O depósito dos valores previstos neste artigo deverá ser efetuado, obrigatoriamente na CEF ou, nas localidades onde não existam unidades daquela empresa, nos bancos conveniados aplicando-se a estes depósitos o disposto no art. 32. *(Incluído pelo Decreto n. 2.430, de 1997)*

§ 8º A CEF terá prazo de dez dias úteis, após o recolhimento, para atender às solicitações de saque destes valores. *(Incluído pelo Decreto n. 2.430, de 1997)*

§ 9º A CEF, para fins de remuneração como Agente Operador do FGTS, considerará recolhimento desses depósitos, da multa rescisória e dos saques desses valores com movimentações distintas. *(Incluído pelo Decreto n. 2.430, de 1997)*

Art. 10. Caberá ao banco depositário e, após a centralização à Caixa Econômica Federal (CEF), prestar ao empregador, no prazo máximo de cinco dias úteis da solicitação, as informações necessárias ao cumprimento do disposto nos §§ 1º e 2º do artigo precedente.

§ 1º As informações deverão discriminar os totais de depósitos efetuados pelo empregador, acrescidos dos respectivos juros e correção monetária.

§ 2º Caberá ao empregador comprovar o efetivo depósito dos valores devidos que não tenham ingressado na conta até a data da rescisão do contrato de trabalho.

Art. 11. Fica ressalvado o direito adquirido dos trabalhadores que, em 5 de outubro de 1988, já tinham o direito à estabilidade no emprego, nos termos do Capítulo V do Título IV da CLT.

Art. 12. Ocorrendo rescisão do contrato de trabalho, para a qual não tenha o trabalhador dado causa, fica assegurado, na forma do disposto nos arts. 477 a 486 e 497 da CLT, o direito à indenização relativa ao tempo de serviço anterior a 5 de outubro de 1988, que não tenha sido objeto de opção.

Art. 13. No caso de rescisão ou extinção do contrato de trabalho de empregado que conte tempo de serviço anterior a 5 de outubro de 1988 na qualidade de não-optante, o empregador poderá levantar o saldo da respectiva conta individualizada, mediante:

I — comprovação do pagamento da indenização devida, quando for o caso; ou

II — autorização do Instituto Nacional de Seguro Social (INSS), quando não houver indenização a ser paga ou houver decorrido o prazo prescricional para reclamação de direitos por parte do trabalhador.

Parágrafo único. Nas hipóteses previstas neste artigo, os recursos serão liberados no prazo de cinco dias úteis, contado da apresentação do comprovante de pagamento da indenização ou da autorização conferida pelo INSS.

Art. 14. No caso de contrato a termo, a rescisão antecipada, sem justa causa ou com culpa recíproca, equipara-se às hipóteses previstas nos §§ 1º e 2º do art. 9º, respectivamente, sem prejuízo do disposto no art. 479 da CLT.

Art. 15. Ocorrendo rescisão do contrato de trabalho, pelo empregador, por justa causa, o trabalhador demitido somente terá direito ao saque de sua conta vinculada nas hipóteses previstas nos incisos III a VIII do art. 35.

Art. 16. Equipara-se a extinção normal do contrato a termo o término do mandato do diretor não empregado (arts. 7º e 8º) não reconduzido.

CAPÍTULO IV
Das Contas

Art. 17. As importâncias creditadas nas contas vinculadas em nome dos trabalhadores são impenhoráveis.

Art. 18. O saldo das contas vinculadas é garantido pelo Governo Federal, podendo ser instituído seguro especial para esse fim.

Art. 19. Os depósitos efetuados nas contas vinculadas serão corrigidos monetariamente com base nos parâmetros fixados para atualização dos saldos dos depósitos de poupança e capitalizarão juros de três por cento ao ano.

§ 1º A correção monetária e os juros correrão à conta do FGTS.

§ 2º Para as contas vinculadas dos trabalhadores optantes, existentes em 22 de setembro de 1971, a capitalização dos juros dos depósitos continuará a ser feita levando-se em conta o período de permanência na mesma empresa, na seguinte progressão:

a) três por cento, durante os dois primeiros anos;

b) quatro por cento, do terceiro ao quinto ano;

c) cinco por cento, do sexto ao décimo ano;

d) seis por cento, a partir do décimo primeiro ano.

§ 3º O disposto no parágrafo precedente deixará de ser aplicado quando o trabalhador mudar de empresa, hipótese em que a capitalização dos juros passará a ser feita à taxa de três por cento ao ano.

Art. 20. O crédito da atualização monetária e dos juros será efetuado na conta do trabalhador:

I — no primeiro dia útil de cada mês, com base no saldo existente no primeiro dia útil do mês anterior, até que ocorra a centralização das contas na CEF; e

II — no dia 10 de cada mês, com base no saldo existente no dia 10 do mês anterior, após a centralização prevista neste artigo.

§ 1º O saldo existente no mês anterior será utilizado como base para o cálculo dos juros e da atualização monetária após a dedução dos saques ocorridos no período, exceto os efetuados no dia do crédito.

§ 2º Caso no dia 10 não haja expediente bancário, considerar-se-á o primeiro dia útil subsequente, tanto para a realização do crédito quanto para a definição do saldo-base.

Art. 21. Até o dia 14 de maio de 1991, a CEF assumirá o controle de todas as contas vinculadas, passando os demais estabelecimentos bancários, findo esse prazo, à condição de agentes recebedores e pagadores do FGTS, mediante recebimento de tarifa a ser fixada pelo Conselho Curador.

§ 1º Até que a CEF implemente as disposições deste artigo, a conta vinculada continuará sendo aberta em nome do trabalhador, em estabelecimento bancário escolhido pelo empregador.

§ 2º Verificando-se mudança de emprego, a conta vinculada será transferida para o estabelecimento bancário da escolha do novo empregador

Art. 22. A partir do segundo mês após a centralização das contas na CEF, fica assegurado ao trabalhador o direito de receber, bimestralmente, extrato informativo da conta vinculada.

Parágrafo único. A qualquer tempo a CEF, mediante solicitação, fornecerá ao trabalhador informações sobre sua conta vinculada.

Art. 23. 0 banco depositário é responsável pelos lançamentos efetuados nas contas vinculadas durante o período em que estiverem sob sua administração.

Art. 24. Por ocasião da centralização na CEF, caberá ao banco depositário emitir o último extrato das contas vinculadas sob sua responsabilidade, que deverá conter, inclusive, o registro dos valores transferidos e a discriminação dos depósitos efetuados na vigência do último contrato de trabalho.

Art. 25. Após a centralização das contas na CEF saldo de conta não individualizada e de conta vinculada sem depósito há mais de cinco anos será incorporado ao patrimônio do FGTS, resguardado o direito do beneficiário de reclamar, a qualquer tempo, a reposição do valor transferido, mediante comprovação de ter a conta existido.

Art. 26. A empresa anotará na Carteira de Trabalho e Previdência Social o nome e endereço da agência do banco depositário.

Parágrafo único. Após a centralização das contas na CEF, a empresa ficará desobrigada da anotação de que trata este artigo.

CAPÍTULO V
Dos Depósitos

Art. 27. 0 empregador, ainda que entidade filantrópica, é obrigado a depositar, até o dia 7 de cada mês, em conta bancária vinculada, a importância correspondente a oito por cento de remuneração paga ou devida no mês anterior, a cada trabalhador, incluídas as parcelas de que tratam os arts. 457 e 458 da CLT e a gratificação de Natal a que se refere a Lei n. 4.090, de 13 de julho de 1962, com as modificações da Lei n. 4.749, de 12 de agosto de 1965.

Parágrafo único. Não integram a base de cálculo para incidência do percentual de que trata este artigo:

a) a contribuição do empregador para o Vale-Transporte (Decreto n. 95.247, de 17 de novembro de 1987); e

b) os gastos efetuados com bolsas de aprendizagem (Lei n. 8.069, de 13 de julho de 1990, art. 64).

Art. 28. 0 depósito na conta vinculada do FGTS é obrigatório também nos casos de interrupção do contrato de trabalho prevista em lei, tais como:

I — prestação de serviço militar;

II — licença para tratamento de saúde de até quinze dias;

III — licença por acidente de trabalho;

IV — licença à gestante; e

V — licença-paternidade.

Parágrafo único. Na hipótese deste artigo, a base de cálculo será revista sempre que ocorrer aumento geral na empresa ou na categoria profissional a que pertencer o trabalhador.

Art. 29. O depósito a que se refere o art. 27 é devido, ainda, quando o empregado passar a exercer cargo de diretoria, gerência ou outro de confiança imediata do empregador.

Art. 30. O mpregador que não realizar os depósitos previstos no prazo fixado no art. 27 sujeitar-se-á às obrigações e sanções previstas nos arts. 50 e 52 e responderá:

I — pela atualização monetária da importância correspondente; e

II — pelos juros de mora de um por cento ao mês e multa de vinte por cento, incidentes sobre o valor atualizado.

§ 1º A atualização monetária será cobrada por dia de atraso, tomando-se por base os índices de variação do Bônus do Tesouro Nacional Fiscal (BTN Fiscal) ou, na falta deste, do título que vier a sucedê-lo, ou, ainda, a critério do Conselho Curador, por outro indicador da inflação diária.

§ 2º Se o débito for pago até o último dia útil do mês em que o depósito deveria ter sido efetuado, a multa será reduzida para dez por cento.

§ 3º O disposto neste artigo se aplica aos depósitos decorrentes de determinação judicial.

Art. 31. Até a centralização das contas na CEF, a apropriação na conta vinculada, para fins de atualização monetária e capitalização de juros, será feita:

I — no primeiro dia útil do mês subsequente, quando o depósito ocorrer no próprio mês em que se tornou devido;

II — no primeiro dia útil do mês do depósito, quando este ocorrer no mês subsequente àquele em que se tornou devido; e

III — no primeiro dia útil do mês do depósito, quando este ocorrer a partir do segundo mês subsequente ao em que se tornou devido, atualizado monetariamente e acrescido de juros, contados da data em que a apropriação deveria ter sido feita.

Art. 32. Os depósitos relativos ao FGTS, efetuados na rede bancária, serão transferidos à CEF no segundo dia útil subsequente à data em que tenham sido efetuados.

Art. 33. Os empregadores deverão comunicar mensalmente aos trabalhadores os valores recolhidos ao FGTS e repassar-lhes todas as informações recebidas da CEF ou dos bancos depositários sobre as respectivas contas vinculadas.

Art. 34. Os depósitos em conta vinculada constituirão despesas dedutíveis do lucro operacional dos empregadores e as importâncias levantadas a seu favor, receita tributável (Lei n. 8.036, de 11 de maio de 1990).

CAPÍTULO VI
Dos Saques

Art. 35. A conta vinculada do trabalhador no FGTS poderá ser movimentada nas seguintes situações:

I — despedida sem justa causa, inclusive a indireta, de culpa recíproca e por força maior comprovada com o depósito dos valores de que tratam os §§ 1º e 2º do art. 9º; *(Redação dada pelo Decreto n. 2.430, de 1997)*

II — extinção da empresa, fechamento de quaisquer de seus estabelecimentos, filiais ou agências, supressão de parte de suas atividades, ou, ainda, falecimento do empregador individual, sempre que qualquer dessas ocorrências implique rescisão do contrato de trabalho, comprovada por declaração escrita da empresa, suprida, quando for o caso, por decisão judicial transitada em julgado;

III — aposentadoria concedida pela Previdência Social;

IV — falecimento do trabalhador;

V — pagamento de parte das prestações decorrentes de financiamento habitacional concedido no âmbito do Sistema Financeiro da Habitação SFH, desde que:

a) o mutuário conte com o mínimo de três anos de trabalho sob o regime do FGTS, na mesma empresa ou em empresas diferentes;

b) o valor bloqueado seja utilizado, no mínimo, durante o prazo de doze meses; e

c) o valor de cada parcela a ser movimentada não exceda a oitenta por cento do montante da prestação;

VI — liquidação ou amortização extraordinária do saldo devedor de financiamento imobiliário concedido no âmbito do SFH, desde que haja interstício mínimo de dois anos para cada movimentação, sem prejuízo de outras condições estabelecidas pelo Conselho Curador;

VII — pagamento total ou parcial do preço de aquisição de moradia própria, observadas as seguintes condições:

a) conte o mutuário com o mínimo de três anos de trabalho sob o regime do FGTS, na mesma empresa ou empresas diferentes; e

b) seja a operação financiada pelo SFH ou, se realizada fora do Sistema, preencha os requisitos para ser por ele financiada;

VIII — quando permanecer três anos ininterruptos, a partir de 14 de maio de 1990, sem crédito de depósitos;

IX — extinção normal do contrato a termo, inclusive o dos trabalhadores temporários regidos pela Lei n. 6.019, de 1974; *(Redação dada pelo Decreto n. 5.860, de 2006)*

X — suspensão do trabalho avulso por período igual ou superior a noventa dias; *(Redação dada pelo Decreto n. 5.860, de 2006)*

XI — quando o trabalhador ou qualquer de seus dependentes for acometido de neoplasia maligna; *(Incluído pelo Decreto n. 5.860, de 2006)*

XII — aplicação, na forma individual ou por intermédio de Clubes de Investimento — CI-FGTS, em quotas de Fundos Mútuos de Privatização — FMP-FGTS, conforme disposto no inciso XII do art. 20 da Lei n. 8.036, de 11 de maio de 1990; *(Redação dada pelo Decreto n. 5.860, de 2006)*

XIII — quando o trabalhador ou qualquer de seus dependentes for portador do vírus HIV; e *(Incluído pelo Decreto n. 5.860, de 2006)*

XIV — quando o trabalhador ou qualquer de seus dependentes estiver em estágio terminal, em razão de doença grave. *(Incluído pelo Decreto n. 5.860, de 2006)*

§ 1º Os depósitos em conta vinculada em nome de aposentado, em razão de novo vínculo empregatício, poderão ser sacados também no caso de rescisão do contrato de trabalho a seu pedido.

§ 2º Nas hipóteses previstas nos incisos I e II, o trabalhador somente poderá sacar os valores relativos ao último contrato de trabalho.

§ 3º O Conselho Curador disciplinará o disposto no inciso V, visando a beneficiar os trabalhadores de baixa renda e a preservar o equilíbrio financeiro do FGTS.

§ 4º A garantia a que alude o art. 18 deste Regulamento não compreende as aplicações que se refere o inciso XII deste artigo. *(Incluído pelo Decreto n. 2.430, de 1997)*

§ 5º Os recursos automaticamente transferidos da conta do titular no FGTS em razão da aquisição de ações, bem como os ganhos ou perdas dela decorrentes, observado o disposto na parte final do § 1º do art. 9º, não afetarão a base de cálculo da indenização de que tratam os §§ 1º e 2º, do art. 9º deste Regulamento. *(Incluído pelo Decreto n. 2.430, de 1997)*

§ 6º Os resgates de quotas dos FMP-FGTS e dos CI-FGTS, para os casos previstos nos incisos I a IV e VI a X deste artigo, somente poderão ocorrer com autorização prévia do Agente Operador do FGTS. *(Redação dada pelo Decreto n. 5.860, de 2006)*

§ 7º Nos casos previstos nos incisos IV, VI e VII, o resgate de quotas implicará retomo à conta vinculada do trabalhador do valor resultante da aplicação. *(Incluído pelo Decreto n. 2.430, de 1997)*

§ 8º O limite de cinquenta por cento a que se refere o inciso XII deste artigo será observado a cada aplicação e após deduzidas as utilizações anteriores que não tenham retornado ao FGTS de modo que o somatório dos saques da espécie, atualizados, não poderá ser superior à metade do saldo atual da respectiva conta. *(Incluído pelo Decreto n. 2.430, de 1997)*

Art. 36.O saque poderá ser efetuado mediante:

I — apresentação do recibo de quitação das verbas rescisórias, nos casos dos incisos I e II do artigo precedente;

II — apresentação de documento expedido pelo Instituto Nacional do Seguro Social (INSS) que:

a) declare a condição de inativo, no caso de aposentadoria; ou

b) contenha a identificação e a data de nascimento de cada dependente, no caso de falecimento do trabalhador;

III — requerimento dirigido ao agente financeiro, nas hipóteses dos incisos V e VI, ou ao banco arrecadador, nos casos dos incisos VII e VIII, todos do artigo anterior;

IV — apresentação de cópia do instrumento contratual, no caso de contrato a termo;

V — declaração do sindicato representativo da categoria profissional, no caso de suspensão do trabalho avulso por período igual ou superior a noventa dias; *(Redação dada pelo Decreto n. 5.860, de 2006)*

VI — comprovação da rescisão e da sua condição de aposentado, no caso do § 1º do art. 35; *(Redação dada pelo Decreto n. 5.860, de 2006)*

VII — requerimento formal do trabalhador ao Administrador do FMP-FGTS, ou do CI-FGTS, ou por meio de outra forma estabelecida pelo Agente Operador do FGTS, no caso previsto no inciso XII do art. 35, garantida, sempre, a aquiescência do titular da conta vinculada; e *(Redação dada pelo Decreto n. 5.860, de 2006)*

VIII — atestado de diagnóstico assinado por médico, devidamente identificado por seu registro profissional, emitido na conformidade das normas dos Conselhos Federal e Regional de Medicina, com identificação de patologia consignada no Código Internacional de Doenças — CID, e descritivo dos sintomas ou do histórico patológico pelo qual se identifique que o trabalhador ou dependente seu é portador de neoplasia maligna, do vírus HIV ou que caracterize estágio terminal de vida em razão de doença grave, nos casos dos incisos XI, XIII e XIV do art. 35. *(Incluído pelo Decreto n. 5.860, de 2006)*

Parágrafo único. A apresentação dos documentos de que tratam os incisos I e IV do *caput* deste artigo poderá ser suprida pela comunicação para fins de autorização da movimentação da conta vinculada do trabalhador, realizada com uso de certificação digital e em conformidade com os critérios estabelecidos pelo Agente Operador do FGTS. *(Incluído pelo Decreto n. 5.860, de 2006)*

Art. 37. O saque de recursos na conta vinculada incluirá, obrigatoriamente, os valores nela depositados no mês do evento, mesmo que ainda não tenham sido creditados.

Art. 38.O saldo da conta vinculada do trabalhador que vier a falecer será pago a seu dependente, para esse fim habilitado perante a Previdência Social, independentemente de autorização judicial.

§ 1º Havendo mais de um dependente habilitado, o pagamento será feito de acordo com os critérios adotados pela Previdência Social para a concessão de pensão por morte.

§ 2º As quotas atribuídas a menores ficarão depositadas em caderneta de poupança e, salvo autorização judicial, só serão disponíveis após o menor completar dezoito anos.

§ 3º Na falta de dependentes, farão jus ao recebimento do saldo da conta vinculada os sucessores do trabalhador, na forma prevista no Código Civil, indicados em alvará judicial, expedido a requerimento do interessado, independentemente de inventário ou arrolamento.

Art. 39. O direito de utilizar os recursos creditados em conta vinculada em nome do trabalhador não poderá ser exercido simultaneamente para a aquisição de mais de um imóvel.

Art. 40. O imóvel, adquirido com a utilização do FGTS, somente poderá ser objeto de outra operação com recursos do fundo na forma que vier a ser disciplinada pelo Conselho Curador.

Art. 41. A solicitação de saque da conta vinculada será atendida no prazo de cinco dias úteis, quando o documento for entregue na agência onde o empregador tenha efetuado o depósito do FGTS.

§ 1º Compete à CEF expedir instruções fixando prazo para os casos em que a entrega do documento não ocorra na agência mantenedora a conta ou quando o sacador solicitar que o saque seja liberado em outra agência, ou, ainda, quando o sacador optar pelo saque após o crédito de juros e atualização monetária relativos ao mês em que se verificar o pedido.

§ 2º Decorrido o prazo, sobre o valor do saque incidirá atualização monetária com base nos índices de variação do BTN Fiscal, ou outro que vier a sucedê-lo, ou, ainda, a critério do Conselho Curador, por outro indicador da inflação diária.

§ 3º No caso de valor aplicado em FMP-FGTS, e para os fins previstos nos incisos IV, VI e VII do art. 35, o prazo de cinco dias contar-se-á a partir do retorno do valor resultante da aplicação à conta vinculada e não da data da solicitação. *(Incluído pelo Decreto n. 2.430, de 1997)*

Art. 42. A movimentação da conta vinculada do FGTS por menor de dezoito anos dependerá da assistência do responsável legal.

CAPÍTULO VII
Do Certificado de Regularidade

Art. 43. A regularidade da situação do empregador perante o FGTS será comprovada pelo Certificado de Regularidade do FGTS, com validade em todo o território nacional, a ser fornecido pela CEF, mediante solicitação.

Art. 44. A apresentação do Certificado de Regularidade do FGTS é obrigatória para:

I – habilitação em licitação promovida por órgãos da Administração Pública direta, indireta ou fundacional e por empresas controladas direta ou indiretamente pela União, pelos Estados, pelo Distrito Federal e pelos Municípios;

II — obtenção de empréstimos ou financiamentos junto a quaisquer instituições financeiras públicas, por parte de órgãos e entidades da Administração Pública direta, indireta ou fundacional, bem assim empresas controladas direta ou indiretamente pela União, pelos Estados, pelo Distrito Federal e pelos Municípios;

III — obtenção de favores creditícios, isenções, subsídios, auxílios, outorga ou concessão de serviços ou quaisquer outros benefícios concedidos por órgão da Administração Pública Federal, dos Estados, do Distrito Federal e dos Municípios, salvo quando destinados a saldar débitos para com o FGTS;

IV — transferência de domicílio para o exterior; e

V — registro ou arquivamento, nos órgãos competentes, de alteração ou distrato de contrato social, de estatuto, ou de qualquer documento que implique modificação na estrutura jurídica do empregador ou na extinção da empresa.

Art. 45. Para obter o Certificado de Regularidade, o empregador deverá satisfazer as seguintes condições:

I — estar em dia com as obrigações para com o FGTS; e

II — estar em dia com o pagamento de prestação de empréstimos lastreados em recursos do FGTS.

Art. 46. O Certificado de Regularidade terá validade de até seis meses contados da data da sua emissão.

§ 1º No caso de parcelamento de débito, a validade será de trinta dias.

§ 2º Havendo antecipação no pagamento de parcelas, o Certificado terá validade igual ao período correspondente às prestações antecipadas, observado o prazo máximo de seis meses.

CAPÍTULO VIII
Das Infrações e das Penalidades

Art. 47. Constituem infrações à Lei n. 8.036, de 1990:

I — não depositar mensalmente a parcela referente ao FGTS;

II — omitir informações sobre a conta vinculada do trabalhador;

III — apresentar informações ao Cadastro Nacional do Trabalhador, dos trabalhadores beneficiários, com erros ou omissões;

IV — deixar de computar, para efeito de cálculo dos depósitos do FGTS, parcela componente da remuneração;

V — deixar de efetuar os depósitos com os acréscimos legais, após notificado pela fiscalização.

Parágrafo único. Por trabalhador prejudicado o infrator estará sujeito às seguintes multas:

a) de dois a cinco BTN, nos casos dos incisos II e III; e

b) de dez a cem BTN, nos casos dos incisos I, IV e V.

Art. 48. Nos casos de fraude, simulação, artifício, ardil, resistência, embaraço ou desacato à fiscalização, assim como na reincidência, a multa especificada no artigo anterior será duplicada, sem prejuízo das demais cominações legais.

Art. 49. Os valores das multas, quando não recolhidas no prazo legal, serão atualizados monetariamente pelo BTN Fiscal até a data de seu efetivo pagamento.

Art. 50. O empregador em mora para com o FGTS não poderá, sem prejuízo de outras disposições legais (Decreto-Lei n. 368, de 14 de dezembro de 1968, art. 1º):

I — pagar honorário, gratificação, *pro labore*, ou qualquer tipo de retribuição ou retirada a seus diretores, sócios, gerentes ou titulares de firma individual; e

II — distribuir quaisquer lucros, bonificações, dividendos ou interesses a seus sócios, titulares, acionistas, ou membros de órgãos dirigentes, fiscais ou consultivos.

Art. 51. O empregador em mora contumaz com o FGTS não poderá receber qualquer benefício de natureza fiscal, tributária ou financeira, por parte de órgão da União, dos Estados, do Distrito Federal ou dos Municípios, ou de que estes participem (Decreto-Lei n. 368, de 1968, art. 2º).

§ 1º Considera-se mora contumaz o não pagamento de valores devidos ao FGTS por período igual ou superior a três meses, sem motivo grave ou relevante , excluídas as causas pertinentes ao risco do empreendimento.

§ 2º Não se incluem na proibição deste artigo as operações destinadas à liquidação dos débitos existentes para com o FGTS, o que deverá ser expressamente consignado em documento firmado pelo responsável legal da empresa, como justificação do crédito.

Art. 52. Pela infração ao disposto nos incisos I e II do art. 50, os diretores, sócios, gerentes, membros de órgãos fiscais ou consultivos, titulares de firma individual ou quaisquer outros dirigentes de empresa estão sujeitos à pena de detenção de um mês a um ano (Decreto-Lei n. 368, de 1968, art. 4º).

Parágrafo único. Apurada a infração prevista neste artigo, a autoridade competente do INSS representará, sob pena de responsabilidade, ao Ministério Público, para a instauração da competente ação penal.

Art. 53. Por descumprimento ou inobservância de quaisquer das obrigações que lhe compete como agente arrecadador, pagador ou mantenedor do cadastro de contas vinculadas, na forma que vier a ser disciplinada pelo Conselho Curador, fica o banco depositário sujeito ao pagamento de multa equivalente a dez por cento do montante da conta do empregado, independentemente das demais cominações legais.

CAPÍTULO IX
Da Fiscalização

Art. 54. Compete ao Ministério do Trabalho e da Previdência Social — MTPS, por intermédio do INSS, exercer a fiscalização do cumprimento do disposto na Lei n. 8.036, de 1990, de acordo com este regulamento e os arts. 626 a 642 da CLT, especialmente quanto à apuração dos débitos e das infrações praticadas pelos empregadores.

Art. 55. O processo de fiscalização, de autuação e de imposição de multas reger-se-á pelo disposto no Título VII da CLT, respeitado o privilégio do FGTS à prescrição trintenária.

Art. 56. A penalidade de multa será aplicada pelo Gerente de Atendimento de Relações de Emprego, do INSS, mediante decisão fundamentada, lançada em processo administrativo, assegurada ampla defesa ao autuado.

Parágrafo único. Na fixação da penalidade a autoridade administrativa levará em conta as circunstâncias e consequências da infração, bem como ser o infrator primário ou reincidente, a sua situação econômico-financeira e os meios ao seu alcance para cumprir a lei.

Art. 57. Quando julgado procedente o recurso interposto na forma do art. 636 da CLT, os depósitos efetuados para garantia de instância serão restituídos com os valores atualizados na forma da lei.

Art. 58. A rede arrecadadora e a CEF deverão prestar ao MTPS as informações necessárias à fiscalização.

CAPÍTULO X
Do Fundo e do seu Exercício Financeiro

Art. 59. O FGTS é constituído pelos saldos das contas vinculadas e outros recursos a ele incorporados.

Parágrafo único. Constituem recursos incorporados ao FGTS:

a) eventuais saldos apurados nos termos do art. 68;

b) dotações orçamentárias específicas;

c) resultados de aplicações;

d) multas, correção monetária e juros moratórios auferidos; e

e) outras receitas patrimoniais e financeiras.

Art. 60. O exercício financeiro do FGTS será de 1º de janeiro a 31 de dezembro.

§ 1º No final de cada exercício financeiro será realizado balanço anual do FGTS.

§ 2º As contas do FGTS serão escrituradas em registros contábeis próprios.

CAPÍTULO XI
Da Aplicação dos Recursos

Art. 61. As aplicações com recursos do FGTS poderão ser realizadas diretamente pela CEF, pelos demais órgãos integrantes do SFH e pelas entidades para esse fim credenciadas pelo Banco Central do Brasil como agentes financeiros, exclusivamente segundo critérios fixados pelo Conselho Curador, mediante operações em que sejam assegurados:

I — garantia real;

II — correção monetária igual à das contas vinculadas;

III — taxa de juros média mínima, por projeto, de três por cento ao ano; e

IV — prazo máximo de retorno de vinte e cinco anos.

§ 1º A rentabilidade média das aplicações deverá ser suficiente à cobertura de todos os custos incorridos pelo fundo e ainda à formação de reserva técnica para o atendimento de gastos eventuais não previstos, sendo da CEF o risco de crédito.

§ 2º Os recursos do FGTS deverão ser aplicados em habitação, saneamento básico e infraestrutura urbana, sem prejuízo das disponibilidades financeiras que deverão ser mantidas em volume que satisfaça às condições de liquidez e à remuneração mínima necessária à preservação do poder aquisitivo da moeda.

§ 3º O programa de aplicações deverá destinar, no mínimo, sessenta por cento para investimentos em habitação popular.

§ 4º O Conselho Curador definirá o conceito de habitação popular considerando, em especial, a renda das famílias a serem atendidas.

§ 5º Os projetos de saneamento básico e infra-estrutura urbana, financiados com recursos do FGTS, deverão ser complementares aos programas habitacionais.

§ 6º Nos financiamentos concedidos a pessoa jurídica de direito público será exigida garantia real ou vinculação de receitas.

Art. 62. 0 Conselho Curador fixará diretrizes e estabelecerá critérios técnicos para as aplicações dos recursos do FGTS, de forma que sejam:

I — exigida a participação dos contratantes de financiamentos nos investimentos a serem realizados;

II — assegurado o cumprimento, por parte dos contratantes, das obrigações decorrentes dos financiamentos obtidos; e

III — evitadas distorções na aplicação entre as regiões do País, considerando para tanto a demanda habitacional, a população e outros indicadores sociais.

CAPÍTULO XII
Do Conselho Curador do FGTS

Art. 63. O FGTS será regido segundo normas e diretrizes estabelecidas por um Conselho Curador.

Art. 64. Ao Conselho Curador compete:

I — estabelecer as diretrizes e os programas de alocação de todos os recursos do FGTS, de acordo com os critérios definidos na Lei n. 8.036, de 1990, em consonância com a política nacional de desenvolvimento urbano e as políticas setoriais de habitação popular, saneamento básico e infraestrutura urbana estabelecidas pelo Governo Federal;

II — apreciar e aprovar os programas anuais e plurianuais do FGTS;

III — acompanhar e avaliar a gestão econômica e financeira dos recursos, bem como os ganhos sociais e o desempenho dos programas aprovados;

IV — pronunciar-se sobre as contas do FGTS, antes do seu encaminhamento aos órgãos de controle interno;

V — adotar as providências cabíveis para a correção de atos do MAS e da CEF, que prejudiquem o desempenho e o cumprimento das finalidades a que se destinam os recursos do FGTS;

VI — dirimir dúvidas quanto à aplicação das normas regulamentares, relativas ao FGTS, nas matérias de sua competência;

VII — fixar as normas e valores de remuneração do Agente Operador e dos Agentes Financeiros;

VIII — fixar critérios para o parcelamento de recolhimentos em atraso;

IX — fixar critérios e valor de remuneração da entidade ou órgão encarregado da fiscalização;

X — divulgar, no Diário Oficial da União, todas as decisões proferidas pelo conselho, bem como as contas do FGTS e os respectivos pareceres emitidos; e

XI — aprovar seu regimento interno.

Art. 65. O Conselho Curador do FGTS, presidido pelo Ministro de Estado do Trabalho e da Previdência Social, tem a seguinte composição:

I — Ministro de Estado da Economia, Fazenda e Planejamento;

II — Ministro de Estado da Ação Social;

III — Presidente do Banco Central do Brasil;

IV — Presidente da Caixa Econômica Federal;

V — três representantes dos trabalhadores; e

VI — três representantes dos empregadores.

§ 1º Os representantes dos trabalhadores e dos empregadores, bem como os seus suplentes, serão indicados pelas respectivas centrais sindicais e confederações nacionais e nomeados pelo Ministro de Estado do Trabalho e da Previdência Social, com mandato de dois anos, permitida a recondução uma vez.

§ 2º Os presidentes das entidades referidas nos incisos III e IV indicarão seus suplentes ao Presidente do Conselho Curador, que os nomeará.

§ 3º O Conselho Curador reunir-se-á ordinariamente, a cada bimestre, mediante convocação de seu Presidente. Esgotado esse período, não tendo ocorrido convocação, qualquer de seus membros poderá fazê-la, no prazo de quinze dias. Havendo necessidade, qualquer membro poderá convocar reunião extraordinária, na forma do Regimento Interno.

§ 4º As decisões do Conselho Curador serão tomadas por maioria simples, com a presença de, no mínimo, sete de seus membros, tendo o Presidente voto de qualidade.

§ 5º As despesas necessárias para o comparecimento às reuniões do Conselho Curador constituirão ônus das respectivas entidades representadas.

§ 6º As ausências ao trabalho dos representantes dos trabalhadores no Conselho Curador, decorrentes das atividades desse órgão, serão abonadas, computando-se como jornada efetivamente trabalhada para todos os fins e efeitos legais.

§ 7º Competirá ao MTPS proporcionar, ao Conselho Curador, os meios necessários ao exercício de sua competência, para o que contará com uma Secretaria Executiva do Conselho Curador do FGTS.

§ 8º Aos membros efetivos do Conselho Curador e aos seus suplentes, enquanto representantes dos trabalhadores, é assegurada a estabilidade no emprego, da nomeação até um ano após o término do mandato, somente podendo ser demitidos por motivos de falta grave, regularmente comprovada.

§ 9º As funções de membro do Conselho Curador não serão remuneradas, sendo o seu exercício considerado serviço relevante.

CAPÍTULO XIII
Do Gestor da Aplicação do FGTS

Art. 66 Ao Ministério do Planejamento e Orçamento, na qualidade de Gestor da aplicação dos recursos do FGTS, compete: *(Redação dada pelo Decreto n. 1.522, de 1995)*

I — praticar todos os atos necessários à gestão da aplicação do FGTS, de acordo com as diretrizes e programas estabelecidos pelo Conselho Curador; *(Redação dada pelo Decreto n. 1.522, de 1995)*

II — expedir atos normativos relativos à alocação dos recursos para a implementação dos programas aprovados pelo Conselho Curador; *(Redação dada pelo Decreto n. 1.522, de 1995)*

III — definir as metas a serem alcançadas pelos programas de habitação popular, saneamento básico e infra-estrutura urbana; *(Redação dada pelo Decreto n. 1.522, de 1995)*

IV — estabelecer os critérios, procedimentos e parâmetros básico para a análise, seleção, contratação, acompanhamento e avaliação dos projetos a serem financiados com recursos do FGTS, com observância dos objetivos da política nacional de desenvolvimento urbano e das políticas setoriais de habitação popular, saneamento básico e infraestrutura urbana, estabelecidas pelo Governo Federal; *(Redação dada pelo Decreto n. 1.522, de 1995)*

V — definir as prioridades, a metodologia e os parâmetros básicos que nortearão a elaboração dos orçamentos e planos plurianuais de aplicação dos recursos do FGTS; *(Redação dada pelo Decreto n. 1.522, de 1995)*

VI — elaborar os orçamentos anuais e planos plurianuais de aplicação dos recursos, discriminando-os por Unidade da Federação e submetendo-os, até 31 de julho de cada ano, ao Conselho Curador; *(Redação dada pelo Decreto n. 1.522, de 1995)*

VII — acompanhar a execução dos programas de habitação popular, saneamento básico e infra-estrutura urbana, decorrentes da aplicação dos recursos do FGTS, implementadas pelo Agente Operador; *(Redação dada pelo Decreto n. 1.522, de 1995)*

VIII — subsidiar o Conselho Curador com estudos técnicos necessários ao aprimoramento dos programas de habitação popular, saneamento e infraestrutura urbana; *(Redação dada pelo Decreto n. 1.522, de 1995)*

IX — submeter ao Conselho Curador as contas do FGTS. *(Redação dada pelo Decreto n. 1.522, de 1995)*

Parágrafo único. O Gestor da aplicação poderá firmar convênios com os Governos dos Estados e do Distrito Federal para, por intermédio de instâncias colegiadas constituídas de representantes do governo estadual, dos governos municipais, quando houver, e da sociedade civil, em igual número, enquadrar, hierarquizar os pleitos de operações de crédito com recursos do FGTS. *(Incluído pelo Decreto n. 1.522, de 1995)*

CAPÍTULO XIV
Do Agente Operador do FGTS

Art. 67 Cabe à CEF, na qualidade de Agente Operador do FGTS: *(Redação dada pelo Decreto n. 1.522, de 1995)*

I — centralizar os recursos do FGTS, participar da rede incumbida de sua arrecadação, manter e controlar as contas vinculadas e emitir regularmente os extratos individuais correspondentes; *(Redação dada pelo Decreto n. 1.522, de 1995)*

II — definir os procedimentos operacionais necessários à execução dos programas de habitação popular, saneamento básico e infraestrutura urbana e ao cumprimento das resoluções do Conselho Curador e dos atos normativos do Gestor da aplicação do FGTS; *(Redação dada pelo Decreto n. 1.522, de 1995)*

III — expedir atos normativos referentes aos procedimentos administrativos e operacionais dos bancos depositários, dos agentes financeiros e promotores, dos tomadores dos recursos, dos empregadores e dos trabalhadores, integrantes do sistema do FTGS; *(Redação dada pelo Decreto n. 1.522, de 1995)*

IV — analisar, sob os aspectos jurídico e de viabilidade técnica, econômica e financeira, os projetos de habitação popular, infraestrutura urbana, e saneamento básico a serem financiados com recursos do FGTS; *(Redação dada pelo Decreto n. 1.522, de 1995)*

V — avaliar o desempenho e a capacidade econômico-financeira dos agentes envolvidos nas operações de crédito com recursos do FGTS; *(Redação dada pelo Decreto n. 1.522, de 1995)*

VI — conceder os créditos para as operações previamente selecionadas e hierarquizadas, desde que consideradas viáveis, de acordo com o disposto no inciso IV deste artigo, responsabilizando-se pelo acompanhamento de sua execução e zelando pela correta aplicação dos recursos; *(Redação dada pelo Decreto n. 1.522, de 1995)*

VII — formalizar convênios com a rede bancária para recebimento de pagamento do FGTS, em conformidade com o disposto pelo Conselho Curador; *(Redação dada pelo Decreto n. 1.522, de 1995)*

VIII — celebrar convênios e contratos, visando à aplicação dos recursos do FGTS, em conformidade com o disposto pelo Conselho Curador; *(Redação dada pelo Decreto n. 1.522, de 1995)*

IX — elaborar as contas do FGTS, encaminhando-as ao Gestor da aplicação; *(Redação dada pelo Decreto n. 1.522, de 1995)*

X — implementar os atos do Gestor relativos à alocação e à aplicação dos recursos do FGTS, de acordo com as diretrizes estabelecidas pelo Conselho Curador; *(Redação dada pelo Decreto n. 1.522, de 1995)*

XI — emitir Certificado de Regularidade do FGTS; *(Redação dada pelo Decreto n. 1.522, de 1995)*

XII — apresentar relatórios gerenciais periódicos e, sempre que solicitadas, outras informações, com a finalidade de proporcionar ao Gestor da Aplicação e ao Conselho Curador meios para avaliar o desempenho dos programas, nos seus aspectos físico, econômico-financeiro, social e institucional, e sua conformidade com as diretrizes governamentais. *(Redação dada pelo Decreto n. 1.522, de 1995)*

XIII — expedir atos normativos referentes aos procedimentos administrativo-operacionais a serem observados pelos agentes administradores dos FMP-FGTS e dos CI-FGTS, no que se refere às questões relacionadas ao cadastramento, ao fluxo de informações das movimentações e a resgates de quotas; *(Incluído pelo Decreto n. 2.430, de 1997)*

XIV — determinar aos administradores dos FMP-FGTS e dos CI-FGTS o retorno das aplicações ao FGTS, nos casos de falecimento do titular, de aquisição de casa própria, de amortização ou liquidação de saldo devedor de financiamento do SFH e para o cumprimento de ordem judicial. *(Incluído pelo Decreto n. 2.430, de 1997)*

Art. 68. Os resultados financeiros auferidos pela CEF, no período entre o repasse dos bancos e o depósito nas contas vinculadas dos trabalhadores, destinar-se-ão à cobertura das despesas de administração do FGTS e ao pagamento da tarifa aos bancos depositários, devendo os eventuais saldos ser incorporados ao patrimônio do fundo, nos termos do art. 59, parágrafo único, alínea *a*.

CAPÍTULO XV
Das Disposições Gerais

Art. 69. É competente a Justiça do Trabalho para julgar os dissídios entre os trabalhadores e os empregadores, decorrentes da aplicação da Lei n. 8.036, de 1990, mesmo quando a União e a CEF figurarem como litisconsortes.

Parágrafo único. Nas reclamatórias trabalhistas que objetivem o ressarcimento de parcelas relativas ao FGTS, ou que, direta ou indiretamente, impliquem essa obrigação, o juiz determinará que a empresa sucumbente proceda ao recolhimento imediato das importâncias devidas a tal título.

Art. 70. Poderá o próprio trabalhador, seus dependentes e sucessores, ou, ainda, o sindicato a que estiver vinculado, acionar diretamente a empresa para compeli-la a efetuar o depósito das importâncias devidas nos termos da Lei n. 8.036, de 1990.

Parágrafo único. A União e a CEF deverão ser notificadas da propositura da reclamação.

Art. 71. São isentos de tributos federais os atos e operações necessários à aplicação da Lei n. 8.036, de 1990, quando praticados pela CEF, pelos trabalhadores e seus dependentes ou sucessores, pelos empregadores e pelos estabelecimentos bancários.

Parágrafo único. Aplica-se o disposto neste artigo às importâncias devidas, nos termos da Lei n. 8.036, de 1990, aos trabalhadores e seus dependentes ou sucessores.

Art. 72. É facultado à entidade sindical representar os trabalhadores junto ao empregador, ao banco depositário ou à CEF, para obtenção de informações relativas ao FGTS.

Art. 73. É facultado ao empregador desobrigar-se da responsabilidade da indenização relativa ao termo de serviço anterior à opção, depositando na conta vinculada do trabalhador, até o último dia útil do mês previsto em lei para o pagamento de salário, o valor correspondente à indenização, aplicando-se ao depósito, no que couber, as disposições da Lei n. 8.036, de 1990, e deste regulamento.

CAPÍTULO XVI
Das Disposições Finais e Transitórias

Art. 74. O MAS, a CEF e o Conselho Curador serão responsáveis pelo fiel cumprimento e observância dos critérios estabelecidos na Lei n. 8.036, de 1990, e neste regulamento.

Art. 75. O Conselho Curador expedirá os atos necessários para que seja resguardada a integridade dos direitos do trabalhador, notadamente no que se refere à atualização dos respectivos créditos e à exata informação, quando da centralização das contas do FGTS na CEF.

Art. 76. Os trabalhadores admitidos a termo e os temporários, cujos contratos se extinguiram durante a vigência da Lei n. 7.839, de 12 de outubro de 1989, poderão movimentar suas contas vinculadas relativas a esses contratos, cabendo aos então empregadores fornecer os documentos necessários para o levantamento dos respectivos valores.

Art. 77. O disposto no art. 7º se aplica aos diretores não-empregados das autarquias em regime especial e fundações sob supervisão ministerial (Lei n. 6.919, de 1981).

Art. 78. O MAS e a CEF deverão dar pleno cumprimento aos programas anuais em andamento, aprovados pelo Conselho Curador, sendo que eventuais alterações somente poderão ser processadas mediante prévia anuência daquele colegiado.

Art. 79. Até que se cumpra o disposto no art. 29 do Ato das Disposições Constitucionais Transitórias, cabe à Procuradoria-Geral da Fazenda Nacional promover a execução judicial dos créditos da União decorrentes da aplicação de penalidades previstas na Lei n. 8.036, de 1990.

4. INSTRUÇÃO NORMATIVA SIT — MTE N. 99/2012

INSTRUÇÃO NORMATIVA DA SECRETARIA DE INSPEÇÃO DO TRABALHO — SIT N. 99 DE 23.08.2012

DOU: 24.8.2012

Dispõe sobre a fiscalização do Fundo de Garantia do Tempo de Serviço — FGTS e das Contribuições Sociais instituídas pela Lei Complementar n. 110, de 29 de junho de 2001.

A Secretária de Inspeção do Trabalho, no exercício da competência prevista nos incisos VI e XIII do art. 1º, do Anexo VI, da Portaria n. 483, de 15 de setembro de 2004 e tendo em vista o disposto no art. 1º da Lei n. 8.844, de 20 de janeiro de 1994, art. 23 da Lei n. 8.036, de 11 de maio de 1990, art. 54 do Decreto n. 99.684, de 8 de novembro de 1990, art. 3º da Lei Complementar n. 110, de 29 de junho de 2001, no art. 6º do Decreto n. 3.914, de 11 de setembro de 2001, no art. 31 da Lei n. 9.491, de 9 de setembro de 1997 e no art. 9º do Decreto no. 2.430, de 17 de dezembro de 1997,

Resolve:

Art. 1º O Auditor Fiscal do Trabalho — AFT, na fiscalização do Fundo de Garantia do Tempo de Serviço — FGTS e das Contribuições Sociais — CS, deve observar o disposto nesta instrução normativa.

CAPÍTULO I
Da Fiscalização

Art. 2º Cabe à Secretaria de Inspeção do Trabalho — SIT definir os projetos nos quais deve ser obrigatória, em todas as ações fiscais, a inclusão dos atributos relacionados à verificação de regularidade dos recolhimentos do FGTS, das CS e da formalização do vínculo de emprego nas ordens de serviço — OS.

§1º O período mínimo a ser fiscalizado deve ter como início e término, respectivamente, a primeira competência não inspecionada e a penúltima competência exigível, definida por ocasião do encerramento da ação fiscal, facultando-se ao AFT atingir até a última.

§ 2º Se durante a ação fiscal o AFT constatar indício de débito não notificado, a fiscalização deve retroagir a outros períodos, para fins de levantamento de débito.

Art. 3º O AFT deve notificar o empregador, por meio de Notificação para Apresentação de Documentos — NAD, para apresentar livros e documentos necessários ao desenvolvimento da ação fiscal, inclusive a apresentação em mídia e formatos acessíveis à fiscalização, arquivos digitais, em meio magnético ou eletrônico, quando mantidos pelo empregador e quando entender serem necessários ao exercício de suas atribuições legais.

§ 1º O AFT deve observar o critério da dupla visita para a lavratura de autos de infração, na forma do art. 627 da Consolidação das Leis do Trabalho — CLT, aprovada pelo Decreto-lei n. 5.452, de 1º de maio de 1943, do art. 6º, § 3º, da Lei n. 7.855, de 24 de outubro de 1989, e do art. 55, §1º, da Lei Complementar n. 123, de 14 de dezembro de 2006, não se aplicando este critério para a emissão das notificações de débito.

§ 2º Em caso de fiscalização de empregador que adote controle único e centralizado de documentos sujeitos à inspeção do trabalho, o AFT deve solicitar a comprovação da regularidade dos recolhimentos do FGTS e CS por estabelecimento, nos termos dos artigos 18 a 24 desta instrução normativa.

§ 3º O controle único e centralizado de documentos é aquele efetuado em apenas um estabelecimento da empresa, ressalvados os documentos que, obrigatoriamente, devam permanecer em cada local de trabalho.

§ 4º O termo empregador refere-se também àquele a quem a lei determinar a obrigação do recolhimento.

Art. 4º O AFT pode examinar livros contábeis, fiscais e outros documentos de suporte à escrituração das empresas, assim como apreender documentos, arquivos digitais, materiais, livros e assemelhados, para a verificação da existência de fraudes e irregularidades, mediante termo lavrado de acordo com a Instrução Normativa n. 89, de 2 de março de 2011.

Parágrafo único. Caso constate indícios de fraude, o AFT, sem prejuízo da ação fiscal, deve informá-los à chefia imediata, por meio de relatório.

CAPÍTULO II
Do FGTS e da Contribuição Social sobre a Remuneração Mensal do Trabalhador

Do Procedimento de Verificação do Recolhimento

Art. 5º O AFT deve verificar o recolhimento do FGTS e da CS incidentes sobre a remuneração paga ou devida aos trabalhadores, nos seguintes percentuais, estabelecidos em lei:

I — FGTS, à alíquota de oito por cento;

II — Contribuição Social prevista no art. 2º da Lei Complementar n. 110, de 2001, à alíquota de cinco décimos por cento.

§ 1º Na verificação do recolhimento do FGTS prevista no inciso I, o AFT deve observar ainda os seguintes percentuais:

a) nos contratos de aprendizagem previstos no art. 428 da CLT, o percentual de dois por cento;

b) no período de fevereiro de 1998 a janeiro de 2003, o percentual de dois por cento a oito por cento nos contratos por prazo determinado instituídos pela Lei n. 9.601, de 21 de janeiro de 1998.

§ 2º É devido o depósito do FGTS, excluída a indenização compensatória, na conta vinculada do trabalhador, cujo contrato de trabalho seja declarado nulo, nos termos do art. 37, § 2º, da Constituição Federal, quando reconhecido o direito à percepção do salário.

Art. 6º A verificação a que se refere o art. 5º deve ser realizada inclusive nas hipóteses em que o trabalhador se afaste do serviço, por força de lei ou de acordo, mas continue percebendo remuneração ou contando o tempo de afastamento como de serviço efetivo, tais como:

I — serviço militar obrigatório;

II — primeiros quinze dias de licença para tratamento de saúde, exceto no caso de concessão de novo benefício decorrente da mesma doença, dentro de sessenta dias contados da cessação do benefício anterior, de acordo com o previsto no § 3º do art. 75 do Decreto n. 3.048, de 6 de maio de 1999;

III — licença por acidente de trabalho;

IV — licença-maternidade;

V — licença-paternidade;

VI — gozo de férias;

VII — exercício de cargo de confiança; e

VIII — demais casos de ausências remuneradas.

Art. 7º Para verificação da CS mensal, deve ser considerado o período de janeiro de 2002 a dezembro de 2006, observando-se ainda as hipóteses de isenção previstas no § 1º do art. 2º da Lei Complementar n. 110, de 2001.

§1º Para a apuração do benefício da isenção previsto no inciso I do § 1º do art. 2º da Lei Complementar n. 110, de 2001, deve ser considerado o limite de um milhão e duzentos mil reais de faturamento anual, independentemente da receita bruta exigida para inscrição no Sistema Integrado de Pagamento de Impostos e Contribuições das Microempresas e Empresas de Pequeno Porte — SIMPLES.

§ 2º Descaracteriza a isenção qualquer documentação que comprove faturamento superior ao limite estabelecido no § 1º.

Da Identificação da Base de Cálculo Art. 8º Consideram-se de natureza salarial, para fins do disposto no art. 5º, as seguintes parcelas, além de outras identificadas pelo caráter de contraprestação do trabalho:

I — o salário-base, inclusive as prestações *in natura*;

II — as horas extras;

III — os adicionais de insalubridade, periculosidade e do trabalho noturno;

IV — o adicional por tempo de serviço;

V — o adicional por transferência de localidade de trabalho;

VI — o salário-família, no que exceder o valor legal obrigatório;

VII — o abono ou gratificação de férias, desde que excedente a vinte dias do salário, concedido em virtude de cláusula contratual, de regulamento da empresa, ou de convenção ou acordo coletivo;

VIII — o valor de um terço do abono constitucional das férias;

IX — as comissões;

X — as diárias para viagem, pelo seu valor global, quando excederem a cinquenta por cento da remuneração do empregado, desde que não haja prestação de contas do montante gasto;

XI — as etapas, no caso dos marítimos;

XII — as gorjetas;

XIII — a gratificação de natal, seu valor proporcional e sua parcela incidente sobre o aviso prévio indenizado, inclusive na extinção de contrato a prazo certo e de safra, e a gratificação periódica contratual, pelo seu duodécimo;

XIV — as gratificações ajustadas, expressa ou tacitamente, tais como de produtividade, de balanço, de função ou por exercício de cargo de confiança;

XV — as retiradas de diretores não empregados, quando haja deliberação da empresa, garantindo-lhes os direitos decorrentes do contrato de trabalho;

XVI — o valor a título de licença-prêmio;

XVII — o valor pelo repouso semanal remunerado;

XVIII — o valor pelos domingos e feriados civis e religiosos trabalhados, bem como o valor relativo à dobra em razão de feriados trabalhados, não compensados;

XIX — o valor a título de aviso prévio, trabalhado ou indenizado;

XX — o valor a título de quebra de caixa.

XXI — o valor do tempo de reserva, nos termos do § 6º do art. 235-E da CLT.

Parágrafo único. As contribuições mencionadas no art. 5º também incidirão sobre:

I — o valor contratual mensal da remuneração do empregado afastado na forma do art. 6º desta IN, inclusive sobre a parte variável, calculada segundo os critérios previstos na CLT e na legislação esparsa, atualizada sempre que ocorrer aumento geral na empresa ou para a categoria;

II — o valor da remuneração paga pela entidade de classe ao empregado licenciado para desempenho de mandato sindical, idêntico ao que perceberia caso não licenciado, inclusive com as variações salariais ocorridas durante o licenciamento, obrigatoriamente informadas pelo empregador à respectiva entidade.

III — o salário contratual e o adicional de transferência devido ao empregado contratado no Brasil transferido para prestar serviço no exterior;

IV — a remuneração percebida pelo empregado ao passar a exercer cargo de diretoria, gerência ou outro cargo de confiança imediata do empregador, salvo se a do cargo efetivo for maior;

V — remuneraçao paga a empregado estrangeiro, em atividade no Brasil, independentemente do local em que for realizado o pagamento.

Art. 9º Não integram a remuneração, para fins do disposto no art. 5º:

I — participação do empregado nos lucros ou resultados da empresa, quando paga ou creditada de acordo com a Lei n. 10.101, de 19 de dezembro de 2000;

II — abono correspondente à conversão de um terço das férias em pecúnia e seu respectivo adicional constitucional;

III — abono ou gratificação de férias, concedido em virtude de contrato de trabalho, de regulamento da empresa, de convenção ou acordo coletivo de trabalho, cujo valor não exceda a vinte dias do salário;

IV — o valor correspondente ao pagamento da dobra da remuneração de férias concedidas após o prazo legal;

V — importâncias recebidas a título de férias indenizadas e o respectivo adicional constitucional;

VI — indenização por tempo de serviço anterior a 05 de outubro de 1988, de empregado não-optante pelo FGTS;

VII — indenização relativa à dispensa de empregado no período de trinta dias que antecede sua data-base, de acordo com o disposto no art. 9º da Lei n. 7.238, de 29 de outubro de 1984;

VIII — indenização por despedida sem justa causa do empregado nos contratos com termo estipulado de que trata o art. 479 da CLT, bem como na indenização prevista na alínea *f* do art. 12 da Lei n. 6.019, de 3 de janeiro de 1974;

IX — indenização do tempo de serviço do safrista, quando do término normal do contrato de que trata o art. 14 da Lei n. 5.889, de 8 de junho de 1973;

X — indenização recebida a título de incentivo à demissão;

XI — indenização de quarenta por cento sobre o montante de todos os depósitos de FGTS realizados na conta vinculada do trabalhador.

XII — indenização relativa à licença-prêmio;

XIII — ajuda de custo, em parcela única, recebida exclusivamente em decorrência de mudança de localidade de trabalho do empregado, na forma do art. 470 da CLT;

XIV — ajuda de custo, em caso de transferência permanente, e o adicional mensal, em caso de transferência provisória, recebidos pelo aeronauta nos termos da Lei n. 5.929, de 30 de outubro de 1973;

XV — diárias para viagem, desde que não excedam a cinquenta por cento da remuneração mensal percebida pelo empregado;

XVI — valor da bolsa de aprendizagem, garantida ao adolescente até quatorze anos de idade, de acordo com o disposto no art.64 da Lei n. 8.069, de 13 de julho de 1990, vigente até 15 de dezembro de 1998, em face da promulgação da Emenda Constitucional n. 20;

XVII — valor da bolsa ou outra forma de contraprestação, quando paga ao estagiário nos termos da Lei n. 11.788, de 25 de setembro de 2008;

XVIII — cotas do salário-família e demais benefícios pagos pela Previdência Social, nos termos e limites legais, salvo o salário maternidade e o auxílio doença decorrente de acidente do trabalho;

XIX — parcela *in natura* recebida de acordo com o Programa de Alimentação do Trabalhador — PAT, instituído pela Lei n. 6.321, de 14 de abril de 1976;

XX — vale-transporte, nos termos e limites legais, bem como transporte fornecido pelo empregador para deslocamento ao trabalho e retorno, em percurso servido ou não por transporte público;

XXI — valor da multa paga ao trabalhador em decorrência do atraso na quitação das parcelas rescisórias;

XXII — importâncias recebidas a título de ganhos eventuais e abonos expressamente desvinculados do salário por força de lei;

XXIII — abono do Programa de Integração Social — PIS e do Programa de Assistência ao Servidor Público — PASEP;

XXIV — valores correspondentes a transporte, alimentação e habitação fornecidos pelo empregador ao empregado contratado para trabalhar em localidade distante de sua residência, em canteiro de obras ou local que, por força da atividade, exija deslocamento e estada, observadas as normas de proteção estabelecidas pelo MTE;

XXV — importância paga ao empregado a título de complementação ao valor do auxílio-doença, desde que este direito seja extensivo à totalidade dos empregados da empresa;

XXVI — parcelas destinadas à assistência ao empregado da agroindústria canavieira, de que trata o art. 36 da Lei n. 4.870, de 1º de dezembro de 1965;

XXVII — valor das contribuições efetivamente pagas pelo empregador a título de previdência privada;

XXVIII — valor relativo a assistência médica, hospitalar e odontológica, prestada diretamente pelo empregador ou mediante seguro saúde;

XXIX — valor correspondente a vestuários, equipamentos e outros acessórios fornecidos ao empregado e utilizados no local de trabalho para prestação dos serviços;

XXX — ressarcimento de despesas pelo uso de veículo do empregado, quando devidamente comprovadas;

XXXI — valor relativo à concessão de educação, em estabelecimento de ensino do empregador ou de terceiros, compreendendo valores relativos a matrícula, mensalidade, anuidade, livros e material didático;

XXXII — valores recebidos em decorrência da cessão de direitos autorais;

XXXIII — auxílio-creche pago em conformidade com a legislação trabalhista, para ressarcimento de despesas devidamente comprovadas com crianças de até 6 (seis) anos de idade;

XXXIV — auxílio-babá, limitado ao salário mínimo, pago em conformidade com a legislação trabalhista e condicionado a comprovação do registro na Carteira de Trabalho e Previdência Social — CTPS, para ressarcimento de despesas de remuneração e contribuição previdenciária de empregado que cuide de crianças de até 6 (seis) anos de idade;

XXXV — valor das contribuições efetivamente pagas pelo empregador a título de prêmio de seguro de vida e de acidentes pessoais; e

XXXVI — o valor do tempo de espera, nos termos do § 9º do art. 235-C da CLT.

Da Forma e Prazo do Recolhimento

Art. 10. Na verificação a que se refere o art. 5º, o AFT deve observar se o recolhimento foi efetuado até o dia sete do mês subsequente ao da competência devida, em conta vinculada do empregado, por meio de guia ou procedimento específico estabelecido pela Caixa Econômica Federal — CAIXA.

§ 1º Quando o vencimento do prazo mencionado no caput ocorrer em dia não útil, o recolhimento deve ser efetuado no dia útil imediatamente anterior.

§ 2º Considera-se competência devida dos recolhimentos previstos no art. 5º:

I — o mês e o ano a que se refere a remuneração;

II — o período de gozo das férias, observada a proporcionalidade do número de dias em cada mês;

III — o mês e o ano em que é paga ou devida cada parcela da gratificação natalina, como também o mês e o ano da complementação da gratificação, para efeito de recolhimento complementar.

Art. 11. O AFT deve observar que na vigência de legislação anterior, o recolhimento do FGTS estava sujeito aos seguintes prazos:

I — até o último dia do mês subsequente ao vencido, no período de 1º de janeiro de 1967 a 20 de junho de 1989, de acordo com a Lei n. 5.107, de 13 de setembro de 1966;

II — até o último dia do expediente bancário do primeiro decêndio de cada mês, referente ao mês anterior, no período de 21 de junho de 1989 a 12 de outubro de 1989, nos termos da Lei n. 7.794, de 10 de julho de 1989;

III — até o quinto dia útil do mês subsequente ao vencido, no período de 13 de outubro de 1989 a 13 de maio de 1990, conforme previsto na Lei n. 7.839, de 12 de outubro de 1989, considerado o sábado como dia útil para efeito de contagem, a partir da vigência da Instrução Normativa n. 01, de 07 de novembro de 1989.

CAPÍTULO III
Do FGTS e da Contribuição Social na Rescisão ou Extinção do Contrato de Trabalho

Da Verificação de Recolhimento e da Identificação da Base de Cálculo

Art. 12. No caso de despedida sem justa causa, rescisão indireta do contrato de trabalho, rescisão antecipada de contrato a termo por iniciativa do empregador, inclusive do contrato de trabalho temporário, o AFT deve verificar o recolhimento do FGTS e da CS incidentes sobre o montante de todos os depósitos devidos ao FGTS na vigência do contrato de trabalho, atualizados monetariamente e acrescidos dos respectivos juros remuneratórios, não se deduzindo, para este fim, os saques ocorridos:

I — FGTS, à alíquota de quarenta por cento;

II — Contribuição Social prevista no art. 1º da Lei Complementar n. 110, de 2001, à alíquota de dez por cento.

§ 1º O percentual de que trata o inciso I será de vinte por cento na ocorrência de despedida por culpa recíproca ou força maior, reconhecidas pela Justiça do Trabalho.

§ 2º Os empregadores domésticos estão isentos da contribuição de que trata o inciso II.

§ 3º O disposto no inciso I não se aplica aos contratos celebrados de acordo com a Lei n. 9.601, de 1998, exceto se convencionado pelas partes.

§ 4º Ocorrendo despedida sem justa causa, ainda que indireta, com culpa recíproca, por força maior, extinção normal ou antecipada do contrato de trabalho a termo, inclusive a do trabalhador temporário e daquele contratado na forma da Lei n. 9.601, de 1998, o AFT deve verificar o recolhimento do FGTS e da CS, mencionado no art. 5º, referente ao mês da rescisão e ao imediatamente anterior.

Art. 13. Integram a base de cálculo das contribuições mencionadas no art. 14 os valores dos recolhimentos relativos ao mês da rescisão e ao imediatamente anterior, bem como o complemento da atualização monetária devido na data da rescisão contratual, previsto no art. 4º da Lei Complementar n. 110, de 2001.

Da Forma e Prazo de Recolhimento

Art. 14. Na verificação do valor devido na rescisão contratual, o AFT deve observar se o depósito foi efetuado em conta vinculada do trabalhador, por meio de guia ou procedimento específico estabelecido pela CAIXA, nos seguintes prazos:

I — até o primeiro dia útil imediato ao término do contrato ou do efetivo desligamento do empregado dispensado sem justa causa e com aviso prévio trabalhado;

II — até o décimo dia corrido, a contar do dia imediatamente posterior ao do efetivo desligamento do empregado dispensado sem justa causa, com indenização, ausência ou dispensa de cumprimento do aviso prévio, ou em caso de rescisão antecipada de contrato de trabalho por prazo determinado, inclusive do trabalho temporário.

§ 1º O recolhimento incidente sobre a remuneração do mês anterior e do mês da rescisão do contrato deve ser efetuado na forma do art. 10, caso o prazo ali previsto seja anterior aos consignados neste artigo.

§ 2º O prazo para o recolhimento previsto no inciso II não será aplicado na rescisão antecipada de contrato de trabalho por prazo determinado, que ocorrer nos dez dias que antecederem ao término regular do contrato, hipótese em que deve ser observado o prazo previsto no inciso I.

Da Sistemática para Distribuição de Valor Rescisório Recolhido a Menor

Art. 15. Ao verificar que o valor recolhido é menor que a soma das parcelas declaradas na guia de recolhimento rescisório, o AFT deve adotar a sistemática de distribuição de valores de acordo com a seguinte ordem de prioridade:

I — percentual devido a título de contribuição para o FGTS relativo à:

a) multa rescisória;

b) percentual incidente sobre o aviso prévio indenizado;

c) percentual incidente sobre a remuneração do mês da rescisão; e

d) percentual incidente sobre a remuneração do mês anterior ao da rescisão;

II — juros e atualização monetária — JAM devidos na conta vinculada do empregado, relativos aos percentuais incidentes sobre as parcelas seguintes, em ordem de prioridade:

a) remuneração do mês anterior ao da rescisão;

b) remuneração do mês da rescisão;

c) aviso prévio indenizado; e

d) multa rescisória.

III — alíquota de cinco décimos por cento devida a título de Contribuição Social Mensal — CSM, observando-se a ordem de prioridade do inciso II, exceto alínea *d*;

IV — alíquota de dez por cento, devida na rescisão, a título de Contribuição Social Rescisória — CSR;

V — parcela resultante da diferença entre os acréscimos legais e o JAM, observando-se a ordem de prioridade do inciso II;

VI — parcela relativa aos acréscimos legais referentes à contribuição mencionada no inciso III, observando-se a ordem de prioridade do inciso II, exceto alínea *d*;

VII — parcela relativa aos acréscimos legais referentes à contribuição mencionada no inciso IV.

Parágrafo único. Para efeito do disposto neste artigo, considera-se:

I — JAM: a soma dos valores devidos pela aplicação dos juros remuneratórios da conta vinculada do empregado com atualização pela taxa referencial — TR, na forma da lei;

II — acréscimos legais: a soma da atualização pela TR com os juros de mora e multa de mora, na forma da lei.

Art. 16. Após a aplicação do disposto no art. 15, o AFT, a fim de apurar o débito, deve confrontar os valores distribuídos com os valores devidos pelo empregador.

CAPÍTULO IV
Do Levantamento de Débito

Art. 17. Ao constatar irregularidade, o AFT deve proceder ao levantamento do débito, individualizado por empregado, e emitir a notificação respectiva para que o empregador recolha a importância devida.

Parágrafo único. Os sistemas informatizados à disposição da fiscalização do trabalho devem ser utilizados para a verificação da regularidade dos recolhimentos de FGTS e CS.

Do Procedimento em Empresas Com Estabelecimentos

Filiais Art. 18. Nas empresas com mais de um estabelecimento, localizados em diferentes Unidades da Federação — UF, o levantamento do débito do FGTS e das CS, relativo a todos os estabelecimentos, deve ser efetuado preferencialmente pela Superintendência Regional do Trabalho e Emprego — SRTE com competência sobre a localidade da matriz da empresa.

Art. 19. Ao constatar a existência de débito em estabelecimento filial ou equivalente, localizado fora da UF da matriz, o AFT deve comunicá-la à chefia imediata e solicitar à SRTE competente, ou seja, em cuja circunscrição esteja localizada a matriz, por meio do Sistema Federal de Inspeção do Trabalho — SFIT, autorização para o levantamento do débito na forma do art.18.

§ 1º As chefias imediatas das SRTE envolvidas devem informar aos coordenadores dos projetos do FGTS a existência de débito, para fins de inclusão no planejamento da fiscalização.

§ 2º O levantamento efetuado na forma centralizada deve conter demonstrativo do débito discriminado por estabelecimento.

§ 3º Recebida a solicitação referida no caput, a SRTE competente deve autorizar ou negar a solicitação no prazo de dez dias, a contar da informação no SFIT.

§ 4º Negada a solicitação, a SRTE competente deve iniciar a ação fiscal em dez dias, a contar da informação no SFIT.

§ 5º Autorizado o levantamento do débito, a SRTE solicitante deve iniciar a ação fiscal no prazo máximo de dez dias.

§ 6º No caso de omissão da SRTE competente, a SRTE solicitante deve iniciar a ação fiscal no prazo do §5º.

Art. 20. Para o levantamento do débito, a chefia competente, ou quem esta designar, deve programar a ação fiscal considerando a complexidade da apuração, tais como, o porte do empregador, a distribuição geográfica dos estabelecimentos envolvidos, além de outros fatores que entender como relevantes, podendo para tanto designar mais de um AFT.

Art. 21. Independentemente da solicitação prevista no art. 19, o AFT deve emitir notificação de débito quando este for originado de remuneração paga a empregados sem registro, parcelas não declaradas, ou decorrentes de irregularidades específicas do estabelecimento fiscalizado.

Art. 22. Caso a fiscalização não se inicie nos prazos estabelecidos no art. 19 e não havendo outra solicitação em andamento, a SIT deve indicar a SRTE que procederá ao levantamento centralizado, podendo, inclusive, designar AFT de outras unidades.

Art. 23. No levantamento de débito para empresa com todos os estabelecimentos localizados na mesma UF aplicam-se, no que couber, as disposições dos arts. 18 a 21, devendo a solicitação ser dirigida ao chefe de fiscalização da SRTE.

Art. 24. A ação fiscal para o levantamento do débito na forma do art. 18 não impede a lavratura de autos de infração por infrações constatadas em quaisquer dos estabelecimentos fiscalizados.

Do Procedimento em Tomadores de Serviço

Art. 25. Ao constatar ser irregular o fornecimento de mão de- obra, atribuindo-se ao tomador do serviço a responsabilidade pelo vínculo empregatício dos trabalhadores, o AFT deve expedir a notificação de débito de FGTS e CS contra o tomador.

Parágrafo único. Os depósitos de FGTS e CS eventualmente realizados pelo prestador de serviços, decorrentes dos contratos de trabalho a que se refere o caput, devem ser abatidos do débito apurado.

Do Procedimento em Grupos Econômicos

Art. 26. Caso o AFT constate que o empregador, objeto da ação fiscal, é devedor de FGTS e/ou CS e integra grupo econômico nos termos do § 2º do art. 2º da CLT, os depósitos eventualmente realizados por outros empregadores integrantes deste grupo, relativos ao mesmo contrato de trabalho, devem ser abatidos do débito apurado, quando pertinentes.

§1º Se, em razão do procedimento descrito no caput, for constatada a existência de débito de FGTS e/ou CS em empregador integrante do grupo econômico situado em outra unidade da federação, ou em outra circunscrição na mesma unidade, o AFT deve informar tal fato à sua chefia imediata, para comunicação à unidade regional do MTE competente e a devida apuração.

§2º O relatório circunstanciado deve conter fundamentação quanto à caracterização da existência do grupo econômico, bem como dele deve constar a qualificação dos demais integrantes do grupo.

Do Procedimento em Órgãos Públicos

Art. 27. O AFT deve verificar o recolhimento das contribuições mencionadas nos artigos 5º e 12 relativamente aos servidores de entes da Administração Pública, cujo regime de trabalho seja regidos pela CLT, notificando-os na forma do art. 3º.

§ 1º Quando for constatada a inexistência de documentos e de quaisquer registros que possibilitem o levantamento, o débito deve ser arbitrado com base em dados contidos na dotação específica do orçamento do órgão ou na forma prevista nos arts. 30 e 31.

§ 2º Caso o ente público se negue a apresentar os documentos solicitados, o AFT deve informar à chefia imediata, para fins de comunicação ao Tribunal de Contas, ao Ministério Público Federal, ao Ministério Público Estadual, ao Ministério Público do Trabalho, sem prejuízo da lavratura dos respectivos autos de infração.

Do Procedimento Frente a Confissões de Dívida na Caixa Econômica Federal

Art. 28. Nas ações fiscais em que se constatar a existência de confissão de dívida junto à CAIXA, o AFT deve emitir, no Sistema AUDITOR, o Relatório de Auditoria de Débito Confessado — RAC, independentemente da existência de parcelamento concedido.

§ 1º O AFT deve consultar a existência de confissão de dívida ainda não auditada, no período a que se refere o art. 2º, inclusive junto aos sistemas informatizados disponíveis à fiscalização do trabalho.

§ 2º O RAC contemplará a identificação do empregador, a situação verificada e demais observações relativas à auditoria.

§ 3º O RAC não exime o AFT da emissão de notificação de débito, na forma do art. 17, ainda que o débito tenha sido corretamente confessado e que haja parcelamento formalizado.

§ 4º Na notificação deve ser incluído o débito existente no momento de sua emissão, confessado ou não.

§ 5º A confissão de débito apresentada pelo empregador perante a Caixa Econômica Federal — CAIXA, durante o andamento da ação fiscal, não prejudica a emissão da notificação de débito.

Art. 29. Para fins do disposto no art. 29, a fiscalização do trabalho deve utilizar os dados enviados pela CAIXA, em arquivo digital, relativos às confissões de débito por ela recebidas, acompanhadas das informações necessárias à auditagem do débito, de acordo com o disposto no parágrafo único do art. 1º da Lei n. 8.844, de 1994.

Dos Procedimentos Especiais

Art. 30. Havendo documentação que, embora incompleta, propicie a identificação de empregados em situação irregular, proceder- se-á ao levantamento por recomposição de folha de pagamento, utilizando-se dados declarados em sistemas informatizados.

Art. 31. Não sendo possível a recomposição da folha de pagamento, o levantamento do débito será efetuado por arbitramento, optando-se pelo critério mais favorável ao empregado, dentre os quais:

a) a remuneração paga ao empregado em meses anteriores ou posteriores;

b) a remuneração paga a outros empregados da mesma empresa que exerçam ou exerciam função equivalente ou semelhante;

c) o piso salarial da categoria profissional;

d) o salário profissional;

e) o piso salarial previsto na Lei Complementar n. 103, de 14 de julho de 2000;

f) o salário mínimo nacional.

Art. 32. Considera-se não quitado o FGTS pago diretamente ao empregado, à exceção dos pagamentos efetuados até 15 de fevereiro de 1998, relativos ao mês da rescisão, ao imediatamente anterior e à indenização compensatória.

Art. 33. No período de vigência da Unidade Real de Valor — URV, de março de 1994 a junho de 1994, o valor apurado deverá ser convertido em Cruzeiro Real, com base na URV do dia cinco do mês subsequente ao da competência, se recolhido no prazo, ou na URV do dia sete do mês subsequente, se recolhido fora do prazo, conforme determina o parágrafo único do art. 32 da Lei n. 8.880, de 27 de maio de 1994.

Art. 34. Caso o empregador não esteja inscrito no Cadastro Nacional da Pessoa Jurídica — CNPJ, a identificação se fará pelo Cadastro de Pessoas Físicas — CPF, cabendo, em ambos os casos, informar o Cadastro Específico do INSS — CEI, caso existente.

Art. 35. A individualização do valor devido ou recolhido de FGTS na conta vinculada do empregado consiste obrigação do empregador.

Art. 36. A apresentação de Certificado de Regularidade do FGTS — CRF pelo empregador não inibe o levantamento e a emissão da notificação de débito.

Parágrafo único. Ao constatar débito relativo ao período abrangido pelo CRF, o AFT deve comunicar o fato à chefia imediata, que deve dar ciência do fato à CAIXA.

CAPÍTULO V
Da Notificação de Débito do Fundo de Garantia e da Contribuição Social

Art. 37. O AFT deve emitir Notificação de Débito do Fundo de Garantia e da Contribuição Social — NDFC, quando for constatado débito por falta de recolhimento ou recolhimento a menor das contribuições mencionadas nos arts. 5º e 12.

Parágrafo único. O valor do débito deve ser atualizado pela TR até a data da emissão da NDFC e representado na moeda atual, com especificação dos valores históricos devidos, segundo os padrões monetários à época vigentes.

Art. 38. Integram a NDFC os seguintes relatórios:

I — Relatório inicial que discrimina o débito total notificado, correspondente à totalização dos débitos de recolhimento mensal e rescisório;

II — Débito Mensal do FGTS por Competência;

III — Débito Mensal do FGTS por Empregado;

IV — Débito Mensal de Contribuição Social;

V — Débito Rescisório por Data de Vencimento;

VI — Débito Rescisório por Empregado;

VII — Recomposição do Saldo Rescisório;

VIII — Guias de Recolhimento Analisadas;

IX — Relação de Empregados; e

X — Relatório Circunstanciado.

§ 1º Na inexistência de dados para sua composição, alguns relatórios relacionados no caput podem ser suprimidos.

§ 2º O Relatório Circunstanciado deve conter as seguintes informações, além de outras que propiciem a reconstituição do débito a qualquer tempo:

I — indicação do período auditado, devendo incluir todas as competências verificadas;

II — indicação de débito: original ou débito complementar aos valores anteriormente notificados;

III — indicação da forma do levantamento de débito: centralizado ou não, nos termos do art. 18 e seguintes;

IV — relação dos estabelecimentos envolvidos na auditoria, a saber: matriz e todas as filiais, tomadores de serviço, CEI vinculado, inclusive aqueles em que não se constatou débito;

V — manifestação expressa do AFT a respeito da caracterização de sucessão trabalhista ou de grupo econômico, e dos motivos que o levaram a concluir por uma ou outra situação;

VI — relação dos documentos examinados, das fontes de consulta a sistemas informatizados, inclusive manifestação expressa do AFT a respeito da obtenção de informações do empregador por meio magnético ou digital;

VII — descrição dos procedimentos utilizados para o levantamento do débito e demais ocorrências, tais como recomposição e arbitramento de bases de incidência;

VIII — identificação dos corresponsáveis existentes na data da emissão da NDFC, com nome, endereço completo e número do CPF, incluindo os demais responsáveis do período abrangido pela notificação, devendo neste campo ser citadas as pessoas jurídicas componentes do grupo econômico constatado, se for o caso;

IX — indicação, com número e capitulação, dos autos de infração correlatos com o débito notificado, incluindo os lavrados por afronta ao art. 630 da CLT; e

X — relato de que o empregador exerce suas atividades em endereço diverso do que consta do cadastro oficial, que não seja o local de prestação de serviços a tomadores.

§ 3º Quanto aos débitos do FGTS, decorrentes da rescisão contratual de empregados afastados até 15 de fevereiro de 1998:

I — os relativos ao mês da rescisão e ao imediatamente anterior, quando vencidos antes do prazo de pagamento das verbas rescisórias, deverão ser notificados; e

II — os relativos à multa rescisória, ao mês da rescisão e ao imediatamente anterior, quando vencidos no prazo da rescisão, não serão objeto de notificação.

Dos Procedimentos Gerais

Art. 39. Para o levantamento do débito, o AFT deve lançar no sistema AUDITOR todos os recolhimentos quitados pelo empregador, estejam eles individualizados ou não.

§ 1º A liquidez dos valores notificados será definida na data de apuração indicada pelo AFT que lavrou a notificação.

§ 2º O interstício entre a data da apuração, definida pelo AFT que lavrou a notificação, e a data da emissão da notificação não pode ser superior a 15 quinze dias.

§ 3º Não serão considerados, para fins de abatimento no débito, os recolhimentos efetuados sem a necessária individualização.

Art. 40. O débito de FGTS ou das CS apurado na forma dos arts. 5º e 12, resultante da incidência sobre parcela de remuneração que não conste em folha de pagamento, ou não declarada como base de cálculo, deve ensejar a emissão de notificação de débito em separado.

Art. 41. A notificação de débito, bem como os anexos que porventura a acompanham, devem conter a comprovação do recebimento pelo empregador ou seu preposto, com identificação legível.

Art. 42. Os documentos que serviram de base para o levantamento do débito do FGTS e das CS devem ser datados e rubricados pelo AFT, salvo os oficiais e aqueles em que, pela sua forma, tal providência não seja possível.

Parágrafo único. As guias de recolhimento do FGTS e das CS devem ser relacionadas na notificação de débito, dispensando-se o procedimento previsto no *caput*.

Art. 43. O levantamento de débito do FGTS e das CS pode ser feito, a critério do AFT, no local que oferecer melhores condições para a execução da ação fiscal.

Art. 44. A notificação de débito deve ser expedida em três vias, com a seguinte destinação:

I — primeira via: instauração do processo;

II — segunda via: empregador; e

III — terceira via: AFT.

§1º A primeira via deve ser protocolizada na unidade de exercício do AFT dentro de quarenta e oito horas contadas da data da entrega ao empregador, salvo nos casos de fiscalização fora de sua unidade de exercício, hipótese em que deve ser protocolizada quando o AFT a ela retornar.

§ 2º O AFT deve entregar a notificação de débito ao empregador ou ao seu preposto, assim entendido como aquele que atendeu a fiscalização, prestando informações ou apresentando documentos, mediante recibo no campo próprio, com identificação legível do recebedor.

§ 3º A notificação pode ser expedida em arquivo digital e entregue ao notificado mediante Termo de Recebimento gerado obrigatoriamente pelo sistema AUDITOR.

§ 4º O Termo de Recebimento deve conter a identificação do notificado, as características do arquivo digital, o local, a data do recebimento, as assinaturas do AFT notificante e do empregador notificado ou seu preposto e as informações que possibilitam o *download* do arquivo digital pela internet.

§ 5º O Termo de Recebimento, formalizado nos termos do § 4º, comprova que o empregador foi notificado, para todos os efeitos legais, e deve ser protocolizado juntamente com a notificação, a qual pode constar do processo administrativo em mídia não regravável.

§ 6º O Termo de Recebimento e o relatório inicial da notificação, necessariamente impressos, devem acompanhar cada via da notificação sempre que esta for expedida em arquivo digital.

§ 7º Havendo recusa no recebimento da notificação de débito ou qualquer motivo que impeça os procedimentos previstos nos §§ 5º e 6º, a segunda via deve ser entregue, com a devida justificativa, juntamente com a primeira, ao setor responsável, para remessa postal.

Do Termo de Retificação

Art. 45. Para inclusão, exclusão ou alteração de dados ou valores na notificação de débito, deve ser emitido Termo de Retificação pelo AFT que emitiu a notificação.

§ 1º O Termo de Retificação pode ser emitido até o momento da remessa do processo para análise, ou quando o processo for encaminhado ao AFT para esse fim, o que pode ocorrer em qualquer fase do processo, mediante requerimento fundamentado.

§ 2º O débito retificado deve ser atualizado até a data da emissão da notificação que lhe deu origem, sendo vedada a dedução de depósitos do FGTS e/ou CS quando efetuados após essa data, bem como a inclusão de competências fora do período auditado.

§ 3º Do Termo de Retificação deve constar a informação de reabertura do prazo legal para defesa do notificado, salvo se emitido em razão de encaminhamento da unidade competente pela tramitação do processo e não resultar em majoração do débito total notificado, inserção de novas competências e/ou empregados envolvidos, hipóteses em que o trâmite do processo retomará a partir da fase em que se encontrava.

§ 4º O Termo de Retificação deve ser expedido em três vias, com a seguinte destinação:

I — primeira via: juntada ao respectivo processo de notificação de débito, não originando novo processo administrativo;

II — segunda via: empregador, podendo ser entregue ao setor competente para remessa via postal;

III — terceira via: AFT.

§ 6º O Termo de Retificação deve ser emitido quando a correção:

I — alterar a identificação ou qualificação dos corresponsáveis e estabelecimentos envolvidos; ou

II — alterar dados ou valores que impliquem na modificação do débito.

§ 7º As correções que não envolvam as situações referidas no § 6º devem constar de documento juntado ao processo, prescindindo da emissão do Termo de Retificação

§ 8º O Termo de Retificação pode ser expedido em arquivo digital, aplicando-se as regras do art. 44.

Art. 46. A chefia imediata deve designar outro AFT para emissão do Termo de Retificação, se ocorrer a impossibilidade ou impedimento de emissão pelo AFT que emitiu a notificação, decorrentes dos seguintes motivos:

I — aposentadoria;

II — falecimento;

III — exoneração;

IV — remoção;

V — afastamento legal superior a 90 (noventa) dias;

VI — outras situações devidamente justificadas.

Art. 47. O Termo de Retificação referente à notificação de débito mensal ou rescisório, emitida antes da vigência desta Instrução Normativa, deve ser elaborado nos moldes da notificação de origem e não pode ser utilizada a forma digital.

Do Termo de Alteração do Débito

Art. 48. Deve ser emitido Termo de Alteração do Débito — TAD pelo AFT analista para correção de valores lançados com evidente equívoco na notificação de débito, ou para alteração de valores que decorrer de interpretação sobre a incidência do FGTS ou da Contribuição Social em relação à base de cálculo utilizada pelo AFT que emitiu a notificação, resultando em proposta de procedência parcial.

§ 1º Quando, a critério do AFT analista, os elementos constantes dos autos forem insuficientes para a emissão do TAD, o processo deve ser remetido ao AFT que emitiu a notificação para que este preste as informações solicitadas pelo AFT analista.

§ 2º A constatação de recolhimentos efetuados até a data de apuração e que não foram considerados pelo AFT que emitiu a notificação ensejará a remessa do processo para emissão de Termo de Retificação, após o que o trâmite do processo retornará à fase em que se encontrava.

§ 3º Na ocorrência simultânea das hipóteses previstas no *caput* e no § 2º, o Termo de Retificação precederá à emissão do TAD.

§ 4º A emissão do TAD não renovará o prazo para defesa nem pode majorar o débito total notificado, sendo vedada a inserção de novas competências e/ou empregados envolvidos, hipóteses em que se procederá na forma do art. 45.

§ 5º O débito alterado será atualizado até a data da emissão da notificação que lhe deu origem, sendo vedada a dedução de depósitos do FGTS e/ou CS, quando efetuados após a data da apuração do débito.

§ 6º O TAD acompanhará necessariamente o relatório de análise que fundamentará a decisão, devendo ser juntado ao respectivo processo de notificação de débito.

§ 7º Quando restarem comprovados equívocos que não envolvam valores, a alteração constará apenas do relatório de análise, não ensejando a emissão de TAD.

§ 8º O TAD pode ser expedido em arquivo digital, hipótese em que o analista deve disponibilizar as vias para o processo e para remessa ao empregador, aplicando-se, no que couber, as regras do art. 44.

Art. 49. Não se aplica o disposto no art.48 na ocorrência de erro quanto à identificação do empregador notificado, devendo a notificação de débito ser arquivada por nulidade.

Parágrafo único. Considera-se erro quanto à pessoa do notificado a indicação, na notificação, do nome da pessoa física ou jurídica e número de inscrição, CPF ou CNPJ, diversos dos do empregador fiscalizado.

Art. 50. Aplica-se ao TAD o disposto no art. 47.

Do Procedimento para Apuração de Mora do FGTS

Art. 51. O AFT deve apresentar à sua chefia o relatório circunstanciado de que trata o art. 5º da Portaria n. 1.061, de 1º de novembro de 1996, para dar cumprimento ao disposto no Decreto-lei n. 368, de 19 de dezembro de 1968, e no art. 22, § 1º, da Lei n. 8.036, de 1990 sempre que constatar débito de FGTS, por período:

I — igual ou superior a três meses, independentemente da comprovação de retiradas pelos sócios;

II — inferior a três meses, quando comprovada retirada pelos sócios.

Parágrafo único. O procedimento de apuração de mora do FGTS deve ser instaurado quando a ação fiscal decorrer de denúncia de empregado ou de entidade sindical da respectiva categoria profissional.

CAPÍTULO VI
Da Lavratura dos Autos de Infração

Art. 52. As infrações às obrigações relativas ao recolhimento do FGTS e das CS ensejam a lavratura de autos de infração distintos.

Art. 53. Os autos de infração lavrados pelo não recolhimento das CS, ou seu recolhimento após o vencimento do prazo sem os acréscimos legais, deverão ser capitulados como a seguir:

I — rescisória: art. 1º da Lei Complementar n. 110, de 2001;

II — mensal: art. 2º da Lei Complementar n. 110, de 2001.

Parágrafo único. Os autos de infração lavrados nos termos do *caput* devem conter, no histórico, o valor atualizado do débito das CS notificadas e o número da respectiva notificação de débito.

CAPÍTULO VII
Da Fiscalização Indireta

Art. 54. Sem prejuízo da fiscalização direta, pode ser adotado o procedimento de fiscalização indireta, visando à verificação dos recolhimentos do FGTS e das CS.

Art. 55. Na fiscalização indireta, serão notificados os empregadores com indício de débito constatado em consultas aos sistemas informatizados disponíveis à fiscalização do trabalho, e podem ser alcançados os empregadores que tenham sido objeto prévio de denúncia cuja apuração não importe necessariamente em inspeção no local de trabalho, dando prioridade à verificação do FGTS e das CS.

Art. 56. Para a fiscalização indireta, o empregador deve ser notificado, por meio de Notificação para Apresentação de Documentos — NAD, a comparecer à SRTE ou em suas unidades descentralizadas.

§1º A NAD, emitida pelo setor competente, deve ser encaminhada via postal, com Aviso de Recebimento — AR, e conter, necessariamente:

I — a identificação do empregador;

II — a data, hora e local para comparecimento;

III — os documentos necessários à verificação de regularidade do FGTS, mensal e rescisório;

IV — a indicação do período a ser fiscalizado.

§ 2º Considera-se notificado o empregador cuja correspondência tenha sido recebida no seu endereço, conforme comprovante dos correios.

Art. 57. O atendimento dos empregadores notificados deve ser realizado por AFT, designado pela chefia imediata por meio de Ordem de Serviço — OS, da qual constarão data e hora agendadas, observando-se um intervalo mínimo de trinta minutos.

§ 1º A critério do AFT, outros atendimentos poderão ser agendados para continuidade da fiscalização.

§ 2º A chefia competente deve disponibilizar ao AFT uma via da NAD, juntamente com o AR, este quando possível, e o relatório de indício de débito, exceto se for entregue ao AFT a relação de empresas a serem fiscalizadas, com antecedência mínima de dez dias.

Art. 58. Comparecendo o empregador e não ocorrendo a regularização dos valores devidos, o AFT deve efetuar o levantamento do débito e lavrar os correspondentes autos de infração, podendo ser designadas novas datas para conclusão da fiscalização e entrega dos documentos fiscais, nos termos do § 1º do art. 57.

Art. 59. Caso o empregador, regularmente notificado, não compareça no dia e hora determinados, o AFT deve lavrar auto de infração capitulado no art. 630, §§ 3º ou 4º, da CLT, e adotar procedimento visando à apuração dos débitos e a emissão de correspondente notificação, se for o caso, conforme planejamento da fiscalização.

Parágrafo único. Na hipótese de devolução da NAD, o setor competente pode novamente notificar o empregador ou encaminhar o procedimento para a fiscalização direta.

Art. 60. Considera-se fiscalização indireta, ainda, a decorrente de comunicação emitida para que a empresa efetue a regularização de indício de débito apurado pelos sistemas informatizados disponíveis, sem necessidade de haver o comparecimento da empresa às unidades descentralizadas do MTE.

Parágrafo único. Confirmado o recebimento da comunicação, nos termos do § 2º do art. 56, e não sendo constatada a regularização até o prazo estipulado, deve ser adotado procedimento visando à apuração dos débitos e à emissão de correspondente notificação, se for o caso, conforme planejamento da fiscalização.

CAPÍTULO VIII
Do Procedimento Administrativo

Art. 61. Os documentos apresentados em fase de defesa ou recurso devem ser apreciados pela autoridade competente apenas no momento da decisão, independentemente do número de vezes que o notificado se manifestar no processo.

Parágrafo único. A quitação ou individualização operada a partir da data da apuração do débito, prevista no art. 39, inclusive, pode ser considerada pela CAIXA, cabendo ao MTE apreciar aquela ocorrida em data anterior.

Art. 62. Os recolhimentos que impliquem quitação integral do débito e a confissão ou o parcelamento que abranjam integralmente a notificação, ocorridos após a data de apuração da notificação, confirmam sua procedência, operando o encerramento do contencioso administrativo.

Art. 63. Previamente ao envio dos autos para análise, em etapa de saneamento, bem como nas outras fases do procedimento administrativo, o AFT que emitiu a notificação pode determinar diligências complementares a fim de prestar informações ou corrigir a notificação de débito, mediante Termo de Retificação.

§1º Na etapa de saneamento prévio à análise, a unidade de multas e recursos deve verificar, dentre outros aspectos formais, o atendimento da composição estrutural da notificação de débito, prevista no art. 38, não dispensando a futura análise dessa verificação.

Art. 64. O planejamento da fiscalização deve priorizar o andamento das fiscalizações e dos processos administrativos de empregadores em fase de falência, liquidação judicial ou extrajudicial.

Art. 65. Encerrada a tramitação administrativa no âmbito do MTE, o processo deve ser remetido para cobrança do débito, podendo ser reapreciado somente em caso de nulidade, erro material ou apresentação de provas de quitação operada em data anterior à da apuração do débito, prevista no art. 39.

CAPÍTULO IX
Das Disposições Finais

Art. 66. Os casos omissos serão resolvidos pela Secretária de Inspeção do Trabalho, mediante provocação de qualquer Superintendência Regional do Trabalho e Emprego — SRTE.

Art. 67. As disposições desta instrução aplicam-se às microempresas e empresas de pequeno porte naquilo em que não forem incompatíveis com as disposições legais especiais.

Art. 68. Fica revogada a Instrução Normativa n. 84, de 13 de julho de 2010.

Art. 69. Esta Instrução Normativa entra em vigor em 10 de setembro de 2012.

VERA LUCIA RIBEIRO DE ALBUQUERQUE

5. RESOLUÇÃO DO CCFGTS N. 587/2008

CONSELHO CURADOR DO FUNDO DE GARANTIA DO TEMPO DE SERVIÇO

RESOLUÇÃO N. 587, DE 19 DE DEZEMBRO DE 2008(151)

Permitir carência em parcelamento de débitos para com o FGTS de empregadores públicos e privados domiciliados em municípios alcançados por estado de calamidade pública e dá outras providências.

O CONSELHO CURADOR DO FUNDO DE GARANTIA DO TEMPO DE SERVIÇO, no uso das atribuições que lhe conferem o inciso IX do art. 5º da Lei n. 8.036, de 11 de maio de 1990, e o inciso VIII do artigo 64 do Regulamento Consolidado do FGTS, aprovado pelo Decreto n. 99.684, de 8 de novembro de 1990, e

Considerando que a partir do reconhecimento legal pelo poder público de situação anormal provocada por desastre, que tenha dado causa a sérios danos à comunidade afetada, inclusive à proteção de bens palpáveis e à vida de seus integrantes, fica caracterizada a intensidade dos danos (humanos, materiais e ambientais) e a ponderação dos prejuízos (sociais e econômicos);

Considerando que no advento de situações com essas características há a necessidade das entidades públicas atuarem solidariamente como parceiras voluntárias para solução de dificuldades enfrentadas por Unidade da Federação ou município; e

Considerando que o FGTS tem compromisso com essa solidariedade e a partir de ações norteadas pela legalidade participa ativamente no re-erguimento dos municípios que se encontram em estado de calamidade pública decretado, resolve:

1. Autorizar a Caixa Econômica Federal — CEF, no papel de Agente Operador do FGTS, a conceder período de carência, aos empregadores do setor público e privado com contrato de parcelamento de débitos para com o FGTS, vigente ou firmado no período de calamidade, para a quitação de parcelas vencidas até e na vigência do decreto que estabeleça o estado de calamidade pública no município no qual estejam sediados.

1.1. Para os contratos vigentes no período de calamidade poderá ser concedida carência de 180 (cento e oitenta) dias, contados da data do vencimento da primeira parcela em atraso, ficando, automaticamente reprogramado o vencimento da integralidade das parcelas vencidas e vincendas, independentemente de formalização de aditivo contratual.

1.2. Para os contratos de parcelamento firmados durante a vigência do estado de calamidade poderá ser concedida carência de 90 (noventa) dias para o início do vencimento das parcelas do acordo.

2. Estabelecer que a regularidade do empregador não poderá ser impactada negativamente por débitos inseridos no acordo de parcelamento para o qual foi concedida carência dessa natureza.

3. Esta Resolução entra em vigor na data de sua publicação.

CARLOS LUPI
Ministro de Estado do Trabalho e Emprego
Presidente do Conselho Curador do FGTS

---

(151) Publicada no DOU, de 24.12.2008, Seção 1, p. 193.

6. RESOLUÇÃO DO CCFGTS N. 615/2009

RESOLUÇÃO CONSELHO CURADOR DO FUNDO DE GARANTIA DO TEMPO DE SERVIÇO — CONS. FGTS N. 615 DE 15.12.2009[(152)]

Estabelece normas para parcelamento de débito de contribuições devidas ao Fundo de Garantia do Tempo de Serviço — FGTS não inscrito em Dívida Ativa e inscrito em Dívida Ativa, ajuizado ou não, e dá outras providências.

O CONSELHO CURADOR DO FUNDO DE GARANTIA DO TEMPO DE SERVIÇO, no uso das atribuições que lhe conferem o inciso IX do art. 5º da Lei n. 8.036, de 11 de maio de 1990, e o inciso VIII do art. 64 do Regulamento Consolidado do FGTS, aprovado pelo Decreto n. 99.684, de 8 de novembro de 1990, e

Considerando a necessidade de garantir o direito dos trabalhadores mediante o recebimento dos valores que lhes são devidos;

Considerando a conveniência e o interesse de ver regularizada a situação de inadimplência dos empregadores junto ao Fundo de Garantia do Tempo de Serviço — FGTS;

Considerando a necessidade de viabilização de acordos de parcelamento de débito junto ao FGTS que melhor se harmonizem com o atual momento econômico-financeiro vivido pelos empregadores em geral; e

Considerando a necessidade de aperfeiçoamento dos critérios e condições para o parcelamento de débito de contribuições devidas ao FGTS, que propiciem a melhoria da efetividade da recuperação de dívidas em cobrança judicial, resolve:

1. Estabelecer que o débito de contribuição devida ao FGTS, independentemente de sua fase de cobrança, origem e época de ocorrência, poderá ser objeto de parcelamento nas condições ora definidas.

1.1. Não poderão ser objeto de parcelamento na forma desta Resolução as dívidas relativas às Contribuições Sociais instituídas pela Lei Complementar n. 110/2001.

2. Estabelecer que o parcelamento será concedido em um único acordo contemplando todas as situações de cobrança do débito, ou seja, não inscrito em Dívida Ativa e inscrito em Dívida Ativa, ajuizado ou não.

2.1. Será possível a formalização de acordos distintos por situação de cobrança dos débitos, quando solicitado pelo empregador.

3. Definir que o parcelamento de que trata o item 1 desta Resolução poderá ser concedido em até 180 (cento e oitenta) parcelas mensais e sucessivas.

4. Definir que o valor mínimo da parcela para esses parcelamentos, observará os parâmetros a seguir indicados, na data do acordo, limitado ao número de parcelas estabelecido no item 3 desta Resolução:

a) R$ 100,00 (cem reais) para débitos que atualizados e consolidados resultem em valores até R$ 5.000,00 (cinco mil reais);

b) R$ 200,00 (duzentos reais) para débitos que atualizados e consolidados resultem em valores entre R$ 5.000,01 (cinco mil reais e um centavo) e R$ 20.000,00 (vinte mil reais), inclusive;

c) R$ 250,00 (duzentos e cinquenta reais) para débitos que atualizados e consolidados resultem em valores entre R$ 20.000,01 (vinte mil reais e um centavo) e R$ 45.000,00 (quarenta e cinco mil reais), inclusive;

d) Para débitos que atualizados e consolidados resultem em valor a partir de R$ 45.000,01 (quarenta e cinco mil reais e um centavo), inclusive, não se aplica a exigência de parcela mínima.

---

(152) Publicada no DOU de 18.12.2009, Seção 1, p. 174 e 175.

4.1. Esses valores serão atualizados sempre no mês de janeiro de cada ano, a partir de 2011, com base no índice de remuneração das contas vinculadas, acumulado no exercício anterior.

5. Definir que o valor adotado na parcela mensal será determinado pela divisão do montante do débito, atualizado e consolidado até a data da formalização do acordo de parcelamento, pelo número de parcelas indicado no item 3 desta Resolução, observado o valor mínimo da parcela informado no item 4 desta Resolução.

6. Definir que o débito atualizado e consolidado compreende contribuições, atualização monetária, juros de mora e multa, previstos na Lei n. 8.036, de 11 de maio de 1990, acrescido, quando inscrito em Dívida Ativa, dos encargos previstos na Lei n. 8.844, de 20 de janeiro de 1994, ou dos honorários advocatícios arbitrados pelo Juízo.

7. Estabelecer que o valor do débito para fins de quitação da parcela e saldo remanescente do parcelamento será atualizado conforme a Lei n. 8.036/1990.

7.1. No caso de débitos inscritos em Dívida Ativa pela Procuradoria da Fazenda Nacional — PFN, o valor da parcela será também acrescido dos encargos na forma da Lei n. 8.844/1994.

7.2. Quando se tratar de débito ajuizado pela Procuradoria do extinto Instituto de Administração Financeira e Assistência Social — IAPAS ou Instituto Nacional do Seguro Social — INSS, incidirão sobre o valor das parcelas os honorários advocatícios arbitrados em Juízo, não cabendo a cobrança dos encargos da Lei n. 8.844/1994.

8. Estabelecer que a primeira parcela vencerá em 30 (trinta) dias contados da data do acordo.

8.1. As demais parcelas vencerão no mesmo dia dos meses subsequentes.

9. Estabelecer que poderão compor um mesmo acordo de parcelamento débitos inscritos pela Procuradoria do extinto IAPAS ou INSS e pela PFN, desde que na mesma Unidade da Federação — UF, ou débitos inscritos em UFs diferentes, desde que a empresa efetue recolhimento centralizado.

10. Estabelecer que poderão ser objeto de um mesmo parcelamento de débitos para com o FGTS ajuizados em execuções fiscais distintas, decorrentes de contribuições devidas pelo empregador na forma da Lei n. 8.036/1990, desde que na mesma UF, ou débitos ajuizados em UFs diferentes, caso o empregador efetue recolhimento centralizado.

10.1. Os débitos objeto de execução fiscal com embargos não poderão compor acordo de parcelamento.

10.2. Quando se tratar de débitos em fase processual de leilão ou praça marcada, para habilitar-se ao parcelamento, o empregador deverá antecipar o pagamento de, no mínimo, 10% (dez por cento) da dívida atualizada, objetivando sustar o leilão ou a praça.

10.3. Anteriormente à formalização do parcelamento, caso haja custas, o empregador deverá recolher os valores correspondentes.

11. Estabelecer que empregador que efetua recolhimento centralizado é aquele que recolhe em uma única localidade as contribuições devidas mensalmente ao FGTS, na forma definida pelo Agente Operador do FGTS.

12. Definir que na apropriação dos valores recolhidos em face de acordo de parcelamento serão priorizados aqueles devidos aos trabalhadores até a quitação desses, quando as parcelas passarão a ser compostas pelos valores devidos exclusivamente ao FGTS.

12.1. Será observada a seguinte ordem para a quitação integral dos débitos: individualizáveis, ajuizados, inscritos em Dívida Ativa e ainda não inscritos em Dívida Ativa, sem ocorrer alternância na composição da parcela em função da situação de cobrança do crédito.

12.2. Em se tratando de acordos distintos para os créditos nas diversas situações de cobrança o vencimento das parcelas será simultâneo e na apropriação dos recolhimentos serão priorizados os contratos conforme a dívida paga em cada acordo.

12.3. Nas hipóteses em que o trabalhador fizer jus à utilização de valores de sua conta vinculada durante o período de vigência do acordo de parcelamento, o devedor deverá antecipar os recolhimentos relativos ao trabalhador, podendo observar o valor da parcela acordada para realizar as antecipações.

12.3.1. Os valores dessas antecipações regularizarão as parcelas vencidas e/ou vincendas relativas ao acordo, observada a situação de cobrança do crédito e o acordo no qual está inserido.

12.4. Cabe ao devedor oferecer a individualização dos valores às contas dos respectivos trabalhadores, quando do recolhimento da parcela.

12.4.1. Cabe ao Agente Operador do FGTS estipular prazo e condições para cumprimento dessa obrigação, quando o devedor apresentar justificativas formais, de impossibilidade de realizar essa obrigação quando do pagamento da parcela.

13. Estabelecer que a permanência de 03 (três) parcelas em atraso, consecutivas ou não, e/ou o não recolhimento das contribuições vencidas após a formalização do acordo, acarreta a rescisão do parcelamento sem prévia comunicação ao devedor, devendo o Agente Operador retornar o saldo remanescente para o ciclo de cobrança.

13.1. O saldo remanescente do parcelamento de débito ainda não inscrito em Divida Ativa, quando rescindido, será encaminhado para inscrição em Dívida Ativa, não sendo possível o reparcelamento na fase de cobrança administrativa.

13.2. O saldo remanescente do débito inscrito em Dívida Ativa, não ajuizado, quando rescindido o parcelamento, será encaminhado para cobrança executiva, não sendo possível o reparcelamento na fase de cobrança pré-executiva.

13.3. O saldo remanescente de débito inscrito em Dívida Ativa, ajuizado, quando rescindido o parcelamento, será encaminhado para cobrança executiva.

14. Admitir o reparcelamento de débito ajuizado que tenha sido objeto de parcelamento já rescindido, nessa condição de cobrança.

14.1. O prazo do reparcelamento será igual ao número de prestações remanescentes do acordo original, observado o prazo máximo de 180 (cento e oitenta) parcelas.

14.2. A primeira parcela de um reparcelamento deverá corresponder a 2,5% (dois vírgula cinco pontos percentuais) do valor do novo acordo.

14.2.1. A partir do segundo reparcelamento o percentual para o cálculo da primeira parcela será acrescido de 2,5% (dois vírgula cinco pontos percentuais), de forma que do quarto reparcelamento em diante esse percentual será de 10% (dez por cento).

14.3. Débitos referentes a contribuições devidas pelo empregador, na forma da Lei n. 8.036/1990, objeto de outra execução fiscal, podem compor o reparcelamento, observado o item 10 desta Resolução.

15. Permitir o aditamento ao acordo de parcelamento para inclusão de novos débitos, em face da possibilidade de aplicação do disposto no item 13 desta Resolução.

16. Estabelecer que compete ao Agente Operador verificar o preenchimento, pelo empregador, dos critérios fixados nesta Resolução e deferir os pedidos de parcelamento.

16.1. O encaminhamento do pedido de parcelamento não obriga o Agente Operador do FGTS ao seu deferimento e, tampouco, desobriga o empregador da satisfação regular ou convencional de suas obrigações perante o FGTS.

16.2. Quando se tratar de débitos ajuizados, conforme o caso, a Procuradoria da Fazenda Nacional ou a área jurídica da CEF deve dar anuência para que esses débitos componham acordo de parcelamento.

17. Estabelecer que o Agente Operador do FGTS, na ocorrência de confissão de dívida, deverá noticiar o fato ao Ministério do Trabalho e Emprego — MTE, por meio de suas Superintendências Regionais do Trabalho e Emprego — SRTEs que, por sua vez, promoverão as verificações pertinentes junto ao empregador.

17.1. Caso sejam identificados, pela fiscalização do MTE, valores incorretos na confissão apresentada pela empresa, o acordo será sumariamente alterado, se a confissão for a maior; ou aditado, se a confissão for a menor, devendo a empresa assinar o Termo de Aditamento, no prazo de 30 (trinta) dias contados da comunicação do Agente Operador do FGTS, sob pena de rescisão do acordo.

18. Determinar ao Agente Operador baixar normas complementares administrativo-operacionais necessárias ao cumprimento desta Resolução no prazo de até 90 (noventa) dias.

19. Esta Resolução entra em vigor a partir da regulamentação pelo Agente Operador, revogando-se as Resoluções n.s 466/2004 e 467/2004.

CARLOS ROBERTO LUPI
Presidente do Conselho

7. PORTARIA MF N. 250/2007

PORTARIA MINISTRO DE ESTADO DA FAZENDA — MF N. 250 DE 11.10.2007[153]

Dispõe sobre o parcelamento de débitos relativos às contribuições instituídas pela Lei Complementar n. 110/2001 e dá outras providências.

O MINISTRO DE ESTADO DA FAZENDA, no uso de suas atribuições e tendo em vista o disposto no art. 10 e no art. 13-A da Lei n. 10.522, de 19 de julho de 2002, no art. 4º da Lei n. 11.345, de 14 de setembro de 2006, na Lei n. 8.036, de 11 de maio de 1990, e no art. 3º da Lei Complementar n. 110, de 29 de junho de 2001, resolve:

Disposições Gerais

Art. 1º Os débitos relativos às contribuições instituídas pela Lei Complementar n. 110, de 29 de junho de 2001, poderão ser parcelados em até sessenta prestações mensais e sucessivas, observadas as disposições desta Portaria.

§ 1º A concessão, o controle e a administração do parcelamento serão de responsabilidade:

I — da Caixa Econômica Federal (CAIXA), caso o requerimento tenha sido formalizado antes do encaminhamento do débito para a inscrição em Dívida Ativa da União;

II — da Procuradoria-Geral da Fazenda Nacional (PGFN), com o auxílio da Caixa Econômica Federal, após aquele encaminhamento.

§ 2º Presume-se a autorização da PGFN para concessão do parcelamento para os débitos de valor consolidado igual ou inferior a R$ 100.000,00 (cem mil reais), encaminhados para inscrição em Dívida Ativa, desde que não haja leilão marcado.

Do Pedido do Parcelamento

Art. 2º O débito inscrito em Dívida Ativa da União poderá ser parcelado ou reparcelado, a critério da autoridade, nos termos da Lei:

---

(153) DOU: 15.10.2007.

I — sem o ajuizamento da execução fiscal, quando:

a) em razão do valor, tratar-se de débito não ajuizável, assim definido em portaria do Ministro da Fazenda;

b) independentemente do valor, o pedido tenha sido formulado antes de efetivado o ajuizamento.

II — com suspensão da execução fiscal, quando já ajuizada.

§ 1º Na hipótese deste artigo, quando o valor do débito for superior a R$ 100.000,00 (cem mil reais), a concessão do parcelamento ou reparcelamento fica condicionada à apresentação de garantia real ou fidejussória, inclusive fiança bancária, observados os requisitos de suficiência e idoneidade.

§ 2º Tratando-se de débitos em execução fiscal, com penhora ou arresto de bens efetivados nos autos, ou com outra garantia, nos termos do art. 9º da Lei n. 6.830, de 22 de setembro de 1980, a concessão do parcelamento fica condicionada à manutenção da mencionada garantia.

§ 3º Quando se tratar de parcelamento ou reparcelamento de débitos dos governos estaduais e municipais ou do Distrito Federal e de suas respectivas autarquias, fundações e empresas públicas, a garantia poderá recair sobre quotas dos Fundos de Participação dos Estados e do Distrito Federal ou dos Municípios, conforme o caso, desde que precedida da respectiva autorização legislativa.

§ 4º São dispensados de garantia, independentemente do valor do débito, os parcelamentos concedidos às empresas filiadas ao Estatuto Nacional das Microempresas e Empresas de Pequeno Porte (SIMPLES NACIONAL), de que trata a Lei Complementar n. 123, de 14 de dezembro de 2006.

§ 5º Em se tratando de débitos ajuizados garantidos por arresto ou penhora, com leilão já marcado, o parcelamento ou o reparcelamento somente poderá ser concedido se atendidos o interesse e a conveniência da Fazenda Nacional, sendo exigido despacho fundamentado.

§ 6º O pedido de suspensão da execução fiscal fica condicionado a comprovação, pelo executado, do pagamento das custas processuais da respectiva execução.

Art. 3º O parcelamento de que trata esta Portaria será requerido por meio de formulário de Solicitação de Parcelamento de Débitos — SPD, na forma dos Anexos I e II.

§ 1º O Formulário de Solicitação de Parcelamento de Débitos — SPD deverá ser entregue pelo empregador nas agências da CAIXA localizadas na Unidade da Federação — UF na qual esteja localizado o estabelecimento do empregador solicitante, acompanhado da necessária documentação relacionada no Anexo III.

§ 2º O formulário SPD poderá ser obtido nas agências ou no portal da CAIXA na Internet, no endereço <www.caixa.gov.br>.

§ 3º Na hipótese do empregador centralizar os recolhimentos da contribuição, o parcelamento ou reparcelamento deverá ser solicitado na UF na qual estiver localizado o estabelecimento centralizador e deverá englobar todos os estabelecimentos centralizados.

§ 4º Deferida a solicitação, o requerente será comunicado formalmente pela CAIXA e deverá firmar o Termo de Confissão de Dívida e Compromisso de Pagamento das Contribuições Sociais da LC 110/2001 — TCDCP-CS, no prazo máximo de 10 (dez) dias, sob pena de cancelamento do deferimento.

§ 5º A ausência de manifestação da autoridade competente sobre a solicitação de parcelamento, no prazo de 90 dias do protocolo do requerimento, ensejará, para o requerente, o deferimento do parcelamento e, quando se tratar de parcelamento de valor consolidado superior a R$100.000,00 (cem mil reais), o direito de exigir a assinatura do TCDCP-CS, sem prejuízo do disposto no art. 2º, § 1º

§ 6º O parcelamento dar-se-á com assinatura do TCDCP-CS pelo requerente e pela Caixa Econômica Federal, observado o que disciplinam os artigos 13 e 16 desta Portaria, do qual constará o valor consolidado dos débitos, o prazo do parcelamento e o número de parcelas.

§ 7º Incumbe à Caixa Econômica Federal a elaboração e disponibilização do TCDCP-CS para os contribuintes.

§ 8º Fica dispensada a emissão e assinatura do TCDCP-CS para os parcelamentos cujo valor consolidado seja igual ou inferior a R$100.000,00 (cem mil reais). Nestes casos considera-se formalizado o parcelamento com a ciência ao devedor, por carta registrada ou por meio eletrônico, e o pagamento da primeira parcela.

Art. 4º A solicitação de parcelamento não exime o sujeito passivo de apresentar declaração a que estiver obrigado pela legislação específica.

Art. 5º O não cumprimento do disposto no art. 3º implicará o indeferimento automático do pedido, que deverá ser formalmente comunicado ao requerente, nos termos do art. 8º

Art. 6º A solicitação de parcelamento, formalizado com a entrega do SPD, importa em confissão irretratável do débito, nos termos dos arts. 174, IV do CTN e 348, 353 e 354 do Código de Processo Civil.

Art. 7º Os valores confessados pelo empregador para ingresso no parcelamento de que trata esta portaria serão submetidos a auditoria pelo Ministério de Trabalho e Emprego.

§ 1º Verificada a existência de débitos não confessados o empregador será chamado a promover a regularização destes.

§ 2º Os débitos apurados em procedimento de auditoria poderão ser incluídos no parcelamento já formalizado.

§ 3º Em caso de inclusão ou exclusão de débitos em parcelamento em curso, em razão de apuração realizada em procedimento de auditoria, serão recalculadas as parcelas devidas a partir da reconsolidação dos débitos parcelados.

Art. 8º O interessado deverá ser cientificado do indeferimento do pedido de parcelamento, por meio de carta registrada ou por meio eletrônico.

Das Prestações e de seu Pagamento

Art. 9º A concessão do parcelamento implicará na consolidação do débito.

§ 1º O débito consolidado compreende a contribuição, a atualização monetária, os juros de mora e a multa, conforme art. 22 da Lei n. 8.036/1990, acrescidos dos encargos previstos no Decreto-lei n. 1.025, de 21 de outubro de 1969, caso se trate de débito inscrito em Dívida Ativa da União.

§ 2º O pagamento da primeira parcela implica suspensão do registro do devedor no Cadastro Informativo de créditos não quitados do setor público federal (Cadin), nos termos do disposto no art. 7º, inciso II, da Lei n. 10.522, de 19 de junho de 2002.

Art. 10. O valor de cada parcela será obtido mediante a divisão do valor do débito consolidado pelo número de parcelas, observado o limite mínimo de R$ 200,00 (duzentos reais).

Parágrafo único. O valor das parcelas, objeto do acordo de parcelamento, será atualizado na forma do art. 22 da Lei n.8.036/1990, acrescidos dos encargos previstos no Decreto-lei n. 1.025, de 21 de outubro de 1969, caso se trate de débito inscrito em Dívida Ativa da União.

Art. 11. O vencimento da primeira parcela ocorrerá até 30 dias após a assinatura do TCDCP-CS, sendo vedada a concessão de carência para início do pagamento.

Parágrafo único. As parcelas subsequentes deverão ser pagas nos meses seguintes e na mesma data da assinatura do TCDCP-CS ou, quando o TCDCP-CS não for exigível, nos meses seguintes e na mesma data de recolhimento da primeira parcela.

Art. 12. Recaindo a data de vencimento da parcela em dia não útil, o recolhimento deverá ser antecipado para o dia útil imediatamente anterior.

Das Garantias

Art. 13. Nos casos em que seja exigível garantia real ou fidejussória, inclusive fiança, o requerimento de parcelamento será instruído com:

I — documentação relativa à garantia real ou fidejussória, quando for o caso;

II — declaração firmada pelo devedor, sob as penas da lei, de que a garantia apresentada não foi oferecida e aceita em outro parcelamento eventualmente existente, e, em se tratando de bem imóvel, de que detém o domínio pleno do mesmo.

§ 1º Para os fins do inciso I do *caput*, deverão ser apresentados:

I — no caso de hipoteca, escritura do imóvel e respectiva certidão do cartório de registro de imóveis, devidamente atualizada, bem assim documento de notificação ou cobrança do imposto predial territorial urbano (IPTU) ou do imposto territorial rural (ITR);

II — no caso de penhor e anticrese:

a) prova da propriedade dos bens, acompanhada de certidão de inexistência de ônus reais;

b) tratando-se de frutos e rendimentos de bem imóvel, respeitado o art. 1.420 do Código Civil, laudo circunstanciado relativo à produtividade, elaborado por empresa ou profissional legalmente habilitado;

c) tratando-se de faturamento do devedor:

1. comprovante do faturamento ou da receita mensal por meio de balancete ou Declaração de Débitos e Créditos Tributários Federais (DCTF) ou pela apresentação do livro de apuração do IPI ou do ICMS ou Livro de Serviços Prestados ou por qualquer outro meio idôneo;

2. prova de propriedade dos bens e direitos do devedor, suficiente à garantia do debito e na ausência ou insuficiência dos bens, dos acionistas ou sócios controladores, obedecendo ao disposto nas demais alíneas, conforme o tipo de garantia prestada;

d) tratando-se de rendimentos do devedor, a última Declaração de Informações Econômico-Fiscais da Pessoa Jurídica ou Declaração de Ajuste Anual do Imposto de Renda das Pessoas Físicas, conforme o caso, a prova das fontes de renda e a declaração de vínculo empregatício, ou, na hipótese do art. 8º da Lei n. 7.713/1988, a apresentação do comprovante dos três últimos recolhimentos do carnê-leão, e, se for o caso, o comprovante de pagamento da complementação mensal do imposto de renda, observando-se o disposto no art. 30 da Lei n. 6.830, de 22 de setembro de 1980, e nos arts. 649 e 650 do Código de Processo Civil.

III — no caso de fiança:

a) se bancária, proposta aprovada por instituição financeira, com prazo de validade igual ao do parcelamento requerido, renúncia do benefício de ordem e cláusula de atualização (da fiança) na forma de atualização do cálculo da dívida; ou

b) em outros casos, relação de bens do fiador, acompanhada de certidões dos cartórios de protesto e distribuição.

IV — no caso de Seguro Garantia, proposta do respectivo agente de seguros com prazo de validade igual ao do parcelamento requerido, renúncia do benefício de ordem e cláusula de atualização (do seguro) na forma de atualização do cálculo da dívida; ou

V — nos demais casos, documentação comprobatória respectiva.

§ 2º Na hipótese de débito ajuizado, com penhora ou arresto de bens efetivados nos autos, ou com outra garantia, deverá ser apresentada cópia do respectivo termo ou auto e prova do registro competente, a comprovação do depósito em dinheiro ou da fiança bancária, além de outros elementos essenciais ao aperfeiçoamento da garantia.

Art. 14. Cabe à autoridade competente para autorizar o parcelamento ou reparcelamento se manifestar expressamente sobre a aceitação da garantia, tendo em vista a sua acessibilidade e liquidez, o montante consolidado do débito e o prazo pretendido.

§ 1º Na hipótese de ter sido oferecida garantia real, o processo deverá ser encaminhado à unidade da PGFN da localização do bem, devidamente instruído, para o fim de sua autorização no prazo de quinze dias.

§ 2º Tratando-se de garantia fidejussória, o requerente deverá formalizá-la no prazo do parágrafo anterior, contado da comunicação do deferimento.

Art. 15. Considerada inidônea ou insuficiente a garantia será o empregador intimado a, no prazo de 30 dias, proceder a sua substituição ou complementação, conforme o caso.

§ 1º Quando já ajuizada a execução fiscal, o reforço de garantia se dará nos respectivos autos.

§ 2º Vindo o objeto de garantia a perecer ou a se desvalorizar no curso do parcelamento, o devedor será intimado, dentro de idêntico prazo, para providenciar a sua reposição ou reforço, sob pena de rescisão do parcelamento e vencimento antecipado da dívida.

Da Rescisão do Parcelamento

Art. 16. O parcelamento estará automaticamente rescindido nas hipóteses de:

I — falta de pagamento de duas prestações, consecutivas ou não;

II — descumprimento do disposto no § 2º do art. 13; ou

III — não atendimento às intimações a que se refere o § 2º do art. 14 e o art. 15.

Parágrafo único. Rescindido o parcelamento, apurar-se-á o saldo devedor, providenciando-se o prosseguimento da cobrança.

Art. 17. É vedada a concessão de parcelamento em processo de execução fiscal onde haja sido verificada, pelo juiz da causa, prova de fraude à execução, ou sua tentativa.

Art. 18. Nos casos de suspeita, indícios ou provas de fraude à execução fiscal, o Procurador da Fazenda Nacional deverá requerer ao juiz todas as medidas necessárias à apuração dos fatos.

Art. 19. Antes ou depois de ajuizada a execução fiscal, o Procurador da Fazenda Nacional, tomando conhecimento de fatos que justifiquem o cabimento da medida cautelar fiscal, prevista na Lei n. 8.397, de 6 de janeiro de 1992, deverá requerer ao juiz a indisponibilidade dos bens do devedor, pessoa física ou pessoa jurídica, e, nesse último caso, também, dos bens de seus sócios-gerentes e administradores com responsabilidade na forma da legislação tributária.

Art. 20. Nos autos da execução fiscal, havendo indícios de ilícito penal de qualquer natureza, especialmente crime de sonegação fiscal ou apropriação indébita de tributo ou contribuição, deverá o Procurador da Fazenda Nacional, na forma do art. 40 do Código de Processo Penal, requerer ao juiz que envie cópia dos elementos de convicção ao Ministério Público Federal, para a propositura da competente ação penal.

Disposições Finais

Art. 21. Será admitido o reparcelamento dos débitos relativos às contribuições instituídas pela Lei Complementar n. 110/2001, observado o seguinte:

I — ao formular o pedido de reparcelamento, o devedor deverá comprovar o recolhimento de valor correspondente a 20% (vinte por cento) do débito consolidado;

II — rescindido o reparcelamento, novas concessões somente serão aceitas no caso de o pedido vir acompanhado de comprovação do recolhimento do valor correspondente a 50% (cinquenta por cento) do débito consolidado;

III — aplicam-se subsidiariamente aos pedidos de reparcelamento, naquilo que couber, as demais disposições relativas ao parcelamento previstas nesta portaria.

Art. 22. Os parcelamentos ou reparcelamentos autorizados anteriormente à vigência desta Portaria permanecem sujeitos às regras dos atos sob as quais foram os mesmos concedidos.

Art. 23. Até o 10º dia útil de cada mês, a CAIXA divulgará, no endereço <www.caixa.gov.br> informações sobre os parcelamentos requeridos e parcelamentos deferidos.

Art. 24. Esta Portaria se aplica, no que couber, aos parcelamentos instituídos pelo art. 4º, *caput* e § 12 da Lei n. 11.345, de 14 de setembro de 2006, devendo a CAIXA elaborar o documento SPD próprio para estas modalidades de parcelamento, nos mesmos moldes dos Anexos I e II a esta Portaria.

Art. 25. Esta Portaria entra em vigor na data de sua publicação.

GUIDO MANTEGA

ANEXO I

SOLICITAÇÃO DE PARCELAMENTO DE DÉBITOS RELATIVOS ÀS DE CONTRIBUIÇÕES SOCIAIS DA LC N. 110/2001 — SPD

Requeremos parcelamento das Contribuições Sociais instituídas pela LC n. 110/2001 na forma da Lei n. 10.522/02 e Portaria Ministério da Fazenda n. /2007.

1 — Informações da empresa devedora

CNPJ/CEI da empresa	Razão Social

Endereço

Bairro	Cidade	CEP	Telefone

e-mail	Filiais / Assemelhados Sim (apresentar Anexo II) Não

2 — Representantes Legais da empresa (Quem assinará o acordo, conforme Contrato Social vigente)

2.1 — Informações do 1º Representante

Nome	RG	CPF

Endereço	CEP

Naturalidade	Profissão	Cargo	Estado civil

Procuração Cartório	Livro/Folha	Data / /

2.2 — Informações do 2º Representante

Nome	RG	CPF

Endereço	CEP

Naturalidade	Profissão	Cargo	Estado civil

Procuração Cartório	Livro/Folha	Data / /

3 — Natureza do Débito

☐ Notificação lavrada pelo MTE ☐ Diferença no recolhimento ☐ Confessado ☐ Parcelamento anterior

4 — Situação do Débito

☐ ADM ☐ Inscrito ☐ Ajuizado

5 — Para uso exclusivo da agência da CAIXA

Nome da agência	Código/DV	Gerente

DDD/Telefone	Data de entrada	N. processo no FGE
	/ /	

Protocolo de Recebimento

A apresentação deste protocolo facilitará sua informação
Não representa concessão do parcelamento pleiteado

Razão social	CNPJ/CEI da empresa

Agência	Código	Telefone	Data
			/ /

Assinatura recebido
(Nome e matrícula)

6 — Empresa(s) incorporada(s) e/ou fundida(s) com a(s) respectiva(s) sigla(s) da UF onde possua filial(ais)

Relacione a(s) empresa(s) a incorporar no parcelamento

UF	Empresa	CNPJ / CEI

7 — Dados da Unidade Centralizadora de Depósitos (em caso de recolhimento centralizado)

Endereço	UF	CNPJ

DDD/Telefones	Quantidade anual de empregados regidos pela CLT	Valor depósito FGTS (folha atual)

8 — Órgão Público/Empresa Vinculada a Estados/DF ou Municípios

Declaração da discriminação da(s) receita(s) regular (es) deste órgão, extraídas dos registros contábil-financeiros tendo em vista a vinculação da receita na garantia da adimplência do acordo: (FPE/FPM/ICMS/ITR/IPVA/...)

Discriminação da receita mensal	Valor — R$

9 — Datas

De instituição de regime jurídico único	Da emancipação do município
/ /	/ /

Obs.: Anexar a Lei de emancipação se a data for posterior a JAN/92.

10 — No caso de dívida ajuizada

Número do CDI	Vara	Comarca ou seção

11 — Procurador da empresa para tratar do assunto junto à CAIXA

Nome		DDD/Telefones
Procuração Cartório	Livro/Folha	Data / /

Nestes termos,

Declaramos a veracidade das informações prestadas, de acordo com o art. 299 do Código Penal:

"Omitir em documento público ou particular, declaração que dele devia constar ou nele inserir ou fazer inserir declaração falsa ou diversa da que devia ser escrita, com o fim de prejudicar direito, criar obrigação ou alterar a verdade sobre o fato juridicamente relevante. Pena: Reclusão de um a cinco anos".

E pedimos deferimento.

______________________________, ______ de ________________________ de ________

Local/Data

____
Assinatura do representante legal

Andamento do Processo

Data	Situação	Local	Informado por
/ /			
/ /			
/ /			

ANEXO II

Relação de Filiais

Razão Social	CNPJ/CEI da empresa

Relacionamos todos os estabelecimentos, dependências, órgãos, filiais e/ou entidades da administração direta e indireta no âmbito de atuação (Federal, Estadual, Municipal), por ordem de inscrição no CNPJ — Cadastro Nacional de Pessoa Jurídica/MF, com os respectivos endereços, inclusive aqueles que tiveram suas atividades encerradas.

1º estabelecimento

CNPJ	Data início atividade	Data encerramento
	/ /	/ /

Endereço	UF

2º estabelecimento

CNPJ	Data início atividade	Data encerramento
	/ /	/ /

Endereço	UF

3º estabelecimento

CNPJ	Data início atividade	Data encerramento
	/ /	/ /

Endereço	UF

4º estabelecimento

CNPJ	Data início atividade	Data encerramento
	/ /	/ /

Endereço	UF

5º estabelecimento

CNPJ	Data início atividade	Data encerramento
	/ /	/ /

Endereço	UF

6º estabelecimento

CNPJ	Data início atividade	Data encerramento
	/ /	/ /

Endereço	UF

7º estabelecimento

CNPJ	Data início atividade / /	Data encerramento / /

Endereço	UF

8º estabelecimento

CNPJ	Data início atividade / /	Data encerramento / /

Endereço	UF

_______________________, ______ de ____________________ de ________

Local/Data

____

Assinatura do representante legal

ANEXO III

Relação de Documentos Necessários

1 — SPD — Solicitaçao de Parcelamento de Débitos junto ao FGTS e respectivo anexo, quando for o caso, assinada pelo representante legal.

2 — Cópia das notificações lavradas pelo MTE e respectivos relatórios fiscais representativos do débito a ser parcelado, caso não estejam cadastradas no FGE.

3 — Atos constitutivos da empresa

3.1 — Empresa Pública/Economia Mista/demais empregadores:

— Contrato Social e/ou Declaração de Firma Individual — registrado em Junta Comercial;

— Estatuto Social — publicado na forma da lei.

3.2 — Fundação:

— Lei de criação;

— Decreto aprovador do Estatuto;

— Estatuto Social.

3.3 — Autarquia:

— Lei de criação;

— Decreto aprovador do Regimento Interno;

— Regimento Interno.

3.4 — Município:

— Lei Estadual instituidora do município emancipado — no caso de emancipação verificada após JAN/92;

— Lei Municipal/Estadual/Distrital, publicada, constando mudança para o regime jurídico único, se for o caso.

3.5 — Sociedade por Ações/Sociedade Civil:

— Publicação no Diário Oficial da Ata de Eleição da atual diretoria, devidamente arquivada na Junta Comercial ou carta da diretoria anterior apresentando a atual, acompanhada da cópia da ata que a elegeu;

— Estatuto registrado no Registro de Pessoas Jurídicas, ou contrato social para sociedades civis, quando Ltda.

3.6 — Condomínio:

— Convenção de Condomínio, registrada no Registro de Títulos e Documentos;

— Certidão da Ata que elegeu o síndico.

3.7 — Sindicato:

— Estatuto ou publicação no Diário Oficial da Ata de Eleição da atual diretoria, devidamente arquivada na Junta Comercial ou carta da diretoria anterior apresentando a atual, acompanhada da ata que a elegeu.

3.8 — Firma Individual:

— Registro de Firma Individual, devidamente arquivada na Junta Comercial.

3.9 — Cooperativa:

— Estatuto registrado no Registro de Pessoas Jurídicas, reconhecido pelo Registro de Cooperativas e arquivado na Junta Comercial.

3.10 — Para as Entidades Filantrópicas, além dos documentos de constituição, apresentar também:

— Certificado de Fins Filantrópicos, fornecido pelo Conselho Nacional de Assistência Social — CNAS, conforme definido pela Lei n. 8.742 de 7.12.1993, válido.

4 — Tendo ocorrido modificação de qualquer ato constitutivo quanto à Administração/Gerência/Sócios Majoritários, endereço, abertura/fechamento de filiais, cisão/fusão/incorporação, deverão ser apresentados os instrumentos da respectiva alteração.

5 — Nos casos em que seja exigível garantia real ou fidejussória, inclusive fiança:

— Documentos relativos às garantias referidos no art. 13 da portaria.

6 — Outros documentos que a Unidade da CAIXA julgar imprescindíveis para o aperfeiçoamento do contrato.

8. Portaria Interministerial MPS/MTE n. 227/2005

PORTARIA INTERMINISTERIAL MPS/MTE N. 227, DE 25 DE FEVEREIRO DE 2005 — DOU DE 28.2.2005

O MINISTRO DE ESTADO DA PREVIDÊNCIA SOCIAL* e *O MINISTRO DE ESTADO DO TRABALHO E EMPREGO, *no exercício da competência prevista no art. 87, parágrafo único, inciso II, da* Constituição Federal e,

CONSIDERANDO a *Lei n. 8.212, de 24 de julho de 1991*, que dispõe sobre o Custeio da Seguridade Social, e alterações posteriores;

CONSIDERANDO a *Lei n. 8.036, de 11 de maio de 1990*, que dispõe sobre o Fundo de Garantia do Tempo de Serviço — FGTS, e alterações posteriores;

CONSIDERANDO a *Lei n. 9.528, de 10 de dezembro de 1997*, que instituiu a obrigatoriedade dos empregadores prestarem informações à Previdência Social;

CONSIDERANDO o Regulamento da Previdência Social, aprovado pelo *Decreto n. 3.048, de 06 de maio de 1999*, e alterações posteriores;

CONSIDERANDO a Portaria Interministerial MT/MPAS n. 326, de 19 de janeiro de 2000, que instituiu a obrigatoriedade de que a entrega regular da Guia de Recolhimento do FGTS e Informações à Previdência Social — GFIP, fosse feita em meio eletrônico;

CONSIDERANDO a Portaria Interministerial MPS/MTE n. 116, de 09 de fevereiro de 2004, que instituiu a obrigatoriedade de certificação eletrônica, necessária ao uso do CONECTIVIDADE SOCIAL, canal eletrônico de relacionamento desenvolvido pela Caixa Econômica Federal — CAIXA, para troca de arquivos e mensagens por meio da Rede Mundial de Computadores — Internet, para todas as empresas ou equiparadas que estão obrigadas a recolher o FGTS ou prestar informações à Previdência Social;

CONSIDERANDO a necessidade de imprimir simplicidade, praticidade, agilidade, precisão e segurança no processo de entrega das informações relativas à GFIP em meio eletrônico, resolvem:

Art. 1º Estabelecer que a informação dos dados cadastrais, de todos os fatos geradores de contribuição previdenciária e de outras informações de interesse da Previdência Social a que a empresa é obrigada, e aqueles de interesse do Ministério do Trabalho e Emprego, relativos ao Fundo de Garantia do Tempo de Serviço, e de seu agente operador, Caixa Econômica Federal, passará a ser feita, a partir de março de 2005, nos termos desta Portaria.

Art. 2º A partir de março de 2005, a transmissão dos arquivos gerados no SEFIP Sistema Empresa de Recolhimento do FGTS e Informações à Previdência Social, criado pela CAIXA para permitir a geração e entrega das informações relativas às contribuições previdenciárias e ao FGTS em meio eletrônico, deverá ser feita exclusivamente pelo uso do CONECTIVIDADE SOCIAL.

§ 1º Os arquivos gerados no SEFIP correspondem às informações relativas à GFIP — Guia de Recolhimento do Fundo de Garantia do Tempo de Serviço e Informações à Previdência Social, em conformidade com os dispositivos legais.

Art. 3º A inobservância do disposto nesta Portaria enquadra-se na hipótese de descumprimento de obrigação tributária acessória e sujeita o infrator às penalidades relativas a deixar de informar mensalmente ao Instituto Nacional do Seguro Social — INSS, na forma estabelecida pelo Ministério da Previdência Social, os dados cadastrais, todos os fatos geradores de contribuição previdenciária e outras informações de interesse daquele Instituto, de acordo com o disposto no inciso IV, do art. 32 da *Lei n. 8.212, de 24 de julho de 1991*, e art. 284 do *Decreto n. 3.048, de 06 de maio de 1999*, sem prejuízo de outras sanções administrativas, civis e criminais legalmente previstas.

Art 4º A inobservância do disposto nesta Portaria enquadra-se ainda nas hipóteses de infração à *Lei n. 8.036, de 11 de maio de 1990*, e sujeita o infrator às penalidades previstas no artigo 23 da mesma Lei, sem prejuízo de outras sanções administrativas, civis e criminais legalmente previstas.

Art. 5º A Secretaria de Inspeção do Trabalho do Ministério do Trabalho e Emprego, a Secretaria da Receita Previdenciária do Ministério da Previdência Social, o INSS e a Caixa Econômica Federal, enquanto agente operador do FGTS, regulamentarão, no âmbito de suas competências, o disposto nesta Portaria.

Art. 6º Esta Portaria entra em vigor na data de sua publicação, revogadas as disposições em contrário.

AMIR LANDO
Ministro de Estado da Previdência Social

RICARDO BERZOINI
Ministro de Estado do Trabalho e Emprego